高等职业院校课程改革项目优秀成果
高职高专"十二五"规划教材出版项目

U0506987

房地产市场调研与实务

主 编 夏先玉 陈 雨 袁笑一

主 审 钱 燕

北京理工大学出版社
BEIJING INSTITUTE OF TECHNOLOGY PRESS

内 容 提 要

　　本书一改传统教材的编排体例，采用项目制的各个工作环节作为编写体系，更加便于读者在学习后将知识技能运用于实际工作中。本书从理论到实践，共分为四篇：房地产市场调研基本理论篇，介绍了实际工作过程中与调研相关的理论知识；工作过程及工作任务篇，重点介绍了房地产市场调研的实际工作过程中的三个工作项目，详细描述了完成各项工作任务所需要的相关知识和技能；技能拓展篇，主要以商业地产市场调研和旅游地产项目产品策划调研为例，介绍了调研的相关知识和技能；房地产市场调研员职业生涯发展指导篇，分专题介绍了调研员的职业生涯和发展规划。

　　本书可作为高职高专房地产、营销等专业的教材，也可作为相关专业人员的参考用书。

图书在版编目(CIP)数据

　　房地产市场调研与实务/夏先玉，陈雨，袁笑一主编. —北京：北京理工大学出版社,2013.6(2019.12重印)

　　ISBN 978-7-5640-7779-2

　　Ⅰ.①房…　Ⅱ.①夏…　②陈…　③袁…　Ⅲ.①房地产市场－市场调研－高等学校－教材　Ⅳ.①F293.35

　　中国版本图书馆CIP数据核字(2013)第117878号

出版发行 / 北京理工大学出版社有限责任公司
社　　　址 / 北京市海淀区中关村南大街5号
邮　　　编 / 100081
电　　　话 / (010)68914775(总编室)
　　　　　　82562903(教材售后服务热线)
　　　　　　68948351(其他图书服务热线)
网　　　址 / http://www.bitpress.com.cn
经　　　销 / 全国各地新华书店
印　　　刷 / 北京紫瑞利印刷有限公司
开　　　本 / 787毫米×1092毫米　1/16
印　　　张 / 13.5　　　　　　　　　　　　　　　　　　责任编辑 / 钟　博
字　　　数 / 294千字　　　　　　　　　　　　　　　　　文案编辑 / 钟　博
版　　　次 / 2013年6月第1版　2019年12月第3次印刷　　责任校对 / 周瑞红
定　　　价 / 36.00元　　　　　　　　　　　　　　　　　责任印制 / 边心超

前 言 PREFACE

任何项目决策的基础和依据都来自于大量翔实可靠的调研数据，没有调研的策划项目注定是失败的。房地产的重大决策包括土地购买、项目开发定位、项目设计规划、项目营销推广、项目定价促销等方面，每一个决策又因项目所处地块不同、区域不同、环境不同而有不同的决策结果，这些决策都需要调研人员进行大量的资料收集和调研工作。事实证明，凭经验做决策风险较大。

本书按照先理论后实践的顺序，分为四篇，附有大量的调研问卷、调研方案和调研报告撰写案例以及常用的统计表格和调研表格。

本书由重庆房地产职业学院组织编写，第一篇、第二篇由夏先玉编写，第三篇由陈雨编写，第四篇由袁笑一编写，编写人员全部是具有多年教学经验和房地产营销策划一线工作经验的人员。本书不仅适合房地产类、营销类专业的高职高专学生使用，也适合房地产开发公司的市场调研部、销售部、研发部、开发部、投资部等各部门人员阅读，同时非常适合房地产销售代理、策划顾问、市场研究、估价、中介和政府相关部门的人员阅读参考。

本书在编写过程中得到了很多房地产市场调研专家的精心指导和大力支持，在此表示感谢。书中部分内容参考了网络等媒介的信息，因未能与相关作者取得联系，在此谨致歉意。

另外需要说明的是，房地产市场调研是一项艰难而富有挑战性的工作，需要调研人员对房地产营销知识有全面的把握和认识。在实际工作中，调研人员会遇到各种各样的调研内容和环节，本书只涉及其中某个部分，需要读者在工作中将知识活学活用。限于编者水平，书中出现错误在所难免，敬请广大读者批评指正。

编　者

目 录 CONTENTS

第三篇　技能拓展篇

第四篇　房地产市场调研员职业生涯发展指导篇

第一篇 DIYIPIAN

房地产市场调研基本理论篇

第一章 房地产市场调研概述

1. 掌握房地产市场调研的含义；
2. 掌握房地产市场调研的类型；
3. 了解房地产市场调研的特征。

1. 房地产市场调研的类型；
2. 房地产市场调研的作用。

1. 房地产市场调研的特征；
2. 房地产市场调研的意义。

雪佛隆公司的法宝

雪佛隆公司是美国一家食品企业。该公司在 20 世纪 80 年代初曾投入大量资金，聘请美国亚利桑那大学人类学系的威廉·雷兹教授对垃圾进行研究。教授和他的助手在每次收集的垃圾中挑选出数袋，然后把垃圾依照其原产品的名称、重量、数量、包装形式等予以分类。如此反复地进行了近一年的分析和考察，获得了有关当地食品消费情况的信息。

第一，低收入阶层所喝的进口啤酒比高收入阶层的多。这一调研结果大大出乎一般人的意料，如果不进行调研，后果不堪设想。得知这一信息后，调研专家又进一步分析研究，知道了人们所喝啤酒中各品牌的比率。第二，中等收入阶层人士比其他阶层所消费的食物更多，因为双职工都要上班而太匆忙了，以致没有时间处理剩余的食物。第三，了解到人们消耗各种食物的情况，如得知减肥、清凉饮料与压榨的橘子汁属高收入阶层人士所喜好的消费品。

公司了解到这些情况后，又根据这一信息进行决策，组织人力、物力投入生产和销售，最终获得成功。

这个案例告诉了我们什么？什么是一个企业成功制胜的法宝？

不论企业还是商家，在进入市场前首先一定要经过认真细致的市场调研，确定其市场目标，否则就会像盲人摸象那样"粗枝大叶"，不能正确认清市场前景。所以，房地产企业进行项目开发决策时，必须掌握该地区房地产市场的情况，掌握当地居民的需求状况，了解当地房地产开发企业的状况等信息，这样，才能准确地判断是否需要在该地区拿地、拿哪块地，才能对以后的房地产项目开发做出初步预算，从而避免盲目拿地、盲目开发所带来的巨大损失。

目前，在重庆江北渝澳大桥北桥头的那块空地，当初是以地王的价格拍卖的，但由于没有前期充分的调研准备，以至于现在面临无法正确开发的窘境，给企业带来了巨大的损失。

一、房地产市场调研的含义

要了解房地产市场调研，必须先懂得什么是房地产市场以及房地产市场由哪些板块组成。

房地产市场是指围绕房地产进行的所有的交易市场，包括金融借贷市场等与之相关的一切上下游和关联产业市场。目前，我国的房地产市场主要由民用地产板块、商业地产板块、旅游地产板块、工业地产板块构成。

由于房地产市场营销是市场营销体系中的一个分支，因此，房地产市场调研也是市场调研的一个具体方向。知道了市场调研的含义，也就能清楚地了解房地产市场调研的含义了。

市场调研是就是运用科学方法，有目的、有计划地系统搜集、记录、整理和分析有关市场活动状况的完整资料，为企业预测提供资料数据，为经营决策、制订计划提供依据。因此，市场调研是企业了解市场情况，进行市场判断、预测、制定正确经营策略的前提。

二、房地产市场调研的目的

房地产市场调研的目的是收集有关房地产市场的情报资料，并对所收集的资料进行归类、整理、分析和研究，找出影响房地产市场变化、企业业绩不佳、产品滞销等方面的原因，分析其中的规律，相对准确地估测出未来市场的状况，为企业的经营决策、项目营销策划等工作提供信息依据。

三、房地产市场调研的作用

房地产市场调研的作用在于为房地产企业战略决策提供依据、降低房地产企业的决策风险，其承担的是信息收集、过滤的责任，负责提供目前市场的动态信息，掌握市场的发展趋势、消费者的潜在需求及可能的企业发展契机等。

但是，需要明确的是，无论房地产调研所采用的技术有多先进、调研的内容有多么详细，都不可能全面、客观地反映未来整个市场的走向。因此，在进行房地产市场调研时必须对调研的作用有清醒的认识。

1. 房地产市场调研是房地产企业经营决策的基础

决策就其实质来说是选择未来行动的方案，因而离不开市场调研。正确的决策来源于正确的判断，正确的判断来源于市场对信息的掌握和科学的分析，决策过程即是市场调研过程。

2. 房地产市场调研是可行性研究的源泉

可行性研究来源于市场调研和市场预测，没有市场调研和市场预测，就不会有可行性研究，没有可行性研究，经营决策便没有科学依据。

3. 房地产市场调研有利于企业作出销售计划和销售价格的决策

掌握了市场供求情况和销售价格后，就能够制定自己的销售计划和销售价格，可以选择有利的时机和有利的价格，把商品房投入市场。

4. 房地产市场调研是使市场经营组合经常处于最佳状态的手段

房地产开发企业进行市场调研的最根本的要求是要适应外部环境的发展，以提高企业的应变能力。否则，就会失误，给企业带来损失，而市场调研与预测是掌握企业外部环境的唯一手段。

5. 房地产市场调研只是对现有市场的一个描述

房地产市场调研反映现有市场的状况和未来市场发展变化的可能情况，是对目前市场现状的一个客观的描述。

6. 房地产市场调研的结论不可能取代经营决策

如果房地产市场调研的结论取代了经营决策，一旦发生决策失误就会带来重大损失。因此，调研结论只能作为决策参考，而不是最终决策，最终的决策权仍然掌握在决策者手中。

四、房地产市场调研的内容

房地产开发企业应该在项目开发前对土地的价值、投资开发的环境、市场的供需状况、市场的竞争状况等各种因素进行调研分析和研究(图 1-1-1)，以便对项目的整体运作、可行性研究、市场定位等提供依据，回避和降低项目开发风险。

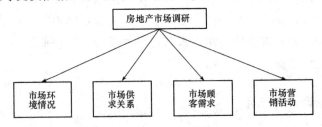

图 1-1-1 房地产市场调研内容结构图

房地产的性质决定了它与普通消费品不同。由于房地产受宏观政策、自然环境等系统性的风险影响比较大,因此必须对宏观的政策环境、经济环境、区域市场、市场需求、消费者行为、房地产产品、房地产广告、营销渠道、重点竞争项目等各个方面进行深入系统的调研，找出项目开发经营的最佳策略。

1. 宏观投资环境调研

宏观投资环境调研主要是调研国家或地方政府对房地产开发的态度，判断目前开发是否处于比较有利的环境中，这是投资商、境外投资者、其他行业投资者是否投资开发项目的重点考察因素(如国家、省、市有关房地产开发经营的方针政策、土地政策、税收政策、金融政策、人口政策、产业政策、优惠政策等)，以及有关房地产开发经营的法律法规(如房地产信贷政策、管理条例、土地规划、城市规划、城市发展战略等)。这些为决策者提供了解决进入哪些地区进行开发、什么时候进入、以怎样的方式进入等问题的参考依据。

(1)政治环境调研。政治环境主要包括政府思想观念、办事效率、政策法规等。一个国家、地区和城市的政治环境如何，将直接影响房地产企业正常生产经营活动的开展。

(2)经济环境调研。经济环境主要包括国家金融政策和金融制度对房地产开发的影响，包括国内生产总值、国民收入的发展状况、能源和资源状况、城市发展的总体规划、城市基础设施建设、城市人口分布、区域划分、城市居民收入水平、消费水平、消费结构等内容。

(3)社会文化环境调研。社会文化环境主要包括居民文化水平、职业构成、民族分布、宗教信仰、风俗习惯、审美观念等。

2. 城市房地产市场情况调研

(1)一级市场土地出让情况，包括土地出让数量及其规划用途、土地价格、土地出让金收缴情况；

(2)全市商品房施工面积、竣工面积、销售面积、销售金额、空置面积及结构；

(3)全市房地产价格走势，不同区域和物业类型的价格情况；

(4)全市主要发展商的开发销售情况，包括开发量、竣工量、销售面积及销售金额；

(5)三级市场的交易情况；

(6)当地房地产业的相关政策法规。

3. 目标顾客群消费行为与市场需求容量调研

(1)消费者行为调研。消费者包括房地产商品的现实购买者与潜在购买者。消费者行为调研内容包括消费者的社会阶层与数量、年龄构成、收入构成、家庭人口构成、居住现状与住房消费倾向、房地产购买偏好、购买动机、购买特点等。

(2)区域市场需求容量调研。需求容量是指有支付能力的区域市场需求容量，只有有支付能力的需求，才是现实的市场容量。商品住宅市场需求容量调研主要包括以下几方面：

①城市人口、家庭数量及变化趋势；

②购买力，包括居民收入水平、储蓄余额、财产状况；

③居民居住现状及改善目标，包括自有住房率、居住房型、人均居住面积等；

④居民日常消费支出水平与消费结构；

⑤不同社会阶层和收入水平的居民数量及其对不同类型房地产商品的数量、品质、功能、价格的需求等。

4. 项目基本状况调研

(1)宗地基本状况调研。宗地基本状况包括宗地界址、面积、土地附着物分布、权属、地形、地貌、水文地质条件、项目历史与现状资料、项目合作开发条件、土地获得成本、用地规划条件、与项目有关的投资及开发经营税费政策等。

(2)项目所在区域市场状况调研。项目所在区域市场状况主要包括项目所在区域的城市功能、区域建设发展规划、人口分布、居民收入水平、商业与文化氛围、项目周边环境、市政管网设施、交通状况、公建配套与生活服务设施、项目所在区域的房地产市场供需状况与竞争水平、主要竞争对手情况等。

其中,竞争对手调研又包括竞争对手的经营管理水平、资源状况、市场竞争地位、产品地理位置、种类、开发规模、产品品质、成本、价格、营销水平、销售状况、物业管理水平,创新能力与发展新产品的动向等。

(3)项目开发策略调研。项目开发策略主要包括以下几方面:

①细分目标市场;

②产品定位,包括产品类型、功能、品质、项目总体规划等;

③开发策略,包括同类项目的开发规模、开发周期、成本控制、价格策略。

5. 房地产市场竞争状况调研

对房地产市场竞争状态的调研主要包括同行业中企业的数量、等级、规模的情况;竞争者在各地区及各行业的分布情况;企业在目前市场范围内,竞争对手的数量、分布情况及潜在竞争者可能进入市场的情况;已投入竞争的各个对手的经营方针、政策情况;各竞争对手的投标报价、谈判条件的情况;各竞争对手的组织结构、人员素质、技术水平的情况;各竞争对手的工程质量、工期、服务态度及合同履约情况;各竞争对手的资金情况、社会背景、社会协作关系、在用户心目中的信誉以及与银行的关系情况;各竞争对手对本企业的态度、合作关系及对本企业的策略等情况。

6. 其他房地产市场调研内容

房地产开发项目除了在建设初期需要对上述各个部分做出调研以外,在营销策划和营销推广,以及销售执行阶段同样需要做大量调研。这里补充介绍项目营销推广的调研内容与广告调研内容。

由于不同的项目有不同的定位,如何找到需要的目标客户,传达出项目的特质,顺利实现产品的销售,需要有不同的推广手法。营销推广手段的调研主要指项目的销售价格、定价方式、广告宣传方式、媒体取舍、公关活动的跟踪与监控、广告组合方式、广告策略、广告费用估算、促销手段、销售周期、销售率、入市时机、独特卖点、项目形象包装、倡导的生活方式等方面的全面调研。

由于不同媒体的主流受众是不同的,它对项目所达到的宣传效果有直接的影响,选择什么样的媒体组合、在什么时段投放、广告的主题怎样表现、竞争对手的广告策略是什么等,都会影响宣传效果。广告调研的主要内容有广告媒体的主流受众、广告媒体的影响力、广告版面、广告频次、广告效果评估、广告诉求主题、广告策略、广告设计单位等。

五、房地产市场调研的类型

1. 探索性调研

探索性调研就是花费尽量少的成本和时间，对环境进行初始调研，以便确定问题和与问题相关的变量的特性，因此它必须具有灵活的特性。虽然有时也规定大致的调研方向和步骤，但一般没有一个固定的计划。

探索性调研的目的是明确的，但研究的问题和范围比较大，在研究方法上比较灵活，事先不需要进行周密的策划，在研究过程中可根据情况随时进行调整。探索性调研一般都通过搜集第二手资料，或请教一些内行、专家，让他们发表自己的意见、谈自己的看法，或参照过去类似的实例来进行，多以定性研究为主。

2. 描述性调研

描述性调研的目的在于准确地描述问题中的各变量及其相互关系。例如，市场产品使用情况调研、消费者态度调研、销售分析、媒体研究、价格研究等都属于描述性调研。

房地产企业市场调研多属描述性调研，它比探索性调研的要求精细，一般要有周密的调研计划、方案，这种调研注重对实际发生资料的如实记录和反映，强调实地调研，收集第一手资料，采用询问法、观察法较好。

3. 因果关系调研

因果关系调研的目的是要详细说明所考察的两个或更多的变数之间相互对应的函数关系。例如，广告效果研究就是要设法找出广告对销售效果的影响程度。

因果关系调研常常用于确定为什么某目标没有达到。在企业营销策略中经常遇到这样的问题："为什么我们的销售额(市场占有率、形象等)下降了?"要回答这样的问题，就需要进行因果关系调研。这种逐步缩小范围的技巧，经常被用于进行这种类型的市场调研。

 知识链接

因果关系调研的方法

首先，进行初始调研，以便找出所有可能的原因。

其次，应用伴随变化和相继发生作为标准，对每一个可能的原因进行考察，减少可能原因的数目。这需要分两步来进行：第一步，先是应用第二手资料、已知事实和推理删除一些因素，通常这一步可把大部分因素删除掉；第二步，应用收集到的各种必要的原始数据或资料及其分析结果作为证据，再在剩余的原因中删除一些因素。

最后，可能还剩下几个满足了这两个标准要求的因素，为将其范围进一步缩小，一般要采用某种实验。该实验虽然不是确定因果关系的唯一方法，但它却是有效控制有关因素的唯一方法。

经过这样的调研与分析过程，我们就较有把握地确定哪些因素影响了哪一个因素或哪一些因素发生了怎样的变化。

4. 预测性调研

预测性调研是指专门为了预测未来一定时期内某一因素的变动趋势及其对企业市场营销活动的影响而进行的市场调研。其对企业制定有效的营销计划、避免较大的风险和损失有着特殊的意义。例如，市场上消费者对某种产品的需求量变化趋势的调研、某产品供给量的变化趋势调研等。这类调研的结果就是对事物未来发展变化的一个预测。

一般而言，预测性调研以因果关系调研的结果为基础。通过因果关系调研，我们建立起事物之间的因果关系甚至数字模型。预测性调研则是利用事物之间已知的因果关系或数学模型，用一个或几个事物的变化趋势推断另一个或几个事物的变化趋势。

市场预测的基本要素

一、信息

信息，一类是未经记录或未经处理的资料，是不完整的，甚至带有主观成分；另一类是经过记录和整理的资料，这类信息是进行预测的科学依据。

二、方法

方法是在预测的过程中进行质和量的分析时采用的各种手段。

三、分析

分析，一是在理论上要分析结果是否符合经济理论和统计分析的条件；二是在实际上要对预测误差进行精确性分析，并对预测结果的可靠性进行评价。

四、判断

对预测结果的采用与否，或对预测结果依据最新的经济动态所作的修正都需要判断。

六、房地产市场调研的特征

1. 房地产市场调研的内容具有广泛性

房地产市场调研既包括很简单的内容，如被调研者的性别、年龄、文化程度等基本情况，也包括如被调研者的态度或爱好之类的复杂问题。只要与调研目的有关的内容都在被调研的范围之内。

2. 房地产市场调研的目标具有很强的针对性

房地产市场调研在营销的不同阶段有不同的调研内容。每次调研，必须针对不同的调研目标进行有针对性的调研，否则调研出来的结果就无法达到预期效果。

3. 房地产市场调研的方法具有多样性

市场调研方案设计是多样的，搜集数据可以采用实地调研、座谈会、面访、电话访谈或邮寄调研等方法。

4. 房地产市场调研的结果具有一定的局限性

和任何其他工作一样，房地产市场调研也不可避免地存在错误或误差。对方案的缜密设计和细心实施就是为了尽可能地避免这些误差和错误。只要对调研信息的价值没有严重损害，细小的错误是可以容忍的。

本章小结

房地产市场调研是房地产开发企业、房地产销售代理公司、房地产中介公司等所有销售策划工作的起点。只有依靠大量翔实、可靠的调研数据，才能做出正确决策，减小投资失误的风险。

实训练习

大学城都有哪些楼盘？都是由哪些开发商开发的？销售情况如何？请通过调研，回答以上问题，并说一说你对这些楼盘的评价。

第二章　房地产市场调研的原则与误区

◉ 学习目标

1. 了解房地产市场调研的基本原则；
2. 了解房地产市场调研应该避免的误区。

◉ 教学重点

1. 房地产市场调研的原则；
2. 房地产市场调研的误区。

◉ 教学难点

1. 房地产市场调研的误区及避免方法；
2. 房地产市场调研的原则在具体实践中的运用。

◉ 案例阅读

解析成功开发的九大理念

在重庆，有 1 559 家通过质资年检的企业活跃在变幻莫测的房地产市场，然而重庆市贝迪房地产开发公司却以其百分之百的开发、百分之百的销售和没有任何投诉的优良业绩而闻名全国。

究其原因，该公司以"质量＋工期＋价值＝信誉"的模式赢得了商机，它包含有"环境、外观、质量、户型、适用、方便、随意、工期、价位"九大理念。要占领市场、百分之百地赢得市场回报，必须坚持切实惠民的理念。

1995 年，该公司在开发南坪贝迪商贸区时感到楼层太低，但价位已打出去，而价位在当时也是最低的。公司老板感到房子的实用性不能被购房者认可。如果购房者不认可，失去的不是价位，而是企业的成本空置。所以贝迪公司不怕亏本，每层楼统一提升 26 厘米，其开发的 20 多万平方米，销售率达 100%。

重庆贝迪房地产开发公司就是凭着这九大理念，以一个项目接一个项目滚雪球似的盈利经营，逐渐发展成为以房地产为龙头，集建筑、装饰、物业、商贸、建材、设备租赁等为一体的实体集团企业。

在这个案例中，该房地产企业的这九个理念从何得来？如何才能让购房者对楼盘认可？调研时需要避免哪些误区？

一、房地产市场调研的原则

市场调研的原则是遵循客观性与科学性。客观性要求调研人员具备良好的职业道德，自始至终保持客观的态度去寻求反映事物真实状态的准确信息，正视事实，接受调研的结果。从事调研活动不允许带有任何个人主观的意愿或偏见，也不应受任何个人或管理部门的影响或"压力"。科学性要求调研人员采用科学的方法去设计方案、定义问题、采集数据和分析数据，从中提取有效的、相关的、准确的、可靠的、有代表性的当前的信息资料。房地产市场调研要遵循以下几个原则。

1. 时效性原则

时间就是机遇，丧失机遇，会导致整个经营策略的失败；抓住机遇，则为成功铺平了道路。房地产市场调研的时效性就表现为应及时捕捉和抓住市场上任何有用的情报、信息，及时分析、及时反馈，为企业在经营过程中适时地制定和调整策略创造良好的条件。

2. 准确性原则

房地产市场调研工作要把搜集到的资料、情报和信息进行筛选、整理，再经过调研人员的分析以后得出调研结论，供企业决策之用。因此，市场调研搜集到的资料必须体现准确性的原则，对调研资料的分析实事求是，尊重客观事实，切忌以主观臆断来代替科学的分析。同样，片面、以偏概全的做法也是不可取的。

3. 系统性原则

房地产市场调研的系统性表现为应全面收集有关企业生产和经营方面的信息资料。

4. 经济性原则

房地产市场调研是一件费时、费力、费财的活动，它不仅需要人的体力和脑力的支出，同时还要利用一定的物质手段，以确保调研工作的顺利进行和调研结果的准确性。对中小企业来说，没有大企业那样的财力去搞规模较大的市场调研，就可以更多地采用参观访问、直接听取用户意见、大量阅读各种宣传媒体上的有关信息、收集竞争者的信息等方式进行市场调研，只要工作做得认真细致而又有连续性，同样会收到很好的调研效果。因此，市场调研也要讲求经济效益，力争以较少的投入取得最好的效果。

5. 科学性原则

房地产市场调研不是简单地收集情报、信息的活动，为了在时间和经费有限的情况下获得更多更准确的资料和信息，就必须对调研的过程进行科学的安排。采用什么样的调研方式、选择谁作为调研对象、问卷如何拟定才达到既能明确调研意图、又能使被调研者易于答复的效果等，这些都需要进行认真的研究。

二、房地产市场调研的误区

近年来，虽然房地产开发公司对房地产市场调研非常重视，但是房地产调研仍存在许多误区，调研结果很难让人信服。

1. 忽视市场调研

实力参差不齐的开发商(或某些销售代理商),并不是所有人都认识到了市场调研的重要性。在许多城市特别是二级城市中,许多开发商只是委托设计院把图纸设计出来,依照图纸建起了楼房,到了销售的时候,才知道麻烦来了。当然,也有一些没有做调研就获得成功的案例,这里有两种可能:一种是偶然,即碰巧和消费者的心理对上了路;另一种是设计者(或销售者)凭借经验积累已经摸透了市场,并将这些经验应用于设计(或销售)之中,从而取得了成功。实际上,第二种也是一种市场调研,因为经验是建立在长期的资料收集过程中的。没有调研就没有发言权,同样,没有调研就没有贴近实际的规划设计和营销策略。

2. 过分依赖市场调研

无视市场调研不行,过分依赖市场调研同样不行。正如奥美广告公司的专家肯·罗曼(Kenneth Roman)和珍·曼丝(Jane Maas)所说:"调研对我们的判断是一大助益,但它不代表全部的答案,也不尽然绝无错误。"

设计楼盘规划方案也好,做营销方案也罢,都不能完全依赖市场调研,因为这里面有个误差的问题。调研误差分为两种形式:一种是抽样误差,即所抽取的调研样本并不能完全代表其总体的特征,在某些方面是存在出入的;另外一种是非抽样误差,指的是诸如因调研员的不诚实而获得了错误的数据,问卷的不正确录入或数据的错误处理等因素而引起的误差。这两种误差都会影响调研结果的准确性和有效性。正所谓过犹不及,对市场调研的结果不能太过于依赖,而应该采取批判的态度来接受,这当然就需要决策者的经验和判断性思维了。正规的市场操作模式都是专业人做专业事,因为专业人士自然有更多的专业经验。聘请外脑的开销往往小于项目失败的风险,这一点不会有多大的异议。

3. 忽视正式调研前的准备工作,尤其是试调研

人们看到的市场调研大多是调研的实施阶段,以问卷或访谈的方式。正如企业聘请的"外脑"不为外人所知,调研的准备工作往往也不明显,但却是更具有决定性的。调研的准备工作,即调研设计,如果做得不够细致,那么这次调研的结果肯定是问题重重,纰漏多多。

一般而言,在做正式的市场调研之前,需要做好如下几项准备工作:明确调研的目的和任务,确定抽样方案、调研对象和单位,设计调研表和填表说明,明确调研时间、地点和工作时限,确定调研方法,设计资料整理和分析纲要,确定报告提交的时间和方式,做好试调研并完善最终问卷。

在问卷调研的前期准备工作中,试调研是最容易被忽视的。试调研是指在正式问卷调研开始之前,为了在实践中检验调研问卷的科学性和完善性,在调研对象中做少数(一般为样本量的5%~10%)试探性的调研,从而根据试调研的实际情况进一步完善问卷。如果省去这一步而直接做大规模的正式调研,一旦发现问卷有什么问题,则后悔莫及,只能重新调研。

4. 随便发放街头问卷，缺乏抽样的科学性

我们见到的许多调研，都是在街头进行的。这里说的街头调研，是指调研员随便碰到一个行人就请他填写问卷，对调研对象的选择没有依照科学的抽样方法来进行。这种调研方式的大量采用，是因为它有许多优点，如节省经费、便于操作、对调研员素质的要求低、回收率高等，但是这些优点是以牺牲科学性为基础的。

市场调研一般是抽样调研，很少采用普查的方式。而对样本做的调研之所以能够反映总体的情况，是因为所选择的样本能够代表总体。如果做不到这一点，那么对该样本的调研就无法反映总体情况，调研结果便是失真的。这就要求按照概率规律随机在总体中抽取样本。街头调研的样本是按照方便的原则随意取得的，绝大多数情况下无法代表总体。所以，正是由于这种不科学的抽样，才导致了调研结果缺乏科学性。

就房地产调研而言，克服这种调研缺陷的方法是采用配额的抽样方式，即针对本次调研的具体情况，确定核心变量，并依据该变量（也可能是多个）的各个指标分布，配给式地选择样本。例如，我们做一次商铺市场调研，在了解该市商业发展的总体特征之后，确定了本次调研的两个核心变量：地段和经营规模。依照发展程度，我们选定了调研的七个阶段，并按照地域大小配给了每个地段的样本量。在每个地段中，我们可以依据商铺大、中、小的规模，按照3∶4∶3的比例抽取出最后的调研样本，然后调研这种抽取样本，虽然比较麻烦，但是足够保证抽取样本的代表性，从而也保证了调研结果的科学性。

5. 过于依赖问卷调研，不重视深度访谈

在现代房地产市场调研中，应用最为广泛的是问卷调研，大致有入户问卷调研、拦截式问卷调研、邮寄问卷调研、电话问卷调研等几种方式。这些都是以结构式问卷作为搜集资料的工具，以调研对象填答的内容为资料依据的调研方法，所获得的结构式数据便于统计分析，并能够据此作出预测，都是非常科学有效的调研方式。然而，问卷调研也有其自身难以克服的缺陷。例如，无法就极为重要的问题作深入了解，问卷的填答对被调研者的文化水平有一定要求，难以揣测填答者所给数据的真实性，难以获得定性资料等。为了克服这些缺陷，在大型的房地产市场调研中，使用问卷调研的同时，一般要结合深度访谈的方法，互相补充，从而更全面、更深入地搜集资料。

这里，深度访谈是指调研员根据事先拟好的访谈提纲，对被调研者做面对面的深入访问。深度访谈一般有两种方法：直接面访法和焦点小组访谈法，前者是调研员依照访谈提纲与被调研者一对一地访谈，后者是指调研者组织一些（一般为7人左右）比较了解情况的调研对象就研究主题开展讨论。深度访谈获得的资料大多为定性的、深入的，与问卷调研的数据资料恰好可以互相补充。

6. 重视第一手资料，忽视第二手资料

在房地产市场调研中，问卷调研、深度访谈等调研方式所取得的资料都是第一手资料，也称为原始资料。这些资料对于房地产策划、营销有很强的指导和借鉴意义，一般很受调研者的重视。但是，同样重要的第二手资料的搜集工作却往往被调研者忽视了。

在市场调研中，第二手资料的收集一般采用文案调研法，即利用企业内部和外部现有

的各种信息、情报资料，对调研内容进行资料的搜集、整理并予以详细分析的方法，也称为间接调研法。文案调研法在市场调研中有很大的作用：有助于问题的发现，并能为市场调研提供重要的参考依据；能为实地调研提供大量经验数据和背景资料等。

7. 调研结果不真实、实用性差

现在面市的房地产市场调研报告虽然有一些新数据，但体例和分析方法没什么创新和突破，做出的结论很难适应市场需求。如所搜集的数字中，缺乏真正官方公布的有效数字，而所搜集的各级行政机关有关的数字与实际情况相差很大，从计委立项到规划局审批的项目在数量上有差距，从办规划证的到办开工证的又差很多，领了开工证的项目不一定真开工，还有一些没领到开工证的先开了工。从这里就可看出在宏观供给量上，调研公布的数字与现实情况有出入。再加上人为杜撰的因素，这样的所谓统计数字或指数就失去了对市场的指导作用。

8. 房地产市场的调研专业性不够

因为房地产不是普通商品，所以房地产的市场调研具有专业性。在通常的市场调研中，人们认为调研对象越多，得出的结果越准确。然而，在房地产相关的调研中，并不能简单地从调研结果中推测出房地产市场的变化。因为买得起房买不起房是一回事，想买什么房又是一回事。如果在下岗职工或效益较差的企业职工中做关于商品房的市场调研，恐怕是选错了对象，商品房市场短时间内服务的就是有购买能力的人，作为普通工薪百姓，现在谈买房的人还是少数。再比如在一次房展会上某开发商做的一个现场调研，很大一部分是对被调研人购买行为所做的统计。一般情况下，人们对房屋的需求是越大越好。但当确认一个三口之家的理想住房是 100 平方米左右的三居室后，却发现人们理想的起居厅为 30 平方米，主卧室为 20 平方米，两个次卧室分别为 12～15 平方米，再加上理想面积的厨房和卫生间，一定会大大突破首先确认的 100 平方米。这种矛盾的结果造成调研失去意义，原因在于调研表设计不合理。所以，不应出现面积实数误导的矛盾调研，这样的结果将直接导致开发商判断错误。

9. 调研不具有代表性

房地产市场调研需要有业内人士把握，结果要有预见性、实用性和可操作性。对开发商而言，市场调研实际是利用这个信息平台，为房地产开发商提供准确、全新的动态信息。近两年出现了指数热，由于各种物业市场尚未达到高度发达的程度，各种调研的透明度不大，样本采集也不广泛，没有准确的代表性。专业调研公司得出的结论受经济利益的影响，不能令人完全信服。在地域性极强的房地产业面前，应该说宏观指数对个案操作并无实际意义，而微观个案调研对业内人士特别有吸引力。开发商不仅应关心调研结果，还应关心调研过程。一些对市场调研的信息分析得较好的开发公司、代理公司推出的调研报告更具有说服力，更有参考价值。

本章小结

房地产市场调研对企业决策来讲不是万能的，因为没有办法准确调研出所有人的真实想法。但是，一个房地产开发企业如果不对目标市场进行充分的市场调研，却是万万不能的。房地产市场调研在具体的工作中运用很广，但要对其误区加以认识和避免，否则只会"赔了夫人又折兵"，得不偿失。

📖 实训练习

各小组轮流展示自己对大学城现有楼盘的调研结果，根据调研结果对大学城的房地产市场做出分析判断，其他小组针对其调研结果寻找调研错误的地方。

第三章　房地产市场调研的方法

1. 掌握房地产市场调研的划分；
2. 掌握房地产市场调研的方法。

1. 访问法；
2. 观察法。

1. 房地产市场调研的划分；
2. 房地产市场调研的方法。

复地天玺——2010 年典型失败案例

2007 年楼市火热，重庆楼市的"上品 16"给很多购房者与投资者留下了深刻的回忆，因为开发商"大发慈悲"，将房价拱手让利，将 1 亿元的利润白白送给购房者，最后还落下了一个坏名声——弄虚作假，被砸了开盘现场不说，销售中心也被一抢而空——这是血淋淋的对地产人的教训。

2010 年的"复地天玺"再次上演"上品 16"的事件，也许他们的"操盘手"还在沾沾自喜——楼盘受到 1 000 余人的追捧，从样板房的开放到开盘一售而空，以及最后被迫加推，这使他们无不满足于当时取得的"成功"。但他们却未发现正因为他们对楼盘的肆意操控而将公司 2.5 亿～5 亿元的利润白白挥霍了，以此换来"辉煌业绩"以及达成销售目标："操盘人员"(暂且这样称呼他们)均可享受的境外游。这个代价从公司的角度来看未免太大。

为什么这个楼盘的营销失败了？如何才能真正地掌握消费者的需求而合理定价？要怎样才能全面而正确地掌握我们需要的资料呢？

一、房地产市场调研的划分

1. 按调研对象划分

(1)全面普查。全面普查是指对调研对象总体所包含的全部个体都进行调研。对市场进行全面普查，可以获得非常全面的数据，能正确反映客观实际，效果明显。如果把一个城市的人口、年龄、家庭结构、职业、收入分布情况系统调研了解后，对房地产开发将是十分有利的。由于全面普查的工作量很大，要耗费大量人力、物力、财力，调研周期较长，一般只在较小范围内采用。当然，有些资料可以借用国家权威机关的普查结果，例如可以借用全国人口普查所得到的有关数据资料等。

(2)重点调研。重点调研是以总体中有代表性的单位或消费者作为调研对象，进而推断出一般结论。采用这种调研方式时，由于被调研的对象数目不多，企业可以较少的人力、物力、财力，在很短时期内完成。如调研高档住宅的需求情况，可选择一些购买大户作为调研对象，往往这些大户对住宅需求量、对住宅功能要求占整个高档商品住宅需求量的绝大多数，从而推断出整个市场对高档住宅的需求量。当然由于所选对象并非全部，调研结果难免有一定误差，市场调研人员应引起高度重视，特别是当外部环境产生较大变化时，所选择的重点对象可能不具有代表性了。例如，1993年国家加强了宏观调控，一些房地产公司贷款受到限制，资金不足，开工不正常，水泥等材料的需求量急剧减少。在这种情况下，公司应及时调整，重新选取调研对象，并对调研结果认真分析，只有这样的市场调研结果才能为企业制定策略提供有用的根据。

2. 按调研方式划分

(1)随机抽样。随机抽样调研是在总体中随机任意抽取个体作为样本进行调研，根据样本推断出一定概率下总体的情况。随机抽样在市场调研中占有重要地位，在实际工作中应用很广泛。随机抽样的最主要特征是从母体中任意抽取样本，每一样本均有相等的机会，即事件发生的概率是相等的，这样可以根据调研的样本空间的结果来推断母体的情况。

它又可以分为三种：一是简单随机抽样，即整体中所有个体都有相等的机会被选作样本；二是分层随机抽样，即对总体按某种特征(如年龄、性别、职业等)分组(分层)，然后从各组(层)中随机抽取一定数量的样本；三是分群随机抽样，即将总体按一定特征分成若干群体，随机抽样是将部分作为样本。

分群抽样与分组(层)抽样的区别是：分群抽样是将样本总体划分为若干不同群体，这些群体间的性质相同，然后将每个群体进行随机抽样，这样每个群体内部存在性质不同的样本；而分组(层)抽样是将样本总体划分为几大类，这几大类间是有差别的，而每一类则是由性质相同的样本构成的。

(2)非随机抽样。非随机抽样调研是指市场调研人员在选取样本时并不是随机选取的，而是先确定某个标准，然后再选取样本数。这样每个样本被选择的机会并不是相等的。非随机抽样也分为三种具体方法。

①就便抽样，也称为随意抽样调研法，即市场调研人员根据最方便的时间、地点任意选择样本，如在街头任意找一些行人询问其对某产品的看法和印象。这在商圈调研中是常用的方法。

②判断抽样，即通过市场调研人员，根据自己以往的经验来判断由哪些个体来作为样本的一种方法。当样本数目不多、样本间的差异又较为明显时，采用此方法能起到一定

效果。

③配额抽样，即市场调研人员通过一些控制特征，将样本空间进行分类，然后由调研人员从各组中任意抽取一定数量的样本。例如，某房地产公司需要调研消费者购买房屋的潜力，特别要了解中、低收入的消费者购房的欲望，以便使企业把握机遇，做好投资的准备。现根据收入与年龄将消费者进行划分：按收入分为高、中、低档，年龄根据中国国情划定为28岁以下、28～35岁、36～55岁和55岁以上四组，调研人数为300人，在对每个标准分配不同比例后，得出每个类别的样本数。

二、房地产市场调研的方法

1. 访问法

访问法是最常用的市场调研方法。科学设计调研表、有效地运用个人访问技巧是此方法成功的关键。调研表要反映企业决策的思想，是本企业营销部门最关心、最想得到的重要信息来源之一。因此要想搞好调研，就必须设计好调研表。

2. 答卷法

答卷法是调研人员将被调研人员集中在一起，要求每人答一份问卷，并在规定时间内答完，这样被调研人员不能彼此交换意见，能使个人意见充分表达出来。

3. 谈话法

谈话法是市场调研人员与被调研人员进行面对面谈话，如召开座谈会，大家畅所欲言。然后还可针对某些重点调研对象进行个别谈话，深入调研。这种方法的最大特点是十分灵活，可以调研许多问题，包括一些看上去与事先准备好的问题不太相关的问题，可以弥补调研表所漏掉的一些重要问题，谈话气氛好，不受拘束。

4. 电话调研法

电话调研法是市场调研人员借助电话来了解消费者意见的一种方法，如定期询问重点住户对房产的设计、设备、功能、环境、质量、服务的感觉如何，有什么想法，并请他们提出一些改进措施等。

知识链接

设计调研表的步骤

一是根据整个研究计划的目的，明确列出调研表所需收集的信息是什么。例如，对房地产公司来说，它需要得到在它所投资的地区消费者对购房的兴趣、消费者的收入以及购房的承受能力，还有消费者对住房的标准要求等信息。

二是按照所需收集的信息，写出一连串问题，并确定每个问题的类型。房地产公司要想占领市场，既要了解目前该城市的人口分布、年龄情况、家庭结构、住房面积、消费者拥有房子的情况，又要了解居民的收入水平(基本工资、奖金收入，消费者购买生活必需品和一些耐用消费品以后随意可支配的货币有多少)，还要了解消费者目前是否有存款，并要了

解消费者对购房的兴趣、欲望，以及了解消费者对住房的最低要求(设计方案、四周环境、建筑套型等)和当地政府对房产的有关政策，银行金融系统对消费者购房的有关政策等。

三是按照问题的类型、难易程度设计题型(单选填充、多选填充、是非判断、多项选择题)，并安排好询问问题的次序。

四是选择一些调研者作调研表的初步测试，请他们做题，然后召开座谈会或进行个别谈话以征求意见。

五是按照测试结果，再对调研表作必要的修改，最后得出正式调研表。

5. 观察法

观察法是指调研人员不与被调研者正面接触，而是在旁边观察。这样被调研者无压力，表现得自然，因此调研效果也较理想。

(1)直接观察法。派人到现场对调研对象进行观察。例如，可派人到房地产交易所或工地观察消费者选购房产的行为和要求，调研消费者对公司的信赖程度。

(2)实际痕迹测量法。调研人员不是亲自观察购买者的行为，而是观察行为发生后的痕迹。例如，比较在不同报纸杂志上刊登广告的效果。

(3)行为记录法。在取得被调研者的同意之后，用一定装置记录调研对象的某一行为。例如，在某些家庭电视机里装上一个监控器，可以记录电视机什么时候开、什么时候关、收看哪一个台、收看了多长时间等。这样可以帮助营销管理人员今后选择在哪一家电视台，在什么时间播广告，以便取得最好的效果。

调研人员采用观察法，主要是为了获得那些被观察者不愿或不能提供的信息。有些购买者不愿透露他们某些方面的行为，通过观察法便可以较容易地了解到。但观察法只观察事物的表面现象，不能得到另外一些信息，如人们的感情、态度、行为动机等，因此调研人员通常将观察法与其他方法组合起来使用。

6. 实验法

实验法是指将调研范围缩小到一个比较小的规模上，进行实验后取得一定结果，然后再推断出总体可能的结果。例如，调研广告效果时，可选定一些消费者作为调研对象，对他们进行广告宣传，然后根据接受的效果来改进广告词语、声像等。实验法是研究因果关系的一种重要方法。例如，研究广告对销售的影响，在其他因素不变的情况下，销售量增加就可以看成完全是广告的影响造成的。当然市场情况受多种因素的影响，在市场实验期间，消费者的偏好、竞争者的策略都可能有所改变，从而影响实验的结果。虽然如此，实验法对于研究因果关系，能提供观察法等所不能提供的材料，运用范围较为广泛。

 知识链接

设计调研表应注意的事项

第一，问题要短，因为较长的问题容易被调研者混淆；第二，调研表上每一个问题只能包含一项内容；第三，问题中不要使用专门术语，如容积率、框架结构、剪力墙结构、简

中筒结构等，一般消费者是搞不清楚这些专门术语的；第四，问题答案不宜过多，问题的含义不要模棱两可，一个问题只代表一件事；第五，要注意问问题的方式。有时直接问问题并不见得是最好的，而采用间接方法反而会得到更好的答案。例如，最近房地产公司为了销售某一处商品房做了不少广告，调研员想知道这些广告效果时，与其直接询问被调研者的看法如何，还不如用迂回方式去了解他们有多少人知道该处的房产情况。

三、调研规模与技术条件

1. 样本的数量

一般而言，一个调研样本越大越好，因为依据统计学上的大数定理，大样本可以降低误差。但是，大样本不可避免地要大量增加调研成本，而且在调研实务中，大样本也引进了额外的误差因素，如调研员的疲乏、统计上的错误、回收率难以控制等。

2. 样本涵盖面的广度

样本涵盖面与样本数是相依的，抽样涵盖面越广，所需的样本数也越大，若样本数不是随着增大，则属于完全随机抽样法，虽然在整体上样本具有代表性，但对于各抽样样本来说，仍然不具有代表性。

3. 问题涵盖面的广度

如果调研内容太少，挂一漏万，就会失去调研的本意；反之，如果尽量增加调研的内容，问卷太长，会使被调研者失去耐心，降低整个调研的可信度，也极可能由于一部分被调研者失去耐心，降低整个调研的可信度。此外，还可能由于一部分被调研者拒绝合作，造成严重的抽样偏差。这两个方面都会使调研结果由量变引发质变，使调研失去意义。

4. 调研的深度

一般而言，深与广二者就犹如鱼和熊掌，是难以兼得的。越是深层的调研，所要求调研员的专业技术越多，所需时间越长，经费越高。

📖 本章小结

需要全面而正确地掌握市场信息，了解消费者需求，就必须选取大样本进行调研。由于不同的项目所针对的目标客户群不同，需要有意识地进行抽样，根据需求选择不同的抽样方法。为了省时省力，在选择调研的方法时，房地产企业最常用的是问卷法和观察法。

📖 实训练习

每年重庆都会在重庆南坪国际会议中心举行春季和秋季房交会。请到房交会上做一次房交会的调研。自己选择调研的目标、调研的方法和抽样的方式。调研完成后，向大家做一个调研汇报。

第四章　房地产市场调研的步骤

◎ **学习目标**

1. 掌握房地产市场调研的工作步骤；
2. 掌握房地产市场调研的工作内容。

◎ **教学重点**

1. 房地产市场调研的步骤；
2. 房地产市场调研的工作重点和难点。

◎ **教学难点**

1. 房地产市场调研的具体工作内容；
2. 调研现场人员分工。

◎ **案例阅读**

知名企业——大连万达

大连万达集团成立于 1988 年，经过 20 多年的发展，万达集团成为以商业地产、高级酒店、文化产业、连锁百货为四大支柱产业的大型企业集团，资产 300 亿元，年销售额 200 亿元。2008 年万达集团纳税近 14 亿元，被中国银行和中国农业银行两家总行评为"A 类重点大客户"，全国只有不到 50 家企业获得这个待遇。从商业地产项目的规模、发展前景看，大连万达集团为国内最大的商业地产开发企业。

万达集团目前在全国有 40 多个投资项目，已在全国建有 19 个万达广场，6 家五星级酒店，持有型物业面积近 280 万平方米。从 2008 年开始，万达计划每年有 5~8 个万达广场开业，以及 3~5 个五星级酒店开业。

大连万达的商业地产是成功的，商业地产目前的现状如何呢？你了解多少呢？对于商业地产的调研，需要调研哪些内容呢？

一、确定调研专题和目标

1. 确定调研专题

项目调研的问题很多，不可能通过一次调研就解决所有的问题，因此，在组织每次项目调研时应找出关键性的问题，确定调研的专题，但调研选题的界定不能太宽、太空泛，以避免调研专题不明确具体。选题太宽，将会使调研人员无所适从，不能发现真正需要的信息；选题太窄，不能通过调研充分反映市场的状况，使调研起不到应有的作用。

2. 确定调研目标

调研目标的确定是一个从抽象到具体，从一般到特殊的过程。调研者首先应限定调研的范围，找出企业最需要了解和解决的问题，然后分析现有的与调研问题有关的资料，如企业销售记录、市场价格变化等。在此基础上明确本次调研需要重点收集的资料。

调研时，调研者经常犯以下两类错误：

(1)将调研目标定得太大。在业务实践中，确定调研目标时，有的调研人员生怕漏掉什么，常常将目标定义得太宽，太宽的定义无法为调研的后续工作提供明确的方向。例如，重庆房产需求调研、重庆消费者需求调研等。

(2)将调研目标定得太窄。在业务实践中，确定调研目标时，有的调研人员将目标定得太窄，这就会使决策者根据结果做出决策时缺乏对市场情况的全盘把握，甚至导致决策的失败。例如，区位对房价的影响调研、房地产销售渠道调研等。

为了减少定义目标时常犯的两类错误的出现，可以先将调研目标用比较宽泛、一般的术语来陈述，然后确定具体的研究提纲。比较宽泛的陈述可以为问题提供较开阔的视角以避免出现第二类错误，而具体的研究提纲集中了问题的关键方面，从而可以为如何进一步操作提供清楚的指引路线。在确定调研目标时，应当努力使问题定量化，提出明确具体的数量目标。

二、初步调研

1. 研究搜集的信息材料

(1)研究企业外部材料。从各种信息资料中，了解一些市场情况和竞争概况，从中了解目前市场上哪类房产最好销，其价格如何，当地消费者对房产有什么偏爱等信息。

(2)分析企业内部资料。对公司的各种记录、函件、订货单、年度报表等内部资料进行分析，从而找出产生问题的原因的线索。

2. 与企业有关领导进行非正式谈话

从这些领导人的谈话中，寻找市场占有率下降的原因，如市场营销经理可能认为房产价格订得太高；工程部经理可能认为设计并不是十分合理，材料供应质量不高；材料部经理可能认为物价指数上涨太快，所划拨的经费不能全部采用进口或国内各种名牌材料等。

3. 了解市场情况

市场是无情的，消费者对本公司所开发经营的房产的态度，就是反映企业市场营销水平的重要标志，也是初步调研的关键内容。如为什么消费者不购买本公司商品房，就需要对用户进行调研研究。

三、确定调研项目

根据前面信息资料的搜集以及上面初步调研的结果，可以提出调研的命题及实施的计划。例如，近期的房地产业不太景气，资金积压过多，建造好的房子销售不畅，是什么原因呢？经过分析先拟定问题产生的原因有两点：一是国家宏观控制，银根收紧，消费者收入没有好转；二是广告效果不大，没有引起消费者足够的兴趣，消费者储蓄待购。为了证实此命题的正确与否，决定采用重点调研法，并配合个人访问法和电话调研法来进行调研研究。

在收集原始资料时，一般需要被调研者填写或回答各种调研表格或问卷。调研表及问卷的设计既要具有科学性又要具有艺术性，以利于市场调研工作的条理化、规范化。

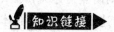

房地产调研统计表的设计类型

（1）当地房产资源统计表，包括房地产分布、面积、类型、单位价格、单位总价、开发程度、居住密度、交易状况和规模、使用期限、抵押保险、政策限制、竞争程度、发展远景、其他具体情况和调研日期等项目。

（2）房地产出租市场统计表，包括出租房地产名称、所在地区、出租面积、租金水平、出租房的类型和等级、室内设备状况（暖气、煤气、电话、家用电器、厨卫设备）、环境条件（庭院、阳台、停车场、文娱场所、交通和购物等）、空置率、影响房租市场的最大因素、具体房东记录、房地产出租公司的资料和调研日期等项目。

（3）房地产出售统计表，包括已售和待售房地产的名称、地区、开发商、数量、结构类型、成交期、成交条件（预付款、贷款额和利率、偿还约束、其他附加条款等）、出售时的房龄和状况、客户资料和调研日期等项目。

（4）房地产个案市场调研分析表，包括案名、区位、投资公司、产品规划、推出日期、入伙日期、基地面积、建筑密度、土地使用年限、单位售价、付款方式、产品特色、销售策略、客源分析、媒体广告和调研日期等项目。

房地产市场调研中普遍采用抽样调研，即从被调研总体中选择部分样本进行调研，并用样本特性推断总体特性。在实地调研前，调研人员应该选择决定抽查的对象、方法和样本的大小。一旦明确下来，参加实施的调研人员必须严格按照抽样设计的要求进行工作，以保证调研质量。

四、确定调研方案

1. 市场调研方案类型的选择

（1）不能肯定问题的性质时，选用探索性调研方案。探索性调研是为了使问题更明确而进行的小规模调研。这种调研特别有助于把一个大而模糊的问题表达为小而准确的子问题，并识别出需要进一步调研的信息。

通常，调研者对开始进行的调研项目缺乏足够的了解，不能肯定问题的性质时，应选用探索性调研方案。由于探索性调研还没有采用正式的调研计划和程序，因而其调研方法具有相当的灵活性和多样性。探索性调研很少采用设计调研问卷、大样本及样本调研计划等调研方法，调研人员在调研过程中对新的调研思路和发现极为敏感。一旦有了新的思路或新的发现，调研人员会立即对调研方向作相应的调整，除非发现没有可能性或者确定了另一个调研方向，他们会始终坚持这个新的调研方向。由于这个原因，探索性调研的调研重点经常随着新发展的产生而发生变化。这样，调研人员的创造力和灵敏性就在探索性调研过程中发挥了举足轻重的作用。但是探索性调研有时也采用专家调研、实验性调研、对二手资料的分析及定性调研等方法来辅佐和帮助。

(2)对有关情形缺乏完整的知识时，选择描述性调研方案。描述性调研是寻求对"难"、"什么事情"、"什么时候"、"什么地点"这样一些问题的回答。它可以描述不同消费者群体在需要、态度、行为等方面的差异。描述的结果尽管不能对"为什么"给出回答，但也可用作解决营销问题所需的全部信息。

进行描述性调研的一个假设是调研人员提前对调研问题的状况有非常充分的了解。实际上，探索性调研和描述性调研的一个关键区别在于描述性调研形成了具体的假设。这样，调研人员就非常清楚需要哪些信息。因此，描述性调研通常都是提前设计和规划好了的，它通常建立在大量有代表性的样本的基础上。

知识链接

绝大多数涉及描述性调研的营销调研，通常采用下列四种方法：

(1)第二手资料；

(2)实地调研；

(3)讨论小组；

(4)观察资料和其他资料。

(3)需要对问题严格定义时，选择因果性调研方案。因果性调研是调研一个因素的改变是否会引起另一个因素的改变的研究活动，目的是识别变量之间的因果关系，如预期价格、包装及广告费用等对销售额的影响。这项工作要求调研人员对所研究的课题有相当的知识，能够判断一种情况出现了，另一种情况是否会接着发生，并能说明其原因所在。

因果关系调研的目的是找出关联现象或变量之间的因果关系。描述性调研可以说明某些想象和变量之间的互相关联，但要说明某个变量是否引起或决定着其他变量的变化，就要用到因果关系调研。因果关系调研的目的就是寻求足够的证据来验证这一假设。和描述性调研相似，因果性调研也需要精心设计，常用的方法是进行试验。

2. 拟定市场调研方案

市场调研的总体方案设计是对调研工作各个方面和全部过程的通盘考虑，包括整个调研工作过程的全部内容。调研总体方案是否科学、可行，是整个调研成败的关键。

市场调研总体方案设计主要包括下述内容：

(1)确定调研目的；

(2)确定调研对象和调研单位；

(3)确定调研项目；

(4)制订调研提纲和调研表；

(5)确定调研时间和调研工作期限；

(6)确定调研地点；

(7)确定调研方式和方法；

(8)确定调研资料的整理和分析方法；

(9)确定提交报告的方式的组织计划。

一份完整的详细的调研方案应该包括以下几个板块的内容：

(1)前言部分。前言部分，也就是方案的开头部分，应该简明扼要地介绍整个调研课题出台的背景原因。

(2)调研课题的目的和意义。较前言部分稍微详细点，应指出项目的背景，想研究的问题和可能的几种备用决策，指明该项目的调研结果能给企业带来的决策价值、经济效益，以及在理论上的重大价值。

编写市场调研方案首先要明确的就是目的。有的客户对市场调研业务比较熟悉，所提要求也十分明确。而有些对市场调研还不熟悉的客户，提出的问题未经考虑，范围广泛，这就需要研究人员针对企业本身和企业想要了解的问题进行调研、访问，熟悉企业背景，讨论企业的生产、销售情况，明确企业调研的目的和内容。

(3)确定调研对象和调研单位。明确了调研目的之后，就要确定调研对象和调研单位，这主要是为了解决向谁调研和由谁来具体提供资料的问题。调研对象就是根据调研目的、任务来确定调研的范围以及所要调研的总体，它是由某些性质上相同的许多调研单位所组成的。调研单位就是所要调研的社会经济现象总体中的个体，即调研对象中的一个具体单位，它是调研中要调研登记的各个调研项目的承担者。例如，为了研究某市各广告公司的经营情况及存在的问题，需要对全市广告公司进行全面调研，那么，该市所有广告公司就是调研对象，每一个广告公司就是调研单位。又如，在对某市职工家庭基本情况的一次性调研中，该市全部职工家庭就是这一调研的调研对象，每一户职工家庭就是调研单位。

(4)调研的主要内容和具体项目。调研的主要内容和具体项目是依据所要解决的调研问题和目的所必需的信息资料来确定的。在确定调研项目时，除要考虑调研目的和调研对象的特点外，还要注意以下几个问题：

第一，确定的调研项目应当既是调研任务所需，又是能够取得答案的。凡是调研目的需要又可以取得的调研项目要充分满足，否则不应列入。

第二，项目的表达必须明确，要使答案具有确定的表示形式，如数字式、是否式或文字式等。否则，会使被调研者产生不同理解而做出不同的答案，造成汇总时的困难。

第三，确定调研项目应尽可能做到项目之间相互关联，使取得的资料相互对照，以便了解现象发生变化的原因、条件和后果，便于检查答案的准确性。

第四，调研项目的含义要明确、肯定，必要时可附以调研项目解释。

(5)制定调研提纲和调研表。当调研项目确定后，可将调研项目科学地分类、排列，构成调研提纲或调研表，方便调研登记和汇总。

调研表一般由表头、表体和表脚三个部分组成。

表头包括调研表的名称，调研单位(或填报单位)的名称、性质和隶属关系等。表头上填写的内容一般不作统计分析之用，但它是核实和复查调研单位的依据。

表体包括调研项目、栏号和计量单位等，它是调研表的主要部分。

表脚包括调研者或填报人的签名和调研日期等，其目的是为了明确责任，一旦发现问题，便于查寻。调研表格式分单一表和一览表两种，单一表是每张调研表式只登记一个调研单位的资料，常在调研项目较多时使用。它的优点是便于分组整理，缺点是每张表都注有调研地点、时间及其他共同事项，造成人力、物力和时间的耗费较大。一览表是一张调研表式可登记多个单位的调研资料，它的优点是当调研项目不多时，应用一览表能使人一目了然，还可将调研表中各有关单位的资料相互核对，其缺点是对每个调研单位不能登记更多的项目。

调研表拟定后，为便于正确填表、统一规格，还要附填表说明。其内容包括对调研表中各个项目的解释，有关计算方法以及填表时应注意的事项等，填表说明应力求准确、简明扼要、通俗易懂。

(6)确定调研时间和调研的工作期限。调研时间是指调研资料所属的时间。如果所要调研的是时期现象，就要明确规定资料所反映的是调研对象从何时起到何时止的资料。如果所要调研的是时点现象，就要明确规定统一的标准调研时点。

调研期限规定了调研工作的开始时间和结束时间，包括从调研方案设计到提交调研报告的整个工作时间，也包括各个阶段的起始时间，其目的是使调研工作能及时开展、按时完成。为了提高信息资料的时效性，在可能的情况下，调研期限应适当缩短。

在实际调研活动中，根据调研范围的大小，时间有长有短，但一般为一个月左右。通常，在安排各个阶段工作时，还应具体详细地安排需做哪些事项，由何人负责，并提出注意事项，所以需制作时间进度表。市场调研进度表的一般格式如表 1-4-1 所示。

表 1-4-1 房地产市场调研计划进度表

工作与活动内容	时间	参与单位和活动小组	主要负责人及成员	备注

(7)确定调研地点。在调研方案中，还要明确规定调研地点。调研地点与调研单位通常是一致的，但也有不一致的情况，当不一致时，很有必要规定调研地点。例如，人口普查，

规定调研登记常住人口，即人口的常住地点。若登记时不在常住地点，或不在本地常住的流动人口，均须明确规定处理办法，以免调研资料出现遗漏和重复。

(8)确定调研的方式和方法。在调研方案中，还要规定采用什么组织方式和方法取得调研资料。搜集调研资料的方式有普查、重点调研、典型调研、抽样调研等。具体调研方法有文案法、访问法、观察法和实验法等。在调研时，采用何种方式、方法不是固定和统一的，而是取决于调研对象和调研任务。在市场经济条件下，为准确、及时、全面地取得市场信息，尤其应注意多种调研方式的结合运用。

(9)确定调研资料的整理和分析方法。采用实地调研方法搜集的原始资料大多是零散的、不系统的，只能反映事物的表象，无法深入研究事物的本质和规律，这就要求对大量原始资料进行加工汇总，使之系统化、条理化。目前这种资料处理工作一般已由计算机进行，这在设计中也应予以考虑，包括采用何种操作程序以保证必要的运算速度、计算精度及特殊目的。

(10)确定提交报告的方式。主要包括报告书的形式和份数、报告书的基本内容、报告书中图表量的大小等。

(11)制订调研的组织计划。调研的组织计划是指确保实施调研的具体工作计划，主要是指调研的组织领导、调研机构的设置、人员的选择和培训、工作步骤及其善后处理等。必要时，还必须明确规定调研的组织方式。

(12)经费预算和开支情况。调研费用根据调研工作的种类、范围的不同而不同，当然，即使同一种类，也会因质量要求差异而不同，不能一概而论，但经费预算越详细越好。房地产市场调研经费预算表一般的格式如表1-4-2所示。

表 1-4-2　房地产市场调研经费预算表

调研题目：				
调研单位与主要负责人：				
调研时间：				
经费项目	数量	单价	金额	备注
资料费				
文件费				
差旅费				
交际费				
调研费				
劳务费				
⋮				
合计				

(13)附录部分。把方案中需要特别列出的图片、表格等放在附录之中。

五、实施调研方案

1. 建立调研项目领导组

不同的市场调研机构，其组织结构的形式可能不同，但是在接受委托单位的委托，开始按照委托方的要求，组织实施各个阶段的调研工作之前，为了保证项目的顺利实施，需要在公司内部先建立项目领导小组，主要负责管理控制项目的实施，并及时向委托方反馈调研进程和调研工作的有关信息。

(1)市场调研业务部人员组成项目领导组。市场调研公司内部都会设置调研部门，有的还设立了调研一部、调研二部等，这些部门的主要职责就是执行市场数据资料的收集工作。一般情况下，根据职责分工，专业调研公司会指派市场调研业务人员组成项目领导组。

(2)多个部门的业务人员组成项目领导组。如果受托项目规模较大，涉及多个方面的工作，就需要调研公司内部的研究开发部、调研部、统计部、资料室等多个部门指派相关人员，一起组成市场调研项目领导组，以保证调研工作的顺利实施。

2. 选择市场调研人员

(1)选择市场调研人员。一个市场调研机构一般不可能拥有太多的专职访问人员，而兼职的访问员队伍又太不稳定。因此，公司常常要进行招聘访问员的工作。招聘市场调研人员，可以采取书面形式，也可以采取面试形式。

在招聘过程中，对调研人员主要考虑的条件应该包括以下两点内容：

①责任感。责任感在市场调研中显得尤为重要。缺乏责任感的人，即使工作能力再强，专业水平再高，也很难把事情做好。

②普通话。一般人都能听得懂普通话，所以在一般情况下，应尽量选择普通话标准的人作为市场调研人员，同时也要具体情况具体分析。

(2)明确市场调研人员的素质要求。

①必须具备创新能力。市场竞争常常是以新制胜，谁首先认识和顺应了新的消费动向，谁就有可能占据有利的市场地位。因此，要求调研者对房地产开发、交易、消费和服务诸环节有深刻认识，具有较强的职业责任感、观察市场的敏锐性和勇担风险的胆略。只有这样，才能在市场调研工作中不断开拓丰富的信息资源，使房地产市场调研工作走上健康发展的新道路。

②要有良好的知识结构。把握房地产信息是一种知识型劳动，要求调研者具备渊博的知识和经验，至少要精通与房地产有关的法规政策、开发经营、行政管理、城市规划、市场竞争、建筑施工、综合开发战略等方面的知识，因此调研者需要良好的知识结构才能胜任市场调研工作。

③要具备市场信息分析能力。市场调研人员的工作绝不是简单提供调研资料，因为把大量的市场信息推给决策者，并不会减少决策的难度。市场调研人员所作的适当评议、透过现象探讨本质的综合分析、就有关现象分析利弊和长远趋势，将会帮助决策者对市场需求和市场动态作出正确判断。这些工作的水平高低是与调研者的分析能力、语言表达能力

分不开的。

④要具备较强的社交能力。调研者在个人形象上要显得干练、稳重，给人以可信赖感；要善于同那些与房地产市场相关的人士交往，打通社会各方面的信息渠道，在社交中了解市场动态信息。这样做不仅有利于完成信息的搜集和反馈工作，而且有利于在实践中增长才干，更深刻地认识社会与市场。

3. 培训市场调研人员

(1)组织培训工作。对于市场调研人员的培训，一方面需要进行理论与实践结合的培训，让调研人员在调研过程中学习相关调研理论知识，掌握调研技巧，并能灵活地运用到新的调研工作任务中去；另一方面还需要有针对性地开展调研培训，如学习针对不同的客户群如何调研，针对不同的房地产产品如何调研等，让市场调研人员学会更有针对性地开展各项调研工作。

(2)适当选择培训方式。市场调研人员的培训，一方面可以通过传统的书面培训进行，这主要是培训必要的理论知识；另一方面可以在调研过程中进行口头培训，这样能及时地对调研人员进行指导。

(3)确定培训内容。对于调研人员的培训，需要提前制定好与本次调研要求相关的培训内容，不必全面培训。需要根据不同的项目、不同的调研任务和特殊的条件制定有针对性、时效性的培训内容。

4. 市场调研项目控制

(1)监督调研计划的执行。调研工作计划是指为确保调研的顺利实施而拟定的具体工作安排，包括调研人员的安排和培训、调研经费预算、调研进度日程等。调研工作计划直接关系调研作业的质量和效益。调研人员的工作能力、职业态度、技术水平等会对调研结果产生重要影响，一般要求调研人员应具备沟通能力、创造力和想象力。调研费用因调研种类和收集资料精确度的不同而有很大差异。调研组织者应事先编制调研经费预算，制定出各项费用标准，力争以最少的费用取得最好的调研效果。调研进度日程指调研项目的期限和各阶段的工作安排。为保证调研工作的顺利开展和按时完成，调研者可制定调研进度日程表，对调研任务加以具体规定和分配，并对调研进程随时进行检查和控制。只有这样才能在各种环境特征和具体条件下及时选择最为合适的抽样方法，以确定每一个具体的调研对象，从而保证数据采集的科学性。

(2)市场调研人员的控制。一般利用下列四种手段来判断调研人员访问的真实性，然后再根据每个调研人员的任务完成质量，从经济上给予相应的奖励或惩罚。

①现场监督。在调研人员进行现场调研时，由督导跟随，以便随时进行监督并对不符合规定的行为进行指正。这种方法对于电话访谈、拦截访问、整群抽样调研比较适合。

②审查问卷。对调研人员收集来的问卷进行查看，看问卷是否有质量问题，是否有遗漏；答案之间是否前后矛盾；笔迹是否一样等。

③电话回访。根据调研人员提供的电话号码，由督导或专职访问员进行电话回访。

④实地复访。如果电话回访找不到有关的被访问者，根据调研人员提供的真实地址，

由督导或专职访问员进行实地复访。这种实地复访比电话回访真实可靠，但需要花很多的时间和精力。

六、资料的分析与报告的撰写

1. 调研资料的整理分析

调研资料的整理分析是将调研收集到的资料进行汇总整理、统计和分析。首先，要进行编辑整理，就是把零碎的、杂乱的、分散的资料加以筛选，去粗取精，去伪存真，以保证资料的系统性、完整性和可靠性。在资料编辑整理的过程中，要检查调研资料，剔除那些错误的资料；之后要对资料进行评定，以确保资料真实与准确。其次，要进行分类编号，就是把调研资料编入适当的类别并编上号码，以便于查找、归档和使用。再次，要进行统计，将已经分类的资料进行统计计算，有系统地制成各种计算表、统计表、统计图。最后，对各项资料中的数据和事实进行比较分析，得出一些可以说明有关问题的统计数据，直至得出必要的结论。

(1)数据资料的收集。数据资料的收集阶段往往费用很高，但对整个项目活动的开展具有重要意义，调研主管人员必须监督现场的工作，采取适当的措施防止失真信息的出现。

(2)数据资料的处理。收集的数据资料要经过一个去伪存真、去粗取精和科学加工处理的过程，从而保证分析工作的客观性，以利于了解整个项目活动是否顺利进展。用数字符号代表资料，使资料易于编入适当的类别，更有利于录入计算机进行处理。可将已分类的资料有系统地制成各种统计表以便分析和归纳。

(3)数据资料的分析。数据资料经过搜集、加工、处理之后，要对其进行分析，从中取得具有普遍意义的规律。分析方法主要有定量分析和定性分析两种。随着网络技术以及计算机技术的发展，数据处理软件的出现为项目调研工作带来了便利，从而缩短了分析的时间，提高了工作效率。

2. 撰写和提交调研报告

撰写和提交调研报告是房地产市场调研工作的最后一环。调研报告反映了调研工作的最终成果，要十分重视调研报告的撰写，并按时提交调研报告。

撰写调研报告应做到：

(1)客观、真实、准确地反映调研成果；

(2)报告内容简明扼要，重点突出；

(3)文字精练，用语中肯；

(4)结论和建议应表达清晰，可归纳为要点；

(5)报告后附必要的表格、附件与附图，以便阅读和使用；

(6)报告完整，印刷清楚美观。

在作出结论以后，市场营销调研部门必须提出若干建议方案，写出书面报告，提供给决策者。在撰写调研报告时，要指出所采用的调研方法、调研的目的、调研的对象、处理调研资料的方法、通过调研得出的结论，并对此提出一些合理建议。

××公司××商业城项目市场调研方案

受控状态：

编号：

执行部门：

监督部门：

考证部门：

一、调研目的

(1)降低项目开发成本，提高项目开发的投资回报率。

(2)确定适应市场需求的商业街业态组合。

(3)积累项目推广的经验与信心。

(4)分析目标买家(包括投资者和自用经营者)的消费心理及承受能力。

(5)分析目前与商业城定位相符的经营者投资商业城的意向及其强烈程度。

二、商业城项目简介

1. 商业城具体位置(略)

2. 商业城规模(略)

3. 商业城周边的交通情况

(1)商业城周边共有×条公交路线，主要路线方向为×××、×××和×××。

(2)未来×年内，将建成距商业城××千米的轨道交通。

4. 商业城周边的消费需求情况

在商业城项目周边目前居住居民约×万人，未来×年内预计还有×万人入住。

在商业城项目周边地区方圆××千米内，共有写字楼××座，约有××人办公。

三、调研报告内容规划

(1)商业城所在××市商业物业的宏观环境研究。

(2)商业城所在××市社会的宏观环境研究，包括政策环境、法律环境等。

(3)商业城入住业态的定位和规划研究。

(4)商业城营销媒介研究。

四、调研方法

1. 定性与定量相结合

本次调研活动采用定性调研方法和定量调研方法相结合的调研模式，具体调研的方法包括以下内容：

(1)举办调研座谈会，开展定性调研。

(2)实行问卷调研，通过统计分析，进行定量调研。

(3)实行入户访问调研，搜集分析数据。

(4)实施文献搜集，获取基础信息和资料。

2. 具体研究内容所使用的调研方法

(1)商业城所在××市商业物业的宏观环境研究。通过统计机关资料查阅、报纸和专业期刊提供资料、召开座谈会的方法获取信息。

(2)商业城所在××市社会的宏观环境研究,包括政策环境、法律环境等。通过查阅权威行政机关网站,包括国家部委网站、全国人大网站了解最新政策和相关法律法规。

(3)商业城入住业态的定位和规划研究。通过进行定量问卷调研和入户调研进行分析。

(4)商业城营销媒介研究。通过市图书馆、主要媒介座谈访问等方式搜集营销媒介信息。

五、调研的具体安排

1. 座谈会

(1)第1场共邀请××人,主要对象包括相关行业私营企业主、个体工商业户及其他代表。

(2)第2场共邀请××人,主要对象包括本市主要媒体机构人员。

2. 问卷调研

(1)问卷调研采用随机问卷发放形式,预计发放调研问卷共300份,采取街头发放和入户调研相结合的方式。

(2)问卷分析方法:采用SPSS软件进行统计分析。

六、调研所使用的分析方法

(1)聚类分析。

(2)因子分析。

(3)联合分析。

(4)回归分析。

七、质量控制

1. 质量控制方法

(1)对参与调研的人员进行调研培训,使其充分理解市场调研的目的和要求。

(2)在调研开展之前,要充分了解调研的背景以及相关的工具准备等。

(3)利用文献法收集的资料要保证其可靠性和真实性。

(4)对于入户开展的问卷调研要进行电话复核。

2. 对所收集数据的质量控制方法

(1)数据分析结果的偏差控制在$n\%$以内。

(2)对所有数据结果进行100%的逻辑编辑。

(3)请专人对数据和数据结果进行复查和分析。

八、项目研究人员

1. 人员分类

(1)项目经理(包括姓名、人物简介)。

(2)专家组成(包括姓名、人物简介)。

(3)执行人员(包括姓名、人物简介)。

2. 工作任务

调研工作任务安排表

地产研究专家	负责市场宏观环境包括政治、法律、经济等方面的信息搜集和筛选工作
问卷调研人员	实施街头随机调研和入户调研工作
会谈组织人员	负责选择会谈的人员、组织座谈会、分析座谈结果
文献资料搜集人员	负责通过报纸、期刊、网络、图书馆等搜集调研所需的各类文献资料

九、调研日程安排

调研活动日程表

工作进度	工作天数	备 注
调研准备	3	
设计、测试、评估调研内容	3	
座谈会样本选择和预约	2	
座谈会召开	1	
培训问卷调研人员	1	
实施问卷调研	2	
数据录入和分析	2	
数据统计	1	
撰写调研报告	3	
本次调研的时间约18天，最多不超过20天		

需要说明的是，本次调研的专家邀请活动以及专家所实施的调研活动同其他调研活动同时进行，不再另行安排时间。

十、调研费用

调研费用预算明细表

调研项目	所需数量	单价/元	金额/元	备 注
项目调研研究设计			3 000	
专家费用			5 000	
座谈会费用	2 场	3 000	6 000	
督导/访问员招聘培训	17 名	80	1 360	
入户调研	10 人	100	1 000	
拦截访问	5 人	80	400	
数据处理、统计分析			4 000	
报告制作(包括专家费用)			6 000	
其他			3 000	
累计			29 760	
编制日期		审核日期		批准日期	
修改标记		修改处数		修改日期	

本章小结

想要得到满意的调研结果，首先必须有一个正确的调研目标。根据企业的需求，正确地确定调研目标是调研的关键。调研的实际步骤或复杂或简单，都需要根据实际的工作情况进行调整，灵活运用。

实训练习

各小组派代表，说一说本次房交会你们的调研目标是什么？你们的调研工作是如何安排的？调研的步骤有哪些？

工作过程及工作任务篇

房地产市场调研工作是一项实际操作性很强的工作，具备了一定的调研基础理论知识以后，还需要具有大量的实际调研的工作经验。不同的调研项目会有不同的调研方法和调研内容。因此，本篇就以房地产市场真实调研项目为引导，让读者在实际的市场调研工作过程中，学习和体会市场调研的方法和核心技能。

本篇主要按照实际工作情况，将房地产市场调研项目分为房地产市场调研的准备、房地产市场调研的实施、房地产市场调研报告的撰写三大版块来进行详细的介绍。在每个版块，我们都设计了各个细分的任务内容。我们以每一个工作任务的完成，来达到最终整个房地产市场调研项目的调研目标。我们设计的每一个调研任务既相对独立，又环环相扣，因此学习起来系统性很强，容易上手。

项目情境设计：

某房地产公司在重庆大学城新购置了一块住宅用地，计划用来做住宅地产开发。由于目前国家对房地产的宏观调控，重庆楼市不太乐观。公司希望通过前期项目的详细调研，确定该地块的整体规划，并在建设期间开展项目销售前期、中期和后期的调研，制订出一整套适应目前市场需求的房地产销售计划。要完成这样一个调研项目，公司调研应该如何做呢？

项目目标：

通过调研，让该地产公司的决策者真实了解目前大学城房地产市场的需求现状，掌握消费者的购房需求，从而优化楼盘整体规划，合理配置户型，完善小区配套等，从而促进楼盘销售，实现企业利润最大化。

项目成果：

根据楼盘开发的不同阶段需要解决的问题，通过调研，提供翔实、可靠的调研数据，形成各个时期相应的调研报告，为企业不同阶段的经营决策提供信息依据。

项目一　房地产市场调研的准备

任务一　组建房地产市场调研团队

◉ 任务描述

要开展一个如此重要的市场调研，一两个调研人员是绝对不能完成的。因此必须组建一支强有力的调研队伍。

◉ 任务要求

(1)10分钟内，自由组合成3或4人的调研小组。

(2)20分钟内，为本团队设计团队名称、口号和LOGO。

(3)小组讨论本调研团队的组织形式和组织结构，确定每个小组成员的工作任务，明确工作责任。

(4)以后每次上交的作业都必须有团队名称、口号、LOGO、成员组名单。

(5)请各团队上台，介绍每位团员，并展示自己团队组织的构成和工作安排。

(6)要求每位团员必须发言，计入平时考核成绩。

◉ 任务目标

通过小组讨论，进一步熟悉和了解房地产调研团队的组织架构，熟悉团队工作内容和职责，为后面的调研工作打下基础。

◉ 任务指导

要完成调研团队组建任务，必须知道什么是一个调研团队，一个调研团队有哪些组织形式，调研人员的工作职责是什么。

要正常开展房地产市场调研工作并达到预期目的，离不开"团队"的作用。没有一定的组织体系、管理架构、职能分工和制度条例，不管是简单的还是复杂的房地产市场调研任务，都无法顺利完成。

房地产市场调研团队就是从事房地产市场相关调研与研究分析的社会性团体。中国房地产市场经过十多年的风雨历程，已经日益成熟，伴随着房地产业的成长、社会分工的不断细化，房地产市场调研也在不断发展中逐渐形成了自身的运作体系和组织形式。

一、房地产市场调研团队的组建形式

目前，房地产调研团队主要有三种类型：专门的外部市场调研团队（机构）、企业内部专门组建的调研部门、临时组建的调研机构。

1. 专门的调研团队（机构）

专门的调研团队（机构）是专门以房地产市场调研为主业务的专门性调研组织或研究机构，是外部调研机构（图 2-1-1）。例如，上海"方方"房地产工作室，是一个专业性极强的机构，其纯粹为开发商提供专业市场咨询顾问服务。

选择专业调研机构的必要性包括：广博的知识、广泛的兴趣；较高的综合分析能力；强烈的事业心和责任感；高度的敏感性；良好的工作态度、严谨细致的作风；为人诚恳；掌握现代科学知识。

一般情况下，专业调研机构主要由调研主要负责人承担调研任务，负责与客户沟通调研需求，明确调研目的，设计调研思路和布局，安排调研人员开展调研活动，并完成最终调研报告的提交。一线调研人员只需要参与具体的实际调研实施过程，按照要求完成调研活动，提供初步调研数据。

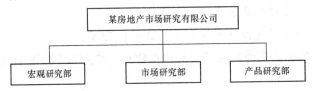

图 2-1-1　某专业调研机构的一般组织架构图

2. 企业内部专门组建的调研机构

企业内部专门组建的调研机构是房地产开发商或房地产代理营销企业自己内部组织的，为本公司提供专门调研服务的团队。如开发公司的"策划部"（图 2-1-2）、"市场部"，代理销售企业的"市场研展部"、"市场研究部"等。

由于调研团队各自的业务类型不同，因此开展的市场调研的关注点也各有侧重。开发商通常重点以开发项目为中心，并就此项目的相关内容开展市场调研，如定位调研、同类产品调研、竞争对手调研等。其组织内部结构也较为简单，主要由一个策划总监或市场总监负责整个调研工作的设计和组织，其他人员均为调研人员。

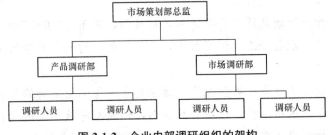

图 2-1-2　企业内部调研组织的架构

3. 临时组建的市场调研小组

这种情况应该说是中国房地产公司和房地产销售代理公司的主流，其最直接的原因就是可以节省大量的资金。

这些公司的市场调研工作往往由一线销售人员轮流出去进行。他们的操作手法主要是通过媒体实时监测，然后每个月都要出具一份市场调研报告，报告的内容应该根据年度销售计划具有针对性和层次性，每次都应该有新的市场调研重点。如果因为工作需要，可以每半个月去实地"拜访"一下竞争对手，熟悉市场。

二、房地产市场调研团队的组织模式

1. 集中式组织模式

在集中式组织模式中，一个调研团队只有一个总控制者，由他对其他调研人员进行工作安排、组织和培训。同时，也由这个总控制者对整个调研过程进行质量控制，对各个阶段的调研成果做阶段性总结和原因分析，负责整个调研任务的质量控制，为调研结果负责(图 2-1-3)。

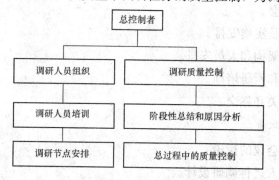

图 2-1-3　集中式组织模式

2. 分散式组织模式

在分散式组织模式中，由一个总控制者控制整个调研工作，但是不对具体调研工作进行控制。在调研活动中，根据不同的调研工作内容，有专门的人员进行负责。他们都受总控制者的管理(图 2-1-4)。

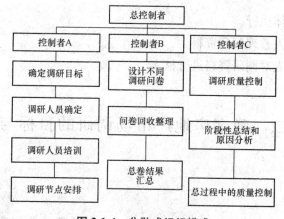

图 2-1-4　分散式组织模式

三、房地产市场调研团队中的职责分工

房地产调研团队的结构示意图如图 2-1-5 所示。

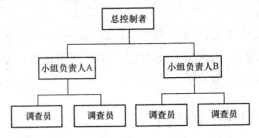

图 2-1-5　房地产调研团队的结构示意图

1. 总控制者的职责

(1)负责与调研委托人、决策者及相关人员沟通。

(2)主持项目调研会。

(3)负责调研设计及实施安排。

(4)落实调研队伍架构和人员安排。

(5)负责工作分配和调研培训。

(6)负责报告的把关和移交。

2. 小组负责人的职责

(1)参与调研项目会议的讨论。

(2)协助项目策划人进行调研设计。

(3)领导小组成员进行调研。

(4)督导监控调研员的调研全程。

(5)负责调研资料的整理及分析。

(6)协助项目策划人进行调研报告的撰写。

3. 调研员的职责

(1)负责调研的具体执行。

(2)协助小组负责人整理调研资料。

(3)协助小组负责人对调研资料进行核实。

任务二　确定房地产市场调研的目标与内容

任务描述

为了制订正确的项目总体策划方案，房地产公司必须开展前期房地产市场调研。这个

时期，应回答以下问题：公司主要面临的困难和问题是什么？作为公司专门的市场调研部门，应该制定怎样的调研目标与之相适应？同时，应该针对企业的需求，设计哪些调研内容？

◉ 任务要求

任何开发商在开发项目之前都会考虑，需要在什么地方拿地？用多少钱拿地划算？拿了地以后在这块地上做什么样的楼盘产品？这个楼盘的目标客户是谁？这些都需要进行各种调研来回答。所以，每种调研都应该有一个具体的目标和具体的内容，而目标和内容就是要回答上面提出的那些问题。

◉ 任务目标

完成市场调研的目标选择和内容确定工作，为后期的具体调研打下基础。

◉ 任务指导

要开展一项房地产市场调研，首先必须明确调研的目标和内容，才能将此任务安排开展下去。但是，如何确定这次房地产市场调研的目标？需要调研哪些内容呢？这就需要知道房地产市场调研的目标和内容是如何确定的。

一、房地产市场调研目标的确定依据

房地产市场调研目标是后期项目策划的前提，是整个房地产市场调研的核心。房地产市场调研目标的确定就是指在具体的策划之前，一定要对调研目标和调研对象有一个明确的定位。

房地产市场调研目标应该并且必须是跟企业的需求相吻合的。企业需要什么问题的答案，市场调研就应该为其寻求答案和可靠信息的依据。任何一个公司或部门要执行市场研究，都必须寻求发展机会。当机会或问题发生时，就要尽可能地明确定义以澄清机会问题或机会的本质。

例如，楼盘二楼的商业门面卖不出去，就要回答以下问题：

为什么不好卖？

我们的定位不准确吗？

其他同类楼盘项目好不好卖？

我们需要怎么做？

因此，房地产市场调研的目标就是为企业寻求机会和问题提供答案。详细地定义问题或机会，有利于企业更深入地了解问题和自己要解决的领域，以把握企业发展的机会。

因此，要更好地确定调研目标，必须做到以下两点：

(1)前期收集相关资料，深入研究，寻找问题点。

(2)跟企业策划人员交流，寻找目前出现的问题、想解决的问题等。

房地产市场调研要求提供如下问题的答案：

(1)什么是解决问题的方案？

(2)需要多少预算？

(3)需要何种资讯？如何获得？

(4)机会或问题的变数是什么？

二、房地产市场调研目标的细分

通过前期的基本调研，并与企业相关人员沟通了解企业的具体情况和问题以后，接下来并不是直接提出调研目标，而是要进行小组讨论，进行调研目标的细分，找到调研的总体方向，为进一步明确目标缩小范围。

房地产市场调研目标大体可以分为以下几个方面：

1.区域调研

房地产企业在购买土地之前，要对该地区房地产的整体市场供给、需求状况进行比较纵观的区域市场调研，包括周边的市场供需情况调研、区域消费者调研、家庭人数、收入水平、受教育情况等。

2.客户调研

客户调研指就区域本身的特质和所在区域的人口，针对房地产的主要消费需求、消费能力和消费倾向等方面的调研，包括潜在购房者的现有房产及居住特征、潜在购房者的工作及上班出行状况、潜在购房者的购买行为及预购房特征、潜在购房者的信息渠道、潜在购房者对广告及促销方式的偏好、潜在购房者的生活形态、特定潜在购房群体的需求特征等。

3.项目调研

项目调研主要指楼盘调研或地块调研。楼盘调研是指有比较明确的调研对象；地块调研是指对于尚未完全或完全没有开始动工之前的地块调研，其调研的目标相对简单，主要就是对地块的一些指标性的内容，包括占地面积、容积率、绿化率等的调研。最关键的是未来地块上面规划建造的楼盘的基本信息，包括做哪类产品、档次的分类，以及客户的取向等。此外，地块的周边环境和其他配套也在调研之内。

4.营销调研

营销调研不应视为调研，其对象是一些比较抽象的东西，如广告卖点、推广通路、营销活动、优惠措施等。此类调研往往不是调研一次就可以了，需要对调研对象有比较长期的跟踪。

三、房地产市场调研目标的确定

根据企业的实际问题和情况进行了调研目标的细分以后，就可以进行调研目标的具体确定了。根据企业的诉求和实际问题，结合细分的调研目标，具体提出本次调研的详细目标。

四、基于房地产营销过程的市场调研内容的确定

房地产市场调研的一般内容在之前的理论篇里面就已经提到。在这里，就着重针对房地产营销的各个时期，介绍一下其不同的调研要点。

1. 房地产营销准备阶段的市场调研要点

在房地产营销准备阶段，房地产企业主要的需求是想要寻求市场基本面的一些信息，如同类土地的供给情况、同类物业的销售情况等。分析房地产市场的供求状况，单凭宏观的统计信息如土地供应量、批准预售量是不够的，只有调研房地产市场的供应和需求状况，才能明确判断房地产市场的供求关系，才能对项目销售价格策略的制定有直接的帮助。因此，在这个阶段主要对以下内容开展调研：

(1)竞争项目基本信息的调研。了解竞争项目的基本信息有助于房地产企业做出对市场供求的明确判断。竞争项目的基本信息内容包括房地产开发商、位置、交通状况、规划要点、建筑面积、户数、层数、配套设施(会所、设备)、装修、景观、户型种类、户型面积、户型比例等。

(2)竞争项目销售信息的调研。房地产项目的入市时机不一，调研竞争项目剩余和售出的单元对房地产企业判断统一客户群的竞争状况，进而制定出有助于销售的竞争策略极为必要。竞争者的销售信息调研包括竞争项目的开盘时间、价格(不同时间的价格差、层次差、朝向差)、付款方式、代理商、不同户型的销售状况、消费群体取向、广告主题等。

(3)客户需求和接触媒体的调研。客户是销售的对象，客户有何想法、他们的支付能力如何、日常接触哪些媒体等，这些问题都需要通过市场调研去获知。

对客户需求和接触媒体的习惯的调研(表2-1-1)内容包括客户职业计划、购房目的(自用或出租)、区域的选择偏好、装修偏好(自己装修或提供装修)、付款方式、购房决策过程、计划职业客户特征(家庭结构、工作地点、从事行业、月收入、教育程度)及客户喜欢的媒体等。

表 2-1-1　某项目在营销准备阶段实际采用的调研表

楼宇名称		
起价		
楼层差	最高	
	最低	最高_____最低_____平均
	平均	

付款	一次性；
方式	按揭；
代理商	
客户群及购买户型（比例）	

各户型、各楼层销售状况	户型		销售率
	___房___厅___厨___卫___阳___工人房		
	___房___厅___厨___卫___阳___工人房		
	复式房		
	平均销售率		

现场售卖情况	
其他媒体使用情况	邮政海报____ VCD ____电视车站____灯箱____公交车厢____车身广告____杂志____路牌____电台
简要评述	
备注	起价、最高价、均价都是指实价；均价指标准层中间楼层实价；如有价目表或试算表需附，并注明年、月、日

2. 房地产项目定位阶段的市场调研要点

房地产项目定位阶段的市场调研从了解开发项目的土地状况调研入手，分析和判断其所具有的居住、商务、景观价值；调研区域项目的供应状况，分析街区价值；分析潜在高消费者的生活模式，分析其对居住空间的偏好。做好上述调研工作，房地产项目的定位才能在有充足信息的基础上开展。

(1)项目基地现状调研。不论是住宅、商业或工业用地，都可以从如下几方面进行调研：基地地理环境、基地地上物状况、领地状况、基地四周道路和给排水状况、附近公共设施及交通状况(表 2-1-2)。

表 2-1-2　基地情况调研表

项　　目	内　　容
基地地理环境	方向、风向、地质、景观方向、地形、排水方向
基地地上物状况	地上物、特殊状况
领地状况	基地与领地情况、防火设施、领地建筑、领地地下室深度
附件公共设施及交通状况	公共设施(公园、学校、市场)与基地的远近、基地的可达性

(2)项目交通状况调研。交通流量常能带来人流，使人流驻留的地点的商业价值提升。一般所指的交通流量资料包括机动车流量、双向人行道流量以及这些流量的路线及其可能达到的区域。

每一种不同类型的道路，其交通工具的种类、比率、流量以及大众运输工具的便利性，都对道路沿线的商业发展造成不同的影响。

(3)项目周边景观调研。房地产企业需要了解房地产项目周边的自然景观、人文景观、遮挡物以及可能对景观造成的破坏。

(4)商务圈和商圈调研。商务圈是办公大厦集中的区域；商圈是指消费者选择的购物地区的范围。商务圈的调研要考虑周边写字楼的数量、等级、租住公司的规模、行业分布等；商圈的调研则要考虑周边家庭户数、人口特性、生活形态、消费行为等。

(5)区域基本信息调研。通过对当前区域基本信息的调研和分析，房地产企业可以判断出未来物业的基本开发走向。区域基本信息调研包括区域开发结构、供应状况、总体价格水平、物业租售总体状况等。

(6)客户产品需求调研。房地产产品是为了满足客户需求的，客户产品需求调研包括消费者的住宅类型偏好、户型布局偏好、楼盘档次偏好、楼盘建筑风格偏好、楼盘停车位偏好、楼盘景观偏好、装修标准偏好等。

(7)相关项目基本信息调研。房地产项目的定位细节包括很多内容，从户型比、项目配套设施到装修、设备。相关项目信息调研包括开发商、地理位置、交通状况、规划要点、建筑面积、户数、层数、配套设施(会所、设备)、装修、户型种类、户型面积、户型比例(写字楼间隔划分，商铺按铺型调研)等。

3. 房地产销售中后期的市场调研要点

在房地产销售中后期，房地产企业主要想掌握现有业主对目前销售产品的满意程度，并掌握业主的具体情况，以利于后期开展其他产品的营销。例如，房地产企业需要知道业主的家庭构成、生活方式、出行方式、娱乐方式等，以利于后期对经营定位、车库销售定价、物业管理服务推出等进行决策。因此，这个时期的调研主要是针对以下内容进行的：

(1)整体市场环境调研；

(2)产品现状调研；

(3)产品销售状况调研；

(4)消费者及消费者需求调研；

(5)消费者满意度调研；

(6)竞争楼盘现状调研。

任务三　设计房地产市场调研问卷

◉任务描述

根据房地产企业的不同营销时期，以及其所面临的不同问题，在选定了调研目标，并明确了调研内容以后，需要开展调研。本次调研主要采用问卷调研的方式，需要通过问卷设计和问卷调研，找到企业所需要的答案。

◉任务要求

各小组根据自己小组确定的调研目标和调研内容，为鸥鹏集团的开发项目设计一份调研问卷，要求问卷结构完整，内容正确合理。

◉任务目标

设计好问卷及相关调研表格，为下一步具体调研的实施提供调研材料。

◉任务指导

在确定了具体调研内容以后，就需要根据调研内容选择合适的调研方法了。房地产市场调研的方法有很多，如二手资料研究法、观察法、座谈会法、深度访问法、电话访问法、个人访问法、自填问卷法、邮寄问卷法以及互联网调研法。这些方法在之前理论篇里面都有详细的介绍。由于房地产市场的行业特性，使用得最多、适用范围最广泛的就是问卷调研法，因此，在这里主要对问卷调研的具体方法进行详细介绍。

问卷调研法，顾名思义，就是以问卷的方式进行调研。因此，首先就需要有问卷。那么一份正确完整的调研问卷是什么样的呢？如何来编写调研问卷呢？在编写问卷的时候，需要注意些什么问题呢？

一、问卷设计的概念与格式

1. 问卷设计的概念

在现代市场调研中，应有事先准备好的询问提纲或调研表作为调研的依据，这些文件统称问卷。问卷设计是指根据调研目的，将所需调研的问题具体化，使调研者能顺利地获取必要的信息资料，并便于统计分析。

注意：作为调研者与被调研者之间中介物的调研问卷，其设计是否科学合理，将直接影响问卷的回收率，影响资料的真实性、实用性。

2. 问卷设计的格式

(1)问卷标题。问卷标题是概括说明调研研究主题，使被调研者对所要回答的问题有一个大致的了解。

注意：确定标题应简明扼要，易于引起回答者的兴趣。例如，"大学生租房状况调研"，"大学毕业生住房情况——公租房情况调研"等。不要简单采用"问卷调研"这样的标题，它容易引起回答者因不必要的怀疑而拒答。

(2)问卷说明。问卷说明旨在向被调研者说明调研的目的、意义。有些问卷还有填表须知、交表时间、地点及其他事项说明等。

注意：

①问卷说明一般放在问卷开头，通过它可以使被调研者了解调研目的，消除顾虑，并按一定的要求填写问卷。

②问卷说明既可采取比较简洁、开门见山的方式，也可在问卷说明中进行一定的宣传，以引起调研对象对问卷的重视。

例1：开门见山型。

同学们：

为了了解当前大学生的学习、生活情况，并做出科学的分析，我们特制定此项调研问卷，希望广大同学予以积极配合，谢谢。

例2：推广宣传型。

××女士(先生)：

改革开放以来，我国的广告业蓬勃发展，已成为社会生活和经济活动中不可缺少的一部分，对社会经济的发展起着积极的推动作用。我们进行这次公众广告意识调研，目的是加强社会各阶层人士与国家广告管理机关、广告用户和经营者等各方的沟通和交流，进一步加强和改善广告监督管理工作，促进广告业的健康发展。本次问卷调研并非知识性测验，只要求您根据自己的实际态度选答，不必进行讨论。根据统计法的有关规定，我们对您的个人情况进行严格保密。

(3)被调研者的基本情况。

①对消费者调研：消费者的性别、年龄、民族、家庭人口、婚姻状况、文化程度、职业、单位、收入、所在地区等。

②对企业调研：企业名称、地址、所有制性质、主管部门、职工人数、商品销售额(或产品销售量)等情况。

③关注点：通过这些项目，便于对调研资料进行统计分组、分析。在实际调研中，列入哪些项目，列入多少项目，应根据调研目的、调研要求而定，并非多多益善。

(4)调研的主题内容。

①对人们的行为进行调研，包括对被调研者本人行为进行了解或通过被调研者了解他人的行为。

②对人们的行为后果进行调研。

③对人们的态度、意见、感觉、偏好等进行调研。

(5)编码。编码是将问卷中的调研项目变成数字的工作过程，大多数市场调研问卷均需加以编码，以便分类整理，易于进行计算机处理和统计分析。所以，在设计问卷时，应确定每一个调研项目的编号和为相应的编码做准备。通常是在每一个调研项目的最左边按顺序编号。

(6)作业证明的记载。在调研表的最后，应附上调研员的姓名、访问日期、时间等，以明确调研人员完成任务的性质。如有必要，还可写上被调研者的姓名、单位或家庭住址、电话等，以便于审核和进一步追踪调研。

注意：对于一些涉及被调研者隐私的问卷，上述内容则不宜列入。

二、问卷设计的原则与程序

1. 问卷调研面临的困难

(1)被调研者不了解或是误解问句的含义，不是无法回答就是答非所问。

(2)被调研者虽了解问句的含义，也愿意回答，但是自己记不清应有的答案。

(3)被调研者了解问句的含义，也具备回答的条件，但不愿意回答，即拒答。其原因可能是：

①被调研者对问题毫无兴趣；

②对问卷有畏难情绪；

③对问卷提问的内容有所顾虑，即担心如实填写会给自己带来麻烦；

④被调研者愿意回答，但无能力回答，包括被调研者不善于表达的意见、不适合回答和不知道自己所拥有的答案等。

2. 问卷设计的原则

(1)目的性原则。问卷调研是通过向被调研者询问问题来进行调研的，所以，询问的问题必须是与调研主题有密切关联的问题。

注意：在设计问卷时，应重点突出，避免可有可无的问题，并把主题分解为更详细的细目，即把它分别做成具体的询问形式供被调研者回答。

(2)可接受性原则。请求合作是问卷设计中一个十分重要的问题，问卷说明词要亲切、温和，提问部分要自然、有礼貌和有趣味，必要时可采用一些物质鼓励，并替被调研者保密，以消除其心理压力，使被调研者自愿参与，认真填好问卷。使用适合被调研者身份、水平的用语，尽量避免列入一些会令被调研者难堪或反感的问题。

注意：应在问卷说明词中，将调研目的明确告诉被调研者，让对方知道该项调研的意义和自身回答对整个调研结果的重要性。

(3)顺序性原则。容易回答的问答(如行为性问题)放在前面；较难回答的问题(如态度性问题)放在中间；敏感性问题(如动机性、涉及隐私等问题)放在后面；关于个人情况的事实性问题放在末尾。

封闭性问题放在前面；开放性问题放在后面（这是由于封闭性问题已由设计者列出备选的全部答案，较易回答，而开放性问题需被调研者花费一些时间考虑，放在前面易使被调研者产生畏难情绪）。要注意问题的逻辑顺序，如可按时间顺序、类别顺序等合理排列。

(4)简明性原则。调研内容要简明，没有价值或无关紧要的问题不要列入，同时要避免出现重复，力求以最少的项目设计必要的、完整的信息资料。

调研时间要简短，问题和整个问卷都不宜过长。街头拦截答卷时间不宜超过 20 分钟，入户调研时间不宜超过 45 分钟。问卷设计的形式要简明易懂、易读。

(5)匹配性原则。匹配性原则是指要使被调研者的回答便于进行检查、数据处理和分析，所提问题都应事先考虑到能对问题结果做适当分类和解释，使所得资料便于做分析。

3. 问卷设计的程序

(1)准备阶段。准备阶段是根据调研问卷的需要确定调研主题的范围与调研项目，将所需问卷资料一一列出，分析哪些是主要资料，哪些是次要资料，哪些是调研的必备资料，哪些是可要可不要的资料，并分析哪些资料需要通过问卷来取得，需要向谁调研等，对必要资料加以收集。

同时要分析调研对象的各种特征，即分析了解各被调研对象的社会阶层、行为规范、社会环境等社会特征，文化程度、知识水平、理解能力等文化特征，需求动机、行为等心理特征，以此作为拟定问卷的基础。

注意：问卷设计的准备阶段是整个问卷设计的基础，是问卷调研能否成功的前提条件。

(2)初步设计。在准备工作的基础上，设计者可以根据收集到的资料，按照设计原则设计问卷初稿。

此阶段主要是确定问卷结构，拟定并编排问题。在初步设计中，要标明每项资料需要采用何种方式提问，并尽量详尽地列出各种问题。对问题进行检查、筛选、编排，设计每个项目（对提出的每个问题，都要充分考虑是否有必要，能否得到答案）。考虑问卷是否需要编码，或需要向被调研者说明调研目的、要求、基本注意事项等。这些都是设计调研问卷时十分重要的工作，必须精心研究，反复推敲。

(3)试答和修改。通常所有设计出来的问卷都存在一些问题，因此需要将初步设计出来的问卷，在小范围内进行试验性调研，以便弄清问卷在初稿中存在的问题。

通常需要了解被调研者是否乐意回答和能够回答所有的问题，哪些语句不清、多余或遗漏，问题的顺序是否符合逻辑，回答的时间是否过长等。如果发现问题，应做必要的修改，使问卷更加完善。

注意：试调研与正式调研的目的是不一样的，它并非要获得完整的问卷，而是要求回答者对问卷各方面提出意见，以便于修改。

(4)付印。付印就是将最后定稿的问卷，按照调研工作的需要打印复制，制成正式问卷。

三、问卷设计技术

1. 问题的主要类型

问题的主要类型有以下几种：

(1)直接性问题。直接性问题是指在问卷中能够通过直接提问的方式得到答案的问题。直接性问题通常给回答者一个明确的范围，所问的是个人的基本情况或意见。例如，"您的年龄""您的职业""您最喜欢的洗发液是什么牌子的"等，这些都可获得明确的答案。

注意：这种提问对统计分析比较方便，但遇到一些窘迫性问题时，采用这种提问方式，可能无法得到所需要的答案。

(2)间接性问题。间接性问题是指那些不宜直接回答，而采用间接的提问方式得到所需答案的问题。其通常是指那些被调研者因对所需回答的问题产生顾虑，不敢或不愿真实地表达意见的问题。

调研者不应为得到直接的结果而强迫被调研者，使他们感到不愉快或难堪。采用间接回答方式，能排除调研者和被调研者之间的某些障碍，使被调研者有可能对已得到的结论提出自己不带掩饰的意见。

例如，"您认为刚毕业的大学生是否需要购买商品房"，大多数人都会回答"是"或"不是"，而实际情况则表明许多人对刚毕业大学生购房有着不同的看法。如果改问：

A：有人认为刚毕业的大学生有必要购买商品房。

B：另一部分人认为刚毕业的大学生不需要着急购买商品房，可选择租房。

您认为哪种看法更为正确？

对 A 种看法的意见：①完全同意；②有保留的同意；③不同意。

对 B 种看法的意见：①完全同意；②有保留的同意；③不同意。

(3)假设性问题。假设性问题是通过假设某一情景或现象存在而向被调研者提出的问题。例如，"有人认为目前的住房空置率过高，您的看法如何""如果在购买汽车和住宅中您只能选择一种，您可能会选择哪种"。这些提问都属于假设性提问。

(4)开放性问题。开放性问题指提出问题而不列出所有可能的答案，而是由被调研者自由作答的问题。开放性问题一般提问比较简单，回答比较真实，但结果难以做定量分析，在对其做定量分析时，通常需将回答进行分类。

(5)封闭性问题。封闭性问题是指已事先设计了各种可能的答案，被调研者只要或只能从中选定一个或几个现成答案的提问方式。

其优点为：封闭性问题由于答案标准化，不仅回答方便，而且易于进行各种统计处理和分析。

其缺点为：回答者只能在规定的范围内被迫回答，无法反映其他各种有目的的、真实的想法。

(6)量表性问题。量表是对定性资料进行量化的一种度量工具，即通过一些事先确定的用语和数目来测量被调研者的态度、意见或感觉等心理活动的程度。

例如，你所购买的商品房对你的经济实力来说：

1 很高，2 较高，3 适中，4 较低，5 很低

又例如，你对壁兰河 I 号楼盘外观的看法：

1 很好，2 较好，3 一般，4 较差，5 很差

(7)事实性问题。即要求被调研者回答一些有关事实性的问题。例如，"您通常什么时候看电视?"这类问题的主要目的是获得有关事实性资料。

注意：问题的意见必须清楚，使被调研者容易理解并回答。通常的事实性问题包括职业、年龄、收入、家庭状况、教育程度、居住条件等。

(8)行为性问题。即对回答者的行为特征进行调研。例如，"您是否拥有××""您是否做过某事"。

(9)动机性问题。提出动机性问题，是为了了解被调研者行为的原因或动机。例如，"为什么购房""为什么做某事"。

注意：在提出动机性问题时，应注意人们的行为可以是由有意识动机，也可以是由半意识动机或无意识动机产生的。对于前者，有时会因种种原因不愿真实回答；对于后两者，因回答者对自己的动机不十分清楚，也会造成回答的困难。

(10)态度性问题。态度性问题也称意见性问题，是关于回答者的态度、评价、意见等的问题。例如，"您是否喜欢××开发商的房子"。

2. 问卷的答案设计

问卷的答案设计主要有以下几种方式：

(1)二项选择法。二项选择法也称真伪法或二分法，是指提出的问题仅有两种答案可以选择，如"是"或"否"、"有"或"无"等。这两种答案是对立的、排斥的，被调研者的回答非此即彼，不能有更多的选择。

例如，"您家里现在有自有住房吗"，答案只能是"有"或"无"。

又例如，"您是否打算在近五年内购买住房"，答案只有"是"或"否"。

其优点为：易于理解并可迅速得到明确的答案，便于统计处理，分析也比较容易。

其缺点为：回答者没有进一步阐明理由的机会，难以反映被调研者的意见与程度的差别，了解的情况也不够深入。这种方法适用于互相排斥的两项择一式问题，以及询问较为简单的事实性问题。

(2)多项选择法。多项选择法是指为所提出的问题事先预备好两个以上的答案，回答者可任选其中的一项或几项。

例如，您喜欢下列哪些物业类型?（在您认为合适的□内画√）

独栋别墅□　　　　花园洋房□　　　　高层□

联排别墅□　　　　小高层□　　　　其他□

由于所设答案不一定能包括填表人所有的看法，所以在问题的最后通常可设"其他"项目，以便被调研者表达自己的看法。这个方法的优点是，它比二项选择法的强制选择有所缓和，答案有一定的范围，也比较便于统计处理。

采用这种方法时，设计者要考虑以下三种情况：

①要考虑到全部可能出现的结果及答案可能出现的重复和遗漏。

②要注意选择答案的排列顺序（有些回答者常常喜欢选择第一个答案，从而使调研结果发生偏差）。

③答案较多，使回答者无从选择或产生厌烦。一般这种多项选择答案应控制在8个以内，当样本量有限时，多项选择易使结果分散，缺乏说服力。

（3）顺位法。顺位法是列出若干项目，由回答者按重要性决定先后顺序。顺位方法主要有两种：一种是对全部答案排序；另一种是只对其中的某些答案排序。究竟采用何种方法，应由调研者来决定。

注意：具体的排列顺序，由回答者根据自己所喜欢的事物和认识事物的程度进行排列。

例如，您选购楼盘的主要条件是（请将所给答案按重要顺序1，2，3…填写在□中）。

价格便宜□　　　外形美观□　　　交通方便□　　　配套完善□

开发商有名□　　　环境好□　　　升值潜力大□　　　其他□

其优点为：顺位法便于被调研者对其意见、动机、感觉等做衡量和比较性的表达，也便于对调研结果加以统计。

其缺点为：调研项目不宜过多，过多则容易分散，很难顺位，同时所询问的排列顺序也可能对被调研者产生某种暗示影响；仅适用于对要求答案有先后顺序的问题。

（4）回忆法。回忆法是指通过回忆，了解被调研者对不同商品的质量、牌子等方面印象的强弱。例如，"请您举出最近在电视广告中出现的楼盘有哪些?"调研时可根据被调研者所回忆楼盘的先后和快慢以及各种楼盘被回忆出的频率进行分析研究。

（5）比较法。比较法是采用对比提问的方式，要求被调研者作出肯定回答的方法。

例如，请比较下列不同房地产开发商的楼盘，哪些更好?（在各项您认为好的牌子后面□中画√）

龙湖□　　　隆鑫□　　　保利□

复地□　　　鸥鹏□　　　中冶□

比较法适用于对质量和效用等问题作出评价。应用比较法要考虑被调研者对所要回答问题中的商品品牌等项目是否熟悉，否则将会导致空项出现。

（6）自由回答法。自由回答法是指提问时可自由提出问题，回答者可以自由发表意见，并无已经拟定好的答案。例如，"您觉得软包装饮料有哪些优、缺点""您认为应该如何改进电视广告"，等等。

（7）过滤法。过滤法又称"漏斗法"，是指最初提出的是离调研主题较远的广泛性问题，再根据被调研者回答的情况，逐渐缩小提问范围，最后有目的地引向要调研的某个专题性问题。

其优点为：询问及回答比较自然、灵活，使被调研者能够在活跃的气氛中回答问题，从而增强双方的合作，获得被调研者较为真实的想法。

其缺点为：要求调研人员善于把握对方心理，善于引导并有较高的询问技巧；不易控制调研时间。

注意：这种方法适合于被调研者在回答问题时有所顾虑，或者一时不便于直接表达对某个问题的具体意见时采用。例如，对那些涉及被调研者的自尊或隐私等的问题，如收入、文化程度、妇女年龄等，可采取这种提问方法。

四、问卷设计的注意事项

1. 避免提一般性的问题

一般性问题对实际调研工作并无指导意义。例如，"您对某开发商的印象如何"，这样的问题过于笼统，很难达到预期效果，可具体提问，如"您认为某开发商的物业管理服务怎样"等。

2. 避免用不确切的词

例如"普通"、"经常"、"一些"等，以及一些形容词，如"美丽"等。对这些词语，不同的人的理解往往不同，在问卷设计中应避免或减少使用。例如，"你是否打算近期购买楼盘"，回答者不知近期是指一周、一个月还是一年，可以改问"你今年是否打算购买楼盘"。

3. 避免使用含糊不清的句子

例如，"你最近是出门旅游还是休息"，即为含糊不清的问题。出门旅游也是休息的一种形式，它和休息并不存在选择关系，正确的问法是"你最近是出门旅游，还是在家休息"。

4. 避免引导性提问

如果提出的问题不是"中肯"的，而是暗示调研者的观点和见解，力求使回答者跟着这种倾向回答，这种提问就是"引导性提问"。例如，"消费者普遍认为××开发商的楼盘好，你的印象如何"。

引导性提问会导致两个不良后果：一是被调研者不加思考就同意所引导问题中暗示的结论；二是由于引导性提问大多是引用权威或大多数人的态度，被调研者考虑到这个结论既然已经是普遍的结论，就会产生心理上的顺向反应。

此外，对于一些敏感性问题，在引导性提问下，被调研者不敢表达其他想法。

5. 避免提断定性的问题

例如，"你会买鸥鹏的楼盘吗"，这种问题即为断定性问题，被调研者如果根本不打算买房，就会无法回答。

正确的处理办法是此问题可加一条"过滤"性问题，即"你有买房的需求吗"，如果回答者回答"是"，可继续提问，否则可终止提问。

6. 避免提令被调研者难堪的问题

例如，"您是否离过婚、离过几次、谁的责任"等令被调研者难堪的问题应避免。又如，直接询问女士年龄也是不太礼貌的，可列出年龄段，如 20 岁以下、20～30 岁、30～40 岁、40 岁以上，由被调研者挑选。

7. 问句要考虑到时间性

时间过久的问题易使人遗忘，如"您去年家庭的生活费支出是多少，用于交通、物业管理费分别为多少"。除非被调研者连续记账，否则很难回答出来。

一般可问"您家上个月的生活费支出是多少"，显然，这样缩小时间范围可使问题回忆起来较容易，答案也比较准确。

8. 拟定问句要有明确的界限

对于年龄、家庭人口、经济收入等调研项目，通常会产生歧义的理解。如年龄有虚岁、实岁；家庭人口有常住人口和生活费开支在一起的人口；收入是仅指工资，还是包括奖金、补贴、其他收入、实物发放折款收入在内。

9. 问句要具体

一个问句最好只问一个要点，一个问句中如果包含过多询问内容，会使回答者无从答起，给统计处理也带来困难。

例如，"您为何不买大户型而买小户型的楼盘"，这个问题包含了"您为何不买大户型"、"您为何要买小户型"和"什么原因使您选择购买小户型"这些问题。防止出现此类问题的办法是分离语句中的提问部分，使一个语句只问一个要点。

10. 要避免问题与答案不一致

所提问题与所设答案应做到一致。例如，"您经常看哪个栏目的电视"的答案应包括：①经济生活；②电视红娘；③电视商场。

五、问卷编排、要求与评估

1. 问卷编排的原则

(1)问卷中问题的编排应具有逻辑性；

(2)问卷中问题的编排应该先易后难；

(3)一些特殊问题应置于问卷最后。

2. 问卷编排的一般要求

(1)将过滤性问题放在首位，用来识别哪些是合格者。

(2)以一个能引起回答者兴趣的问题开始访谈。

(3)先问一般性问题。通过问一般性问题，使被调研者开始考虑有关概念、产品或公司等，然后提具体问题。通常首先问是否购买过，其次问购买情况(频率和满意度等)，再次问购买意向，最后问关于消费者人口统计特征方面的问题。

(4)需要被调研者思考才能回答的问题放在中间。

(5)在关键点插入提示。在关键点插入提示有助于被调研者了解整个问卷调研的情况，鼓励他们填写完整个问卷。

(6)把敏感性问题、威胁性问题和人口统计问题放在最后。

问卷的过滤部分

问卷的过滤部分也叫甄别部分，主要是先对被调研者进行过滤，筛选掉非调研对象，然后有针对性地对特定的调研者进行调研。通过甄别，一方面可以筛选掉与调研事项有直接关系的人，已达到避嫌的目的；另一方面可确定合格的调研对象，通过对其进行调研，使调研研究更具代表性。

通常甄别部分包括：一是被联系者及家人的工作性质，如广告公司、市场调研工作等；二是看是否与调研项目要求的标准相一致。

3. 问卷的评估

要设计一份好的问卷，必须考虑这样几个问题：它是否能提供必要的管理决策信息？是否考虑到应答者的情况？是否满足编辑、编码、数据处理的要求？

（1）问卷能否提供必要的决策信息？任何问卷的主要作用就是提供管理决策所需的信息，任何不能提供管理决策所需要信息的问卷都应被放弃或修改。

若将要利用数据的经理们对问卷表示满意，就意味着"这种工具将提供我们进行决策所需的数据"。如果管理者对问卷不满意，那么市场研究人员需继续修改问卷。

（2）是否考虑到应答者？一份问卷应该简洁、有趣，具有逻辑性并且方式明确。不仅要考虑主题和受访者的类型，还要考虑访问的环境和问卷的长度。问卷设计最重要的任务之一是使问题适合潜在的应答者。问卷设计者必须避免使用营销专业术语和可能被应答者误解的术语。

（3）是否满足编辑和数据处理的需要？一旦信息收集完毕，就要进行编辑。编辑是指检查问卷以确保可按跳问形式进行，需要填写的问题已经填好。

（4）问卷是否服务于管理者们？它必须完成所有的调研目标，以满足经理们的信息需要；它必须以可以理解的语言和适当的智力水平与被调研者沟通，并获得被调研者的合作；对访问员来讲，它必须易于管理，可方便地记录下应答者的回答；它必须有利于方便快捷地编辑和检查完成的问卷，并容易进行编码和数据输入。

学者林振春先生就良好问卷提出了10点评价标准

（1）问卷中所有的题目都和研究目的相符合，亦即题目都是测量所要调研的选项。

（2）问卷能显示出其和一个重要主题有关，使填答者认为重要，且愿意花时间去填答，亦即具有表面效度。

（3）问卷仅在收集由其他方法所无法得到的资料，如调研社区的年龄结构，应直接向户政机关取得，以问卷访问社区居民是无法得到的。

（4）问卷尽可能简短，其长度只要足以获得重要资料即可，问卷太长会影响填答效果，最好控制在便被调研者在30分钟以内答完。

(5)问卷的题目要依照心理的次序安排，由一般性至特殊性，以引导填答者组织其思路，使填答具有逻辑性。

(6)问卷题目的设计要符合编题原则，以免获得不正确的回答。

(7)问卷所收集的资料，要易于列表和解释。

(8)问卷的指导语或填答说明要清楚，使填答者不致有错误的反应。

(9)问卷的编排格式要清楚，翻页要顺手，指示符号要明确，不致有瞻前顾后的麻烦。

(10)印刷纸张不能太薄，字体不能太小，间隔不能太小，装订不能随便，要符合精美的原则。

 案例阅读

"建筑无限生活，从懂你的生活开始！"
德州××房地产市场调研问卷(报纸公开征集用)

1. 您了解德州开发区吗？

    A. 了解   B. 较了解   C. 一般   D. 较不了解

    E. 不了解

2. 提及"德州开发区"，您的第一感觉是什么？（限选三项）

    A. 发展潜力   B. 亲和   C. 朝气蓬勃   D. 创新

    E. 希望   F. 承续文化   G. 精明   H. 权威

    I. 值得信赖   J. 未来新市区

3. 提及"小康住宅"，您的第一感觉是什么？（限选三项）

    A. 高尚体面的物业   B. 舒服的住宅   C. 社区生态景观   D. 人文化、物业服务

    E. 智能化、信息化   F. 新都市情结   G. 物有所值   H. 其他_____

4. 您常在哪些媒介中收看房产信息及广告？（限选两项）

    A.《德州日报》   B.《齐鲁晚报》   C.《德州广播电视报》

    D.《德州电视台》   E.《德州广播电台》   F. 其他_____

5. 您打算在什么区域购房？

    A. 城中   B. 城东   C. 城西   D. 城南

    E. 城北   F. 开发区   G. 郊县   H. 其他

6. 您购房时优先考虑的因素是什么？（请排序）

    A. 区位   B. 价格   C. 户型   D. 交通

    E. 楼型   F. 建筑质量   G. 品牌   H. 区内配套

    I. 区外配套   J. 区内景观   K. 区外人文及自然环境

    L. 物业管理

7. 您购房的总预算是多少？

A. 10 万～20 万元　　B. 20 万～30 万元　　C. 30 万～40 万元　D. 40 万～50 万元

E. 50 万～60 万元　　F. 60 万～70 万元　　G. 70 万元以上

8. 您能够承担的月供金额是多少？

A. 500～1 000 元　　B. 1 000～1 500 元　　C. 1 500～2 000 元

D. 2 000～2 500 元　　E. 2 500 元以上

9. 您期望的楼型是什么？

A. 高层　　　　　　B. 小高层　　　　　C. 多层　　　　　　D. 别墅

10. 您期望的居住总面积是多少？

A. 60～80 m²　　B. 80～100 m²　　C. 100～120 m²　　D. 120～140 m²

E. 140～150 m²　　F. 150～180 m²　　G. 180m² 以上

11. 您的户型结构需求如何？（说明：打"√"选择适合的数量，面积自行填写。）

名称＼数量	2 间	3 间	4 间	您期望每间的面积(m²)是多少？
卧室				
厅				
卫生间				

12. 您希望区内有哪些公共设施？（限选三项）

A. 中心花园　　　　B. 会所　　　　　　C. 体育健康设施(游泳池、网球场)

D. 文化娱乐设施　　E. 医疗保健设施　　F. 商业购物场所

G. 金融邮政设施　　H. 餐饮　　　　　　I. 农贸市场

J. 幼儿园　　　　　K. 车库　　　　　　L. 公交站点

13. 您希望物业管理提供哪些服务？

基本服务内容	请打"√"选择三项	特殊服务内容	请打"√"选择三项	其他要求
A. 清洁卫生		A. 衣服洗熨		
B. 家政服务		B. 提供学童专车		
C. 治安消防		C. 代管儿童伙食		
D. 公用设施维修保养		D. 照看宠物、洗汽车		
E. 家电维修		E. 临时看护老弱病残		
		F. 代聘家教、保姆、钟点工		

14. 对以下景观配置您比较感兴趣的有哪些？（限选五项）

A. 活动器械　　　　B. 城市雕塑　　　　C. 装饰街灯　　　　D. 喷泉

E. 瀑布　　　　　　F. 水池　　　　　　G. 花坛　　　　　　H. 坐椅

| I. 地面铺装 | J. 凉亭 | K. 草地 | L. 大树 |

    M. 特色路灯   N. 背景音乐   O. 儿童乐园   P. 其他_____

15. 您期望的房屋交付标准是什么?

    A. 毛坯房   B. 厨卫装修   C. 全装修

16. 在未来 3 年内,您认为德州房产的价格将会怎样?

    A. 上涨   B. 保持现状   C. 下跌

17. 您认为最有升值潜力的区域是哪里?

    A. 城中   B. 城东   C. 城西   D. 城南

    E. 城北   F. 开发区   G. 郊县   H. 其他_____

18.

您对现有居住状况最满意的地方是什么?	最不满意的地方是什么?

背景资料(以下为甄别部分,我公司完全保密,不作任何商业用途!)

您的姓名_____   性别_____   年龄_____

身份证号码_____   联系电话_____

电子邮件_____

住址:德州市_____   区_____

邮编_____

教育程度:A. 大专以下   B. 大专   C. 本科   D. 研究生

从事行业:A. 金融证券   B. 文卫事业单位 C. 商贸企业   D. IT 通信

        E. 建筑及房地产   F. 政府公务员   G. 制造工业   H. 中介服务业

        I. 医药化工业   J. 轻工业   K. 科研机构   L. 媒介宣传

        M. 自由职业者   N. 其他_____

从事职位:A. 工人   B. 农民   C. 职员   D. 高级职员

        E. 中层管理者   F. 高级管理者

家庭结构:A. 单身   B. 两口之家   C. 二代同堂   D. 三代同堂

        E. 三代以上

家庭人口总数:A. 1 或 2 人   B. 3 人   C. 4 人   D. 5 人

        E. 5 人以上

家庭年收入:A. 3 万元以下   B. 3 万~5 万元   C. 5 万~8 万元   D. 8 万~10 万元

        E. 10 万元以上

日常交通工具:A. 私家车   B. 单位配车   C. 出租车   D. 公交车

        E. 其他_____

日常休闲活动:A. 在家休息   B. 运动健身   C. 逛街购物   D. 文化娱乐

        E. 朋友聚会   F. 其他_____

再一次感谢您的支持！

访问员声明：

我特此声明，此份问卷是根据我所接受的访问指示所做的准确的完整的访问，若有虚假，我所做的所有问卷都作废，并赔偿委托方的损失。

任务四　设计房地产市场调研策划方案

◉ 任务描述

在设计好了调研问卷以后，不要急于实施调研，而是要认真分析，计划一个详细的调研方案。该方案应该完整考虑调研实施过程中所出现的所有情况，尽可能提供所有情况下的应急预案，并且做好调研实施的控制和管理，这样才能保证调研的顺利和成功。

◉ 任务要求

各小组通过讨论，针对这次调研的目标和内容，设计一份合理的市场调研策划方案。调研的时候，需要明确：向谁调研？什么时候调研？用什么方法去向目标人群调研？调研的时候出现意外情况，如何处理？每个人的分工是什么？需要如何协调每个调研人员的工作？调研需要多少费用？调研的时间如何安排？

◉ 任务目标

该方案制订以后，就按照该方案进行实际调研。此方案作为各个小组调研实施的准则和依据，出现任何情况，均按照该方案的要求处理和解决。

◉ 任务指导

要实施调研，一定要考虑如下几方面的问题：到哪里调研、调研的时间、调研的人员分配和调研的费用安排等。因此，一份完整的调研策划方案至少应该包含以上几个方面的内容。为了使我们所设计的市场调研方案有的放矢，具有更强的实际指导意义，在具体编写方案前，对方案设计的思路做认真的选择是必不可少的。

一、房地产市场调研方案设计思路的选择

1. 当不能确定问题性质时，选用探索性调研方案

探索性调研是为了使问题更明确而进行的小规模调研活动。这种调研特别有助于把一个大而模糊的问题表达成小而准确的子问题，并识别出需要进一步调研的信息。

2. 对有关问题缺乏完整认识时，选择描述性调研方案

描述性调研是寻求对谁、什么事情、什么时候、什么地点这样一些问题的回答，可以

描述不同消费群体在需要、态度、行为等方面的差异。描述性的结果，尽管不能对为什么给出回答，但也可以作为解决问题所需的全部信息。

3. 需要对问题严格定义时，选择因果性调研方案

因果性调研是调研一个因素的改变是否引起另一个因素改变的研究活动，目的是识别变量之间的因果关系。

二、房地产市场调研方案的格式

房地产市场调研方案的主要内容与一般调研类似，调研者可以根据自己的调研需求和具体情况进行增删，主要包括以下几个部分。

1. 前言部分

简明扼要地介绍整个调研课题出台的背景原因。例如，"新鸥鹏集团是重庆大学与香港迅晖发展有限公司于 1993 年共同发起成立的集房地产开发、文化教育、电子商务、网络传媒于一体的大型综合企业集团。自 1993 年以来，公司沐浴着重庆直辖的春风，走过了从创立发展到改制崛起的轮回曲折历程，完成了一个企业从稚嫩到成熟的艰难涅槃"。

2. 调研课题的目的和意义

应指出项目的背景、想研究的问题和可能的几种备用决策，指明该项目的调研结果能给企业带来的决策价值、经济效益以及社会效益。

注意：编写房地产市场调研方案首先要明确的就是调研目的。

3. 房地产市场调研的内容与具体项目

调研的内容必须依据房地产企业在特定时间段所需要解决的问题和需要达到的目的来确定，否则调研是无效的。

例如，××房地产公司的广告效果调研内容：

　　　　购房者主要通过哪些渠道获得信息；

　　　　什么样的广告最受欢迎；

　　　　购房者每月看报纸广告的次数；

　　　　⋮

4. 房地产市场调研对象和调研范围

确定调研对象和调研范围，主要是为了解决向谁调研和由谁来具体提供资料的问题。

例如，鸥鹏对璧兰河I号的消费者的购房需求调研中，调研对象和范围描述如下：本调研拟在璧山、大学城两个重点区域市场开展，调研范围深入上述地区的中心城市和有代表的县市。调研对象将锁定为 30 岁以上的中青年群体。

5. 调研所采用的方法

方法的说明主要是详细说明选择什么方法去收集资料，具体操作步骤是什么？就调研方法本身而言，虽然前面理论篇里面提到了各种方法，但在实际操作中并不能简单照搬照

抄，而是经常要加以整合，搭配使用，以求得最佳的效果。在日常的市场调研中，往往会将多种方法组合运用。例如，要调研某个楼盘的均价，就可以采用以下多种调研方法加以组合：实地调研法，去楼盘现场调研该楼盘的均价；电话访问法，致电询问销售人员；其他途径，通过人际关系(如朋友等)了解；将以上各种方法综合起来使用，最终确定该楼盘的均价。

房地产市场调研应该根据具体情况选择不同的方法，这里说的调研方法的选择，主要是指在不同的环境和目的条件下，如何运用最佳的方法组合得到最满意的调研结果。因此，在策划调研方案的时候，就应该根据不同的调研环境和调研目标及内容，确定不同的调研方式。

6. 资料分析的方法

明确资料分析的方法和分析结果表达的形式等。

7. 调研的时间进度安排

在实际调研活动中，根据调研范围的大小，时间有长有短，但一般为一个月左右。其基本原则是保证调研的准确、真实性，不走马观花；尽早完成调研活动，保证时效性，同时也节省费用。市场调研进度表见表 2-1-3。

表 2-1-3　市场调研进度表

工作与活动内容	计划完成时间	完成情况	主要负责人	备　注

8. 经费预算

经费包括调研劳务费、资料打印费、管理费、数据处理费等。具体可以参考表 2-1-4 的设计内容。

表 2-1-4　经费情况说明表

费用支出项目	数量	单价/元	金额/元	备　注
方案设计策划费				
抽样设计实施费				
问卷设计费				
调研员劳务费				
⋮				
总结				

9. 房地产市场调研结果的表达形式

房地产市场调研结果的表达形式多样，如最终报告是书面报告还是口头报告，是否有阶段性报告等。

在上述鸥鹏对壁兰河Ⅰ号的消费者的购房需求调研案例中调研结果和形式表达如下：本次调研的成果形式为调研书面报告。具体内容包括前言、摘要、调研目的、研究方法、调研结果、结果建议以及附录七个部分。交给客户书面材料。

10．附录部分

列出课题负责人及主要参加者的名单，扼要介绍团队成员的专长和分工情况，抽样方案的技术说明和细节说明，调研问卷设计中有关的技术参数等。

案例阅读

××房地产市场调研策划书

一、调研设计

1．调研目的

(1)通过客观深入的市场调研和科学严谨的统计分析，充分了解德州市房地产市场的供需空间和价格趋势，确定目标客户群及其对产品和价格的取向，对项目的现有规划提出建设性建议，合理规划小申庄项目地块，明确项目定位，较准确地发挥地块环境特质和经济指标，开发出为市场所接受的产品，实现项目投资效益回报的最大化。

(2)根据对项目的定位、规划、市场前景、投资风险的调研研究分析，对后续营销推广策略提供有力支持。

(3)随着全面推进小康社会的建设，为了更好地把开发区建设成德州市最佳人居生态社区，充分了解德州市民对住宅消费的需求，进行了"建筑无限生活，从懂你的生活开始!"报纸公开问卷调研，树立开发区政府的爱民形象，以及××公司的品牌形象，将项目进行前期推广，获得广泛的公众认知度和关注度。

2．调研内容

(1)对德州市宏观环境的调研。

①宏观经济及市政规划。

②德州房地产现状。

(2)项目自身情况调研。

①产品的整体研究与特性分析。

②项目的地理位置(区域特性、区域交通状况、项目周围环境)。

③产品公司组成(开发商、设计单位、承建单位、策划公司、物业公司)。

(3)需求市场调研。

①未来三年内市民的置业意向。

②购买偏好(地段、价位、户型与结构、面积、建筑风格设计、装修档次、配套设施重要性)。

③购买决策(决策参与、决策影响因素、信息渠道的重要性排序)。

④购买行为(适宜置业时期、销售行为主动性、付款方式)。

⑤价格支付能力。

⑥对物业配套的需求。

⑦购买人群。

(4)竞争市场调研(个案对比)。

①基本情况。楼盘位置、占地面积、总建筑面积、开发商、总投资、开工和竣工日期、容积率、类别、档次及整体布局、装修材料、装修水平、硬件设备、配套服务功能及功能分区、公开销售日期、销售价格、开发期价格的变化情况、销售率付款方式、银行按揭安排、车位配备、物业管理公司及费用。

②营销策略。

a. 目标客户选择决策。

b. 市场定位与宣传重点。

c. 营销组合策略。

3. 调研方法

(1)宏观调研。

①房管、土地、规划等相关部门访谈。

②报刊文献资料收集与分析。

(2)项目自身情况调研。

①项目规划谈论会。

②项目现场考察。

③有关人员访谈。

④相关资料收集整理。

(3)需求市场调研。

①专项访谈问卷调研(200人次)。

②报纸公开问卷调研(400人次)。

③入室主体问卷调研(100人次)。

④统计数据交叉分析(分类进行频数统计分析和列联表统计分析)。

(4)竞争市场调研。

①现场踩点调研。

②报刊文献收集与分析。

③深度访谈。

二、调研组织与实施

调研时间安排表

时间安排	工 作 内 容
2003 年 5 月 13 日	就现有规划方案专项讨论会
2003 年 5 月 14 日	提交调研问卷样本及调研细化方案

时间安排	工 作 内 容
2003 年 5 月 15 日	正式签订合同，报社联络，报纸问卷调整
2003 年 5 月 16 日	(1)宏观调研开始，走访开发区管委会、房管局、规划服务中心等； (2)竞争市场调研开始，对德州市内及开发区内竞争楼盘进行详细调研
2003 年 5 月 17—18 日	(1)5 月 17 日报纸公开问卷见报； (2)集中访谈问卷调研阶段，访谈外商投资服务中心、三和电子、跃华中学、高速公路管理处等单位，同时实施街访，共收回问卷 241 份，有效问卷 235 份
2003 年 5 月 19—20 日	主体问卷调研阶段，走访小区、企事业单位、私营业主等，收回问卷 108 份，有效问卷 98 份； 三类问卷数据库建立
2003 年 5 月 19—23 日	报纸问卷陆续回收，截至目前回收问卷 79 份，全部有效； 数据库数据录入
2003 年 5 月 24—26 日	进行数据统计分析，市场调研报告(第一稿)形成
2003 年 5 月 27 日	市场调研分析现场演示谈论会，市场调研报告(第一稿)提交
2003 年 5 月 28—30 日	市场调研报告(修正稿)完成并提交

三、费用预算

1. 经费预算编列(以人民币计算)

(1)第一阶段至第三阶段(方案、问卷设计、访谈 200 份、入户 100 份)：

督导、访问员培训试访：0.1 万元。

访问实施(访问员费用与访问管理费用)：30 元×400＝1.2 万元。

抽样：0.1 万元。

问卷、卡片印刷：0.1 万元。

礼品：2 元×400＝0.8 万元。

小计：2.3 万元。

(2)第四阶段补充调研 100 户(备选)。

访问员费用与访问管理费用：20 元×100＝0.2 万元。

礼品：5 元×100＝0.05 万元。

小计：0.25 万元。

(3)第五阶段：走访机关、座谈会 2 组。

组织实施：4 000 元×2＝0.8 万元。

礼品：100 元×15×2＝0.3 万元。

小计：1.1 万元。

(4)第六阶段：数据处理分析，编写报告。

数据录入清理：5×1 000＝0.5万元。

计算机处理：1.5万元。

报告撰写(1个总报告，入户报告、访谈报告、报纸报告、宏观报告)：2万元。

小计：4万元。

合计：7.65万元。

2. 咨询费用

本咨询工作的咨询费用为人民币30万元。这项费用是依据工作的时间、进度、行业特点综合制定的。

四、市场需求咨询报告

德州经济开发区是集吸收外资、发展高科技、提高工业水平于一体，以市场促发展，以产业促市场的高科技工业园区，同时本园区也担负着创造舒适、优美的人居环境，改善投资环境和生活质量的重要职能，是德州城区向东发展的关键性一步。

本项目的建设是德州经济开发区建设小康住宅的重要举措，也是开发区住宅产业发展的里程碑。本次市场调研活动是在充分了解居民居住条件、居住环境需求的基础上，本着提高居民生活质量，更好地把开发区建设成为"最佳人居生态环境"的原则下展开的，本次调研准备充分，调研内容全面、科学，调研数据真实、有效。

我们希望，此次专项调研可作为项目前期开发及后期销售的重要决策依据，并为××公司的后续开发项目提供具备参考价值的数据资料。

项目二　房地产市场调研的实施

任务一　房地产市场调研信息的收集

◉ 任务描述

在计划好了详细的房地产市场调研方案以后，接下来就需要按照调研方案中的计划来实施调研活动。房地产市场调研的实施，主要就是按照调研方案中的详细要求和规定，完成指定调研任务。认真诚实地采集所需要的资料，做好详细记录和登记，必要时还可配以图片资料、影像资料等，全方面地做好信息资料的收集工作。收集完信息以后，还需要集中所有的资料，进行整理，将所有的资料整理归类，并做好简单数据统计登记。最后，对整理好的数据进行简单统计分析。

◉ 任务要求

各个小组根据自己的调研方案实施现场调研。要求收集的信息必须翔实、完整，有必要的图片或影像资料作为佐证材料。收集完信息以后，小组统一开展资料的整理归类工作。最后，对整理好的数据进行简单的统计分析。

◉ 任务目标

完成本次房地产市场调研的主体任务，收集大量翔实可靠的信息，并整理归类，作简要的数据统计，为后面作调研分析提供数据信息。

◉ 任务指导

要开展房地产市场调研，就需要明确不同的调研方法是如何操作的。这里主要介绍几种房地产行业最常用的调研方法的具体操作情况。

一、问卷调研法的具体操作

问卷调研法是目前房地产行业乃至整个调研行业中最常用的调研方法。问卷调研法是将事先准备好的调研内容，以不同的方式向被调研者提出，以被访问人的答复作为调研资料的方法。

问卷调研法是向被访者提出一些问题，由被访者回答，调研人员根据这些回答进行归类统计分析而获得相关的市场数据。通常根据访问的对象及实用工具的差异，问卷调研法有以下几种具体操作方式。

1. 入户调研法

入户调研法是由调研人员直接到被访问对象家中进行调研的一种方式。如果要了解某区域居民的购房意向，确定潜在市场的大小，可以采用这种方法。采用入户调研法时，一定注意，调研者需要佩戴相关证件证明调研身份和目的。同时，需要注意调研过程中的礼仪与形象，给被调研者一个良好的职业印象。

2. 路上拦截法

路上拦截法是在某些公共场所、道路上拦截消费者进行询问的方法。这种方法在一般楼盘销售外场地附近、楼盘售楼中心附近使用得最多，成本也较为低廉。这种方式询问的成功率较高，一方面可以收集信息，另一方面也促进了楼盘的宣传推广。不过，路上拦截法的拒绝率也相当高，同时由于所在区域的局限性，容易造成抽样误差，使询问对象不能代表整个群体的特征。

 知识链接

抽样误差

一、抽样误差的概念

抽样误差是抽样方法本身所引起的误差。当由总体中随机地抽取样本时，哪个样本被抽到是随机的，由所抽到的样本得到的样本指标 x 与总体指标 μ 之间的偏差，称为实际抽样误差。当总体相当大时，可能被抽取的样本非常多，不可能列出所有的实际抽样误差，而用平均抽样误差来表征各样本实际抽样误差的平均水平。抽样误差是指样本指标值与被推断的总体指标值之差。

二、抽样误差的特点

抽样误差是统计推断所固有的，虽然无法避免，但可以运用数学公式确定其具体的数量界限，并通过抽样设计程序加以控制，因此抽样误差也被称为可控制的误差。

三、影响抽样误差的因素

(1)样本单位数目。在其他条件不变的情况下，抽样数目越多，抽样误差越小。

(2)总体标志变动程度。在其他条件不变的情况下，总体标志变异程度越大，抽样误差越大。

(3)抽样方法。一般来说，不重复抽样的抽样误差要小于重复抽样的抽样误差。

(4)抽样的组织方式，采用不同的抽样组织方式，也会有不同的抽样误差。一般来说，分层抽样的误差较小，而整群抽样的抽样误差较大。

四、影响抽样单位数的主要因素

(1)抽样推断的可靠程度。

(2)总体单位的变异程度。

(3)极限误差的大小。

(4)抽样方法与组织方式的不同。

(5)人力、物力和财力的可能条件。

3. 邮寄访问法

邮寄访问法是通过向选定的样本对象寄送问卷的方式，获得收件人对有关问题看法的信息。目前，由于电话、电子邮件和传真等通信工具的广泛运用，邮寄访问法基本上已经不使用了。

4. 经理访问法

经理访问法主要适用于对重大客户、公司型或机构型客户的调研中。房地产开发企业如果开发办公楼，在确定市场需求时就要采用这种类型的调研。

5. 电话访问法

目前电话日益普及，电话访问法也在房地产市场调研中占有越来越重要的位置。通过电话访问，可以随时与已有客户和潜在客户进行沟通，实时掌握客户的需求动态。电话访问法可以大大节约调研人员的时间和精力，减少调研费用。同时，还可以进行大样本的调研，以获得能反映拟调研群体总体特征的样本。

6. 互联网访问法

随着网络的逐渐普及，这种方法受到市场调研人员的欢迎。从调研成本的角度上看，互联网的访问能大大节省印刷、邮寄和数据录入、问卷制作、发放及回收等的过程和费用，甚至可以通过计算机程序在较短的时间里获得简单的调研报告。从调研过程来看，在网络上进行调研的时间也可以大大缩短，可以由上百人、上千人同时回答一份问卷。从调研深度上看，调研问卷可以设计得十分详尽，不用担心印刷费用而缩减问题。不过，由于被调研者无法控制，互联网访问法的效果大打折扣，获得的极有可能是有偏差的数据，只能反映经常上网的人群的需要。

二、访谈法的具体操作

在确定住宅小区的规划设计、户型设计、相关配套设施的布置、相关服务智力的研究中，房地产开发企业越来越多地采用了小组访谈法。具体实施时的名称各不相同，如称为客户恳谈会、征求意见会等，借此来了解未来购买者的态度，从而修正产品开发、规划设计、营销方案。

1. 访谈的注意事项

(1)使受访人有轻松愉快的心情(访问员当然也应如此)。

(2)创设恰当的谈话情境。

(3)不使受访人感到有社会压力。

(4)应具备正确的预备知识。

(5)应具备细致的洞察力、耐心和责任感。

（6）不对受访人进行暗示和诱导。

（7）会对相同的事情从不同的角度提问。

（8）能如实准确地记录访谈资料，不曲解受访人的答案。

（9）访谈时避免出现访问员偏差。由于访问员技术水平低而使访谈的内容和结果不实，称为访问员偏差。产生访问员偏差的最直接原因是：

①访问员对受访人有偏见；

②访问员想要受访人作出某种回答而产生的期望效应；

③访问员进行暗示或诱导性提问。

由访问员偏差所得到的资料已失去了科学研究的价值。因此，在访谈时，应该尽量避免出现访问员偏差。

2. 访谈的技巧

（1）谈话要遵循共同的标准程序。避免只凭主观印象，或谈话者和调研对象之间毫无目的、漫无边际地交谈。关键是要准备好谈话计划，包括关键问题的准确措辞以及对谈话对象所做回答的分类方法。也就是说要事先做好如下准备：

①谈话进行的方式；

②提问的措辞及其说明；

③必要时的备用方案；

④规定对调研对象所做回答的记录和分类方法。

目前常常出现的问题是，调研者在访谈时总想跳过制订谈话计划这一步进入具体实施阶段，事先准备不充分，因而不能收到预期效果。一个不愿思考问题、不善于提出问题的人，在研究工作中是很难有成功的希望的。

（2）尽可能收集被访者的材料。对其经历、个性、地位、职业、专长、兴趣等有所了解；要分析被访者能否提供有价值的材料；要考虑如何取得被访者的信任和合作。另外，在访谈时要掌握好发问的技术，善于洞察被访者的心理变化，善于随机应变，巧妙使用直接法、间接法等。

（3）谈所提问题。所提问题要简单明白，易于回答；提问的方式、用词的选择、问题的范围要适合被访者的知识水平和习惯；谈话内容要及时记录，可以用表格整理谈话材料。

（4）做好访谈过程中的心理调研。为了使被访者留下良好的印象，要善于沟通，消除误会与隔阂，形成互相信任融洽的合作关系。需要注意自己的行为举止，其中，关键是以诚相待、热情、谦虚、有礼貌。有时访谈的失败正是沟通不够导致的。

三、观察法与现场踩盘的具体操作

1. 观察法

观察法是指调研人员到现场不与被调研人员直接接触，而是在旁边观察，不向被调研者提问，使被调研者在不知不觉中被调研。这样被调研者无压力，表现自然，不受人为因素干扰，因而调研效果较为理想。例如，派人到房地产交易场所观察消费者选购房产时的行为和要求，通过对某项市场营销活动的效果进行实际测定，以取得市场信息等。这种调研法有三种形式：直接观察法、实际测量法和行为记录法。

(1)直接观察法。派人直接到现场对调研对象进行观察。例如，派人到房交会现场观察消费者的购房行为和需求等。

(2)实际测量法。调研人员不是亲自观察购买者的行为，而是观察行为发生后产生的痕迹。例如，要比较不同广告宣传方式的效果，可以观察购房时，消费者是愿意获得印有楼盘广告的雨伞，还是愿意获取印有楼盘广告的购物袋，或者是观察乘坐看房车直接看房的人数。这样，就可以知道用哪种广告媒体，消费者更愿意接受。

(3)行为记录法。行为记录法即在取得被调研者同意以后，用一定方式记录调研对象的某一行为。例如，在征得被调研者同意以后，记录下其从咨询购房到最后成交所做的一切比较行为，从而来了解购房者购房前需要做哪些事情，他们担心的问题是什么，以及哪些因素能促成其购房。

调研人员采用观察法，主要是为了获得那些被观察者不愿意或不能提供的信息。有些购买者不愿意透露他们某些方面的行为，通过观察法便可以较容易地了解到。但观察法只能观察事物的表面现象，不能得到另外一些信息，如人们的情感、态度、行为动机等，因此，调研人员通常将观察法与其他方法组合起来使用。

2. 现场踩盘

现场踩盘是很多开发商、代理商做市场调研时常用的方法。调研人员以买楼者的身份直接进入销售现场，通过索取楼盘资料、听售楼员介绍，实地调研观察，从而获得资料。但要注意楼盘资料和售楼员介绍是否有夸大和不全之处，不要为其表象所迷惑。尽可能通过参观楼盘、施工现场及其他途径从侧面、从其内部人员和一些已购房人士身上作深入的调研，增大调研结果的可靠性。

到售楼处有几个时间段要避开：一是上午 9:00 以前不要去，因为此时大多售楼员要打扫卫生和召开每天的清晨例会；二是中午午休和就餐的时间不要去，这个时间段售楼员最疲惫，状态全无；三是下午 5：30 以后不要去，这个时间段销售人员要么填写当天的各种分析报表，要么开始培训或者开每天情况分析例会。只要避开以上三个时间段，在售楼员较清闲的时间到售楼处，不和他们接待客户的主要时间冲突，就会了解很多情况。

为了获得足够分量的信息，市场调研人员还应该进行全方位的武装：为了防止和售楼员经过长时间的交流后无法记住全部信息，可配备微型录音笔；为了便于存储有价值的图片资料和不能笔录的资料，可配备带有大容量摄像功能的手机或相机；为了便于携带很多资料，最好带一个可以把收集的资料全部放进去的手提袋或夹包，不要拿着很多楼书四处走；如果要调研高档楼盘，尽量不要坐公交车去，也不要穿着廉价服装，最好公司派专车载市场调研人员去踩盘。如此不一而足，要尽量使自己和要踩盘的客户的身份特征、消费习惯、言谈举止相吻合。

任务二　房地产市场调研信息的整理

任务描述

通过各种调研方法收集回来的信息，必须经过整理加工以后，才可以得出对企业决策有用的数据。因此，必须先将调研收集到的资料进行分类、统计，得出结论，在此基础上才能编写调研报告。对房地产销售代理商而言，房地产市场调研应该成为其强项，通过对区域市场进行多角度、全方位的调研，找出市场空缺较大的物业类型，为开发商提供开发策略、营销策略，以利项目尽快推出，使开发商取得合理的投资回报。如"世联地处"、"易居中国"等房地产销售代理商每月都会发布很多详细的房地产市场调研信息。

任务要求

各个小组根据此次调研收集回来的信息，进行分类、整理和统计。

任务目标

初步得出统计结果，进行相关的数据分析和信息处理，为编写初步信息分析做基础工作。

任务指导

当实地调研完成时，收集的所有访问表格只是一堆资料而已。研究人员必须将所有收集来的资料加以编辑、组织分类与制表，方能使调研资料变成可供分析解释的资讯。

一、房地产市场调研资料整理概述

1. 市场调研资料整理的含义

市场调研资料整理是根据市场分析研究的需要，对市场调研获得的大量的原始资料进行审核、分组、汇总、列表，或对二手资料进行再加工的工作过程。其任务在于使市场调研资料综合化、系列化、层次化，为揭示和描述调研现象的特征、问题和原因提供初步加工的信息，为进一步的分析研究准备数据。

2. 市场调研资料整理的内容

(1)数据确认：是指对原始数据或二手资料进行审核，查找问题、采取补救措施，以确保数据质量。

(2)编号：用数字符号代表资料，使资料易于编入适当的类别，更有利于录入计算机进行处理，并便于随时查询原始数据和资料。

(3)制表：将分类后的资料分别进行统计及汇总，并将汇总结果以统计数字的形式表示。制表方式分为简单制表和交叉制表。

简单制表是将答案一个一个分类而成的统计表，如表2-2-1所示。

表2-2-1 某房源信息来源表

房源信息来源	网络	电视	报纸	杂志
人数	20人	32人	13人	29人

交叉制表是将两个问题的答案联系起来，以得到更多的资讯，如表2-2-2所示。

表2-2-2 某工资调研表

每月收入	年　　龄			
	20~29岁	30~39岁	40~49岁	50~59岁
2 500以下	50人	40人	32人	23人
2 500~4 500	39人	34人	22人	23人

3. 统计资料阐释

市场调研经访问资料收集、整理和分析之后，最终目的在于提出调研结论并解释结论的内涵，如表2-2-3、表2-2-4所示。

表2-2-3 以百分数法记述调研分布情况

经常看房地产报纸广告	份　　数	百分比
A	234	40.55%
B	343	59.45%
总数	577	100%

表2-2-4 以统计表表示分布情况

购房意向区域	房价区间			
	6 000元以下	6 000~7 900元	8 000~8 900元	9 000元以上
A	34	56	43	45
B	55	67	56	43
合计	89	123	99	88

4. 市场调研资料整理的原则

(1)目的性原则：具有针对性的加工开发。

(2)核查性原则：注意事前、事中和事后的核查。

(3)系统化原则：实行多方向、多层次的加工开发。

(4)时效性原则：提高加工整理的效率，及时加工处理、传输和反馈。

5. 市场调研资料整理的程序

(1)设计整理方案；

(2)审核、订正调研资料;

(3)分组处理;

(4)统计汇总;

(5)数据陈示。

二、原始资料的分组处理

1. 简单分组处理

简单分组处理是指对总体各单位或样本各单位只按一个标志或标准进行分组处理。分组的标志或标准一般可以区分为品质属性、数量属性、时间属性、空间属性四类。

例如,某市组织了一次样本量为 2 000 户的居民家庭住房购买行为的市场调研,设计的问项是 36 个,其中基本项目 9 项,主体项目 27 项,如表 2-2-5 所示。

表 2-2-5　某市场调研

一、基本信息	二、住房现状	三、满意度项目	四、需求项目
1. 性别	10. 拥有房产数量	19. 小区环境	28. 需求数量
2. 年龄	11. 房产面积	20. 物管水平	29. 需求面积
3. 文化程度	12. 房产区域	21. 小区生活配套	30. 需求户型
4. 职业	13. 购买时间	22. 周边商业配套	31. 需求区域
5. 所属行业	14. 购买渠道	23. 交通状况	32. 价格选择
6. 家庭人口	15. 购买方式	24. 安全程度	33. 品牌选择
7. 年人均收入	16. 购买因素	25. 物业费用	34. 购买方法选择
8. 居住地区	17. 信息渠道	26. 教育配套	35. 关注要素
9. 就业人口	18. 价格	27. 停车位情况	36. 由谁决定

(1)品质属性分布数列。它是以被调研者的职业、所属行业、性别、文化程度、职业等品质属性作为分组标志而形成的简单品质数列,如表 2-2-6 所示。

表 2-2-6　某区域居民家庭汽车拥有量品牌分布

品牌	A	B	C	D	E	F	G	合计
拥有量/辆	369	665	775	444	406	261	230	3 150
比重/%	11.7	21.1	24.6	14.1	12.9	8.5	7.3	100

(2)数量属性分布数列。它是以被调研者的年龄、收入、消费支出、家庭人口、就业人口等数量属性作为分组标志形成的变量数列。其有如下两种形式:

①单项式变量数列。该形式适用于离散型变量(如家庭人口、就业人口、耐用品拥有量、需求量等)的分组处理,即直接以变量的不同取值作为分组的组别而编制的变量数列,如表 2-2-7 所示。

表 2-2-7 某区域居民住房户型情况分布

户型	单间配套	一室一厅	一室两厅	两室一厅	三室两厅	更大户型
家庭数量/户	526	64	73	75	52	24
比重/%	65	8	9	9	6	3

②组距式变量数列。该形式适用于连续变量(如年龄、收入、消费支出等)的分组处理,即以变量的不同取值区间作为分组的组别而编制的变量数列,如表 2-2-8 所示。

表 2-2-8 某市居民家庭人均年收入分布

组 别	样本户数	比重/%
0.5 万元以下	180	9.0
0.5~1 万元	220	11.0
1~2 万元	320	16.0
2~3 万元	500	25.0
3~4 万元	360	18.0
4~5 万元	260	13.0
5 万元以上	160	8.0
合 计	2 000	100.0

(3)时间属性分布数列。它是以调研问卷中的一些时间属性的调研项目(如购买时间、需求时间)作为分组标志,对被调研者的时间选项进行分组而形成的时间数列,如表 2-2-9 所示。

表 2-2-9 某市居民家庭现有住房购买时间分布

购买年数	1 年	2 年	3 年	4 年	5 年	6 年	6 年以上	合 计
居民户数	52	65	36	62	56	35	65	371
比重/%	14.5	17	10	16	15	9.5	18	100.0

(4)空间属性分布数列。它是以调研问卷中的某些具有空间属性的调研项目(如被调研者的居住区域、购买产品的场所等)作为分组标志而形成的空间数列,如表 2-2-10 所示。

表 2-2-10 某市居民购房广告获取途径分布

获得广告途径	报纸	电视	杂志	广播	合 计
家庭数量/户	52	62	43	73	230
比重/%	23	27	19	31	100.0

2. 平行分组处理

平行分组处理是对总体各单位或样本各单位同时采用两个(或两个)以上的标志或标准进行平行排列的分组,所编制的分组数列称为平行分组数列。

(1)两变量(项目)平行分组数列。它是将两个有联系的调研项目按相同选项分组的结果并列在一起而编制的平行分组数列，如表 2-2-11 所示。

表 2-2-11　某市居民家庭购房区域分布情况

物业区域	江北	渝北	渝中	沙区	巴南	合计
物业数量	52	67	63	25	64	271
比重/%	19	25	23	9	24	100
置业倾向	62	73	46	45	87	313
比重/%	20	23	15	14	28	100

（2）多变量（多项目）平行分组数列。它是将两个以上有联系的调研项目按相同选项分组的结果并列在一起而编制的平行分组数列。它常用于产品或服务满意度测评、被调研者态度测评等原始资料的加工开发，如表 2-2-12 所示。

表 2-2-12　某市居民物业满意度测评汇总表

测评项目	很满意	满意	较满意	不满意	很不满意	次数合计
物业服务态度	261	328	686	340	85	1 700
物业管理效果	272	330	514	386	198	1 700
小区环境卫生	272	330	514	380	204	1 700
小区文娱活动	115	230	680	365	310	1 700
小区教育配套	202	324	860	230	84	1 700
小区生活配套	98	283	606	390	323	1 700
小区绿化环境	120	286	698	324	272	1 700

3. 交叉分组处理

交叉分组处理是对总体各单位或样本各单位采用两个或两个以上的标志或调研项目进行交叉分组，所编制的数列一般表现为相关分组数列或复合分组数列。

（1）基本项目之间的交叉分组处理。它是利用反映被调研者基本情况的基本调研项目之间的关联性进行的交叉分组处理，如表 2-2-13 所示。

表 2-2-13　被调研者性别与文化程度分布　　　　　　　　单位：人

文化程度 ＼ 性别	男	女	合　计
小学以下	6	4	10
初中	210	176	386
高中、高职	297	321	618
专科	248	265	513
大学本科	226	177	403
硕士、博士	48	22	70
合计	1 035	965	2 000

(2)基本项目与主体项目之间的交叉分组处理。它是利用问卷中的基本项目与主体项目之间的关联性进行交叉分组处理，用以揭示不同性别、不同年龄、不同行业、不同职业、不同文化程度、不同居住区域、不同家庭人口的被调研者对研究的主体项目选项回答的差异性、相关性等深层次问题，如表 2-2-14 所示。

表 2-2-14 某市居民人均年收入与购房面积需求交叉分组列表

人均年收入/万元 \ 购房面积需求/m²	30~50	50~70	70~90	90~150	合计
0.5 以下	52	—	—	—	52
0.5~1	52	—	—	—	52
1~2	—	63	73	—	136
2~3	—	62	53	—	115
3~4	—	75	65	43	183
4~5	—	—	45	57	102
5 以上	—	—	87	97	184

(3)三变量交叉列表，如表 2-2-15 所示。

表 2-2-15 被调研者文化程度对物业服务满意度测评汇总表   单位：人

态度测评选项	男			女			合计
	大学以下	大学以上	小计	大学以下	大学以上	小计	
很满意	135	116	251	124	40	164	415
较满意	126	48	174	141	95	236	410
一般	124	52	176	136	46	182	358
不满意	196	46	242	170	13	183	425
很不满意	180	12	192	195	5	200	392
合计	761	274	1 035	766	199	965	2 000

(4)开发式问题的分类归纳。

①集中所有的同一个开放式问题的全部文字性答案，通过阅读、思考和分析，把握被调研者的思想认识。

②将被调研者的全部文字性答案，按照其思想认识的不同归纳为若干类型，并计算各种类型出现的频数，然后制成全部答案分布表。

③对全部答案分布表中的答案进行挑选归并，确定可以接受的分组数。一般来说，应在符合调研项目的前提下，保留频数多的答案，然后把频数很少的答案尽可能归并到含义相近的组中，但应根据调研的目的和答案类型的多少而确定，一般应控制在 10 组之内。

④为确定的分组选择正式的描述词汇或短语。不同组别的描述词汇或短语应体现质的差别，力求中肯、精练、概括。

⑤根据分类归纳的结果，制成正式的答案分布表。例如，问卷设置了某房地产楼盘项目看法的开放式问项，被调研者的回答是多种多样的，通过分类归纳得到的答案分布表如表 2-2-16 所示。

表 2-2-16　被调研者对某房地产楼盘项目的看法分布

看法分布	答案人数	比重/%
有建筑特色	23	10.55
小区环境好	43	19.72
交通方便	32	14.68
配套设施完善	43	19.72
物业费较高	54	24.77
停车位较少	23	10.55
合计	218	100

(5)原始资料加工开发的框架，如图 2-2-1 所示。

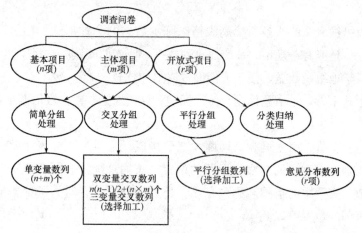

图 2-2-1　原始资料加工开发的框架

三、原始资料的统计汇总

原始资料的统计汇总技术有如下两类。

1. 计算机汇总技术

(1)选用或开发合适的数据处理软件。

(2)编码。事前编码(预编码)：问卷设计是问项答案的代码。事后编码：开放式问题的答案整理编码；交叉分组处理编码；平行分组处理编码。

(3)数据录入。一般是由数据录入员根据编码的规则(编码明细单)将数据从调研问卷上直接录入到计算机数据录入软件系统中，系统会自动进行记录和存储。

(4)逻辑检查。运用事先设计的计算机逻辑错误检查程序进行检查，以防止录入的逻辑错误的产生。

(5)汇总制表。利用设定的计算机汇总与制表程序自动生成各种分组表。

2. 手工汇总技术

(1)问卷分类法。将全部问卷按照问项设计的顺序和分组处理的要求，依次对问项答案进行问卷分类，分别清点有关问卷的份数，就可得到各个问题答案的选答次数。

(2)折叠法。将全部调研问卷中的同一问项及答案折叠起来，并一张一张地叠在一起，用别针或回形针别好，然后计点各个答案选择的次数，填入事先设计的分组表内。

(3)划记法。事先设计好空白的分组统计表，然后对所有问卷中的相同问项的不同答案一份一份地进行查看，并用划记法划记(常用"正")，全部问卷查看与划记完毕，即可统计出相同问项下的不同答案的次数，最后过录到正式的分组统计表上。

(4)卡片法。利用摘录卡作为记录工具，对开放式问题的回答或深层访谈的回答进行过录或记录，然后再依据这些卡片进行"意见归纳处理"。

四、房地产市场调研资料陈示

1. 统计表

统计表是以纵横交叉的线条所绘制表格来陈示数据的一种形式。用统计表陈示数据资料有两大优点：一是能有条理地、系统地排列数据，使人们阅读时一目了然、印象深刻；二是能合理地、科学地组织数据，便于人们阅读时对照比较。

统计表从形式上看，是由总标题、横行标题、纵栏标题、指标数值四个部分构成，如表2-2-17所示。

统计表从内容上看，由主词和宾词两大部分构成。主词是统计表所要说明的总体的各个构成部分或组别的名称，列在横行标题的位置。宾词是统计表所要说明的统计指标或变量的名称和数值，宾词中的指标名称列在纵栏标题的位置。有时为了编排的合理和使用的方便，主词和宾词的位置可以互换。

表 2-2-17　购房者年龄与购房户型分布表

购房者年龄分布	单间配套	一室一厅	一室两厅	两室一厅	三室两厅	更大户型
25 岁以下	70	24	4	1	—	—
25～35 岁	20	23	25	32	—	—
35～45 岁	10	6	26	46	9	3
45～55 岁	8	4	16	58	10	4
55 岁以上	2	3	4	3	58	30

2. 统计图

统计图是以圆点的多少、直线长短、曲线起伏、条形长短、柱状高低、圆饼面积、体积大小、实物形象大小或多少、地图分布等图形来陈示调研数据。

用统计图陈示调研数据具有"一图抵千字"的表达效果，因为图形能给人以深刻而明确的印象，能揭示现象发展变化的结构、趋势、相互关系和变化规律，便于表达、宣传、讲演、广告和辅助统计分析。但统计图能包含的统计项目较少，且只能显示出调研数据的概数，故统计图常配合统计表、调研报告使用。

(1)直线图。直线图是以直线的长短来表示品质属性数列中各组频数或频率大小的图形。常以横轴代表品质属性的不同组别，纵轴代表各组的频数或频率，如图 2-2-2 所示。

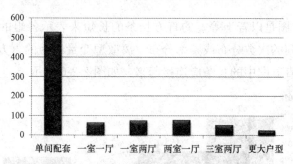

图 2-2-2　某区域居民拥有物业类型的情况

(2)条形图。条形图是以若干等宽平行长条或圆柱的长短来表示品质属性数列中各组频数或频率大小的图形。常以纵轴代表品质属性不同的组别，横轴代表各组的频数或频率；亦可用纵轴代表各组，横轴代表频数或频率，如图 2-2-3 所示。

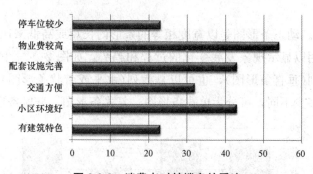

图 2-2-3　消费者对某楼盘的看法

(3)圆面图。圆面图是以圆形的面积代表总体指标数值，圆形的各扇形面积代表各组指标数值，或将圆面面积分为若干角度不同的扇形，分别代表各组的频率。实际应用时亦可将圆面改为圆饼或圆台，变成圆形立体图，如图 2-2-4 所示。

(4)环形图。环形图是将总体或样本中的每一部分数据用环形中的一段表示。环形图亦可同时绘制多个总体或样本的数据系列。每一个总体或样本的数据系列为一个环，如图 2-2-5所示。

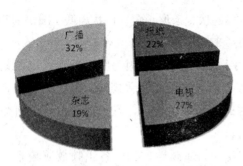

图 2-2-4　居民获取房地产广告信息的途径　　　　图 2-2-5　住房满意度调研

(5)直方图。直方图是以若干等宽的直方长条的长短来表示各组的频数或频率的大小。它常用于表现组距数列的次数分布或频率分布。离散型变量组距的直方图中的长条应间断，连续变量组距数列的直方图中的长条应连接起来，如图 2-2-6 所示。

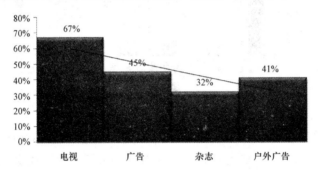

图 2-2-6　消费者对各种媒体的接触概率

(6)动态条形图。动态条形图是以宽度相等的条形的长短或高低来比较不同时期的统计数据大小的图形，用以显示现象发展变化的过程和趋势，如图 2-2-7、图 2-2-8 所示。动态条形排列可以是纵列(垂直条形图)，也可以是横列(水平或带状条形图)，按图形中涉及的统计指标或变量的多少不同，可分为单式条形图、复式条形图、分段条形图等。

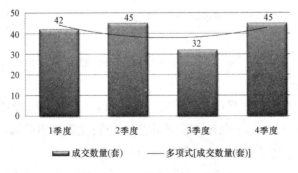

成交数量(套)　　　多项式[成交数量(套)]

图 2-2-7　成交数量(套)

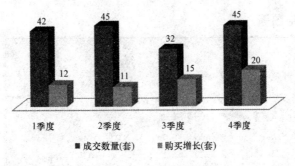

图 2-2-8 购买增长对比

(7)动态曲线图。动态曲线图又称时间数列曲线图或历史曲线图,它以曲线的升降、起伏来表示数据的动态变化,如图 2-2-9 所示。按涉及指标的多少,有单式曲线图和复式曲线图之分。

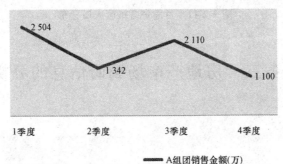

图 2-2-9 A 组团销售趋势

(8)相关散点图。相关散点图主要用于显示因变量(y)与自变量(x)之间是否具有相关关系,以及相关关系的形式是直线相关还是曲线相关,是正相关还是负相关,如图 2-2-10 所示。通常以横轴代表自变量(x),纵轴代表因变量(y)。

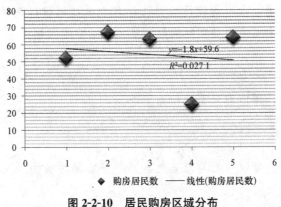

图 2-2-10 居民购房区域分布

(9)统计地图。统计地图是以地图为底本,利用点、线条、面积、数据、象形、标志等来表现各区域某种统计指标数据的大小及其在地理上的分布情形,又称空间数列图,如图 2-2-11 所示。根据所利用的图形不同,统计地图可分为数据地图、点地图、面地图、象形地图、线路地图、标志地图等。

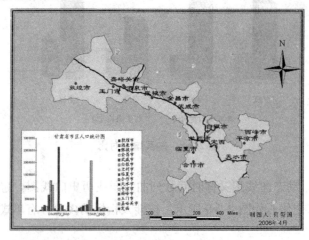

图 2-2-11 甘肃省各市区人口分布

任务三 房地产市场调研信息的分析

◉**任务描述**

进行完房地产市场调研以后，我们已经初步得到了一些统计数据。为了便于理解和得出更有意义的结论，需要运用一些基本的统计方法对数据结果进行分析。

◉**任务要求**

各个小组根据自己整理出来的初步数据进行分析。分析的结论一定是与调研目标相关联的，否则分析无效。房地产市场调研的目的就在于通过调研，收集消费者购房信息、区域市场楼盘信息等，得出解决企业实际问题，满足企业营销策划决策需要的数据和结论。

◉**任务目标**

分析整理出的数据，得出有意义的相关结论。

◉**任务指导**

统计分析的方法大致可以分为静态分析和动态分析两种类型。这里主要介绍几种简单常用的分析方法。

一、静态分析

1. 定性分析

定性分析是与定量分析相对而言的，它是对不能量化的现象进行系统化理性认识的分析，其方法依据是科学的哲学观点、逻辑判断及推理，其结论是对事物的本质、趋势及归类的性质方面的认识。

2. 定量分析

定量分析是对房地产市场各种现象的数量特征、数量关系与数量变化的分析，也是分析师使用数学模块对公司可量化数据进行的分析。通过分析，对公司经营给予评价并做出投资判断。定量分析的对象主要为财务报表，如资金平衡表、损益表、留存收益表等。其功能在于揭示和描述社会现象的相互作用和发展趋势。

二、动态分析

动态是指现象在时间上的发展变化。把反映某现象的同一指标，在不同时间上的指标数值，按时间(如按年、季、月、日等)先后顺序编排所形成的数列，称为动态数列。时间数列的每一行有序数值，就是一个动态数列。任何一个动态数列，均由两个基本要素构成：一个是现象所属的时间，另一个是反映现象所属时间的发展水平，即统计指标数值。

三、动态发展水平指标

1. 发展水平与平均发展水平

(1)发展水平。时间数列中的每个指标数值就是发展水平。例如，a_0，a_1，a_2，$\cdots$，a_n，最初水平为 a_0，最末水平为 a_n。

(2)平均发展水平(序时平均数或动态平均数)。将不同时间的发展水平加以平均而得到的平均数。

2. 计算方法

(1)总量指标动态数列序时平均数。

①时期数列序时平均数的计算(采用简单算术平均数)：

$$\bar{a} = \frac{a_1 + a_2 + \cdots + a_n}{n} = \frac{\sum a}{n}$$

②时点数列序时平均数的计算。

a. 逐日登记的时点数列计算序时平均数(采用简单算术平均数)：

$$\bar{a} = \frac{\sum a}{n}$$

b. 间隔相等的时点数列计算序时平均数(采用首末折半法)：

$$\bar{a} = \frac{\frac{a_0}{2} + a_1 + a_2 + \cdots + \frac{a_n}{2}}{n-1}$$

c. 间隔不相等的时点数列计算序时平均数(采用各间隔长度对各间隔的平均水平加权平均)：

$$\bar{a}=\frac{\left(\frac{a_0+a_1}{2}\right)f_1+\left(\frac{a_1+a_2}{2}\right)f_2+\cdots+\left(\frac{a_{n-1}+a_n}{2}\right)f_{n-1}}{f_1+f_2+\cdots+f_{n-1}}$$

(2)相对指标动态数列或平均指标动态数列计算序时平均数：

$$\bar{C}=\frac{\bar{a}}{\bar{b}}$$

四、动态发展速度指标

1. 发展速度

发展速度是反映现象发展程度的相对指标：

$$发展速度=\frac{报告期水平}{基期水平}$$

由于选择基期的不同，发展速度分为：

$$环比发展速度=\frac{报告期水平}{前一期水平}=\frac{a_i}{a_{i-1}}$$

$$定基发展速度=\frac{报告期水平}{某一固定基期水平}=\frac{a_i}{a_0}$$

环比发展速度与定基发展速度的关系：

(1)定基发展速度等于相应各个环比发展速度的乘积。

例如，$\frac{a_4}{a_0}=\frac{a_1}{a_0}\times\frac{a_2}{a_1}\times\frac{a_3}{a_2}\times\frac{a_4}{a_3}$。

(2)两个相邻时期的定基发展速度相除等于相应的环比发展速度。

例如，$\frac{a_4}{a_0}:\frac{a_3}{a_0}=\frac{a_4}{a_3}$。

2. 增长量、平均增长量与增长速度

(1)增长量。

$$增长量=报告期水平-基期水平$$

根据对比的基期不同增长量分为：

$$逐期增长量=报告水平-前一期水平=a_i-a_{i-1}$$

$$累计增长量=报告水平-某固定时期水平=a_i-a_0$$

累计增长量等于相应时期逐期增长量之和，即 $\sum(a_i-a_{i-1})=a_n-a_0$。

(2)平均增长量。

$$平均增长量=\frac{逐期增长量和}{逐期增长量项数}$$

(3)增长速度。增长速度是反映现象增长程度的相对指标：

$$增长速度=\frac{增长量}{基期水平}=\frac{报告期水平-基期水平}{基期水平}=发展速度-1$$

由于采用基期不同，增长速度分为：

$$环比增长速度 = \frac{逐期增长量}{前一期水平} = \frac{a_i - a_{i-1}}{a_{i-1}} = \frac{a_i}{a_{i-1}} - 1$$

$$定基增长速度 = \frac{累计增长量}{固定基期水平} = \frac{a_i - a_0}{a_0} = \frac{a_i}{a_0} - 1$$

$$环比增长速度 = 环比发展速度 - 1$$

$$定基增长速度 = 定基发展速度 - 1$$

定基增长速度与环比增长速度不存在直接换算关系。

3. 平均发展速度与平均增长速度

(1)平均发展速度。计算方法：几何平均法和方程式法。

$$\bar{X} = \sqrt[n]{x_1 x_2 x_3 \cdots x_n} = \sqrt[n]{\pi x}\,(X\,表示环比发展速度)$$

$$\bar{X} = \sqrt[n]{\frac{a_1}{a_0} \times \frac{a_2}{a_1} \times \frac{a_3}{a_2} \times \cdots \times \frac{a_n}{a_{n-1}}} = \sqrt[n]{\frac{a_n}{a_0}}$$

$$= \sqrt[n]{R}$$

式中，R 表示总速度。

(2)平均增长速度。平均增长速度反映现象平均增长程度的指标：

$$平均增长速度 = 平均发展速度 - 1$$

项目三 房地产市场调研报告的撰写与调研成果汇报

任务一 撰写房地产市场调研报告

◉ **任务描述**

尽管房地产市场调研的复杂程度和规模各有不同，但在最后阶段都必须提供有效的调研报告，说明调研的内容和问题。调研报告的形式多样，主要分为书面报告和口头报告两种。一份好的房地产市场调研报告，能给房地产企业的市场经营活动提供有效的导向，能为企业的决策提供客观依据。

◉ **任务要求**

各个小组根据自己的调研分析结果撰写书面调研报告。

◉ **任务目标**

撰写完成的调研报告是本次调研的最终成果，它是提供给企业做营销决策分析的依据。

◉ **任务指导**

书面调研报告是调研人员对某种事物或某个问题进行深入细致的调研以后，经过认真分析研究而写成的一种书面报告，是市场调研工作的最终成果的集中体现。调研报告是从感性认识上升到理性认识的反应过程，起到透过现象看本质的作用，能够很好地指导实践活动。同时，调研报告也是各部门管理者为社会、为企业服务的一种重要形式，能够为企业的市场活动提供有效的导向，同时在管理者了解情况、分析问题、制定决策以及控制、协调等各方面都起到积极作用。

一、市场调研报告的一般格式

从严格意义上说，市场调研报告没有固定不变的格式。不同的市场调研报告，其写作格式主要由调研的目的、内容、结果以及主要用途来决定。但一般来说，各种市场调研报告在结构上都包括标题、导言、主体和结尾几个部分。

1. 标题

市场调研报告的标题即市场调研的题目。标题必须准确揭示调研报告的主题思想。标题要简单明了、高度概括、题文相符。例如，《××市居民住宅消费需求调研报告》、《关于化妆品的市场调研报告》、《××产品滞销的调研报告》等，这些标题都很简明，能吸引人。

2. 导言

导言是市场调研报告的开头部分，一般说明市场调研的目的和意义，介绍市场调研工作的基本概况，包括市场调研的时间、地点、内容和对象以及采用的调研方法、方式。这是比较常见的写法。有的调研报告在导言中先说明调研的结论或直接提出问题等，这种写法能增强读者阅读报告的兴趣。

3. 主体

主体是市场调研报告中的主要内容，是表现调研报告主题的重要部分。这一部分的写作直接决定调研报告的质量高低和作用大小。主体部分要客观、全面阐述市场调研所获得的材料、数据，用它们来说明有关问题，得出有关结论；对有些问题、现象要做深入分析、评论等。总之，主体部分要善于运用材料来表现调研的主题。

4. 结尾

结尾主要是形成市场调研的基本结论，也就是对市场调研的结果作一个小结。有的调研报告还要提出对策措施，供有关决策者参考。有的市场调研报告还有附录。附录的内容一般是有关调研的统计图表、有关材料出处、参考文献等。

二、市场调研报告的基本要求

1. 调研报告力求客观真实、实事求是

调研报告必须符合客观实际，所引用的材料、数据必须是真实可靠的。要反对弄虚作假，或迎合上级的意图，挑他们喜欢的材料撰写。总之，要用事实来说话。

2. 调研报告要做到调研资料和观点相统一

市场调研报告是以调研资料为依据的，即调研报告中的所有观点、结论都以大量的调研资料为根据。在撰写过程中，要善于用资料说明观点，用观点概括资料，二者相互统一。切忌调研资料与观点相分离。

3. 调研报告要突出市场调研的目的

撰写市场调研报告，必须目的明确、有的放矢，任何市场调研都是为了解决某一问题，或者为了说明某一问题。

4. 调研报告的语言要简明、准确、易懂

调研报告是给人看的，无论是厂长、经理，还是其他一般的读者，他们大多不喜欢冗长、乏味、呆板的语言，也不精通调研的专业术语。因此，撰写调研报告的语言要力求简单、准确、通俗易懂。

2010 年上半年上海房地产市场调研报告

一、调研说明(略)

1. 调研目的

2. 调研时间

3. 调研地点

4. 调研对象

二、报告正文

房地产市场调研是上海房协为会员企业服务、反映会员企业诉求的一项重要的常态工作。上海房协邀请市房管局、市统计局等行政有关部门和上海社科院房地产研究中心、易居研究院等研究机构的专家组成调研组,定期研究分析房地产市场。

本次调研以分析 2010 年上半年上海房地产市场的运行情况为基础,提出上海房协对于上半年市场形势的看法和下半年市场情况的预判,并形成本调研报告,供会员企业和政府管理部门参考。

(一)2010 年上半年上海房地产市场的基本情况

1. 土地供应

2010 年上半年,全市共计出让国有建设用地使用权 206 幅 1 087 公顷,比上年同期(以下简称同比)增长 67.3%。其中居住用地 38 幅 416.2 公顷,增长 189.7%。在居住用地中,2010 年新增 182 公顷。

2010 年上半年,开发企业在上海共购置土地 106.08 公顷,同比增长 14.6%;共完成土地开发 85.93 公顷,同比增长 56.1%。

2. 房地产开发投资

2010 年上半年,全市完成房地产开发投资 845.28 亿元,同比增长 35.5%(全国为 19 747 亿元,同比增长 38.1%),增幅上升 38.6 个百分点,占同期全市社会固定资产投资的 38.3%,占比上升 9.4 个百分点。其中,住宅建设投资为 518.18 亿元,增长 44.3%。在住宅建设投资中,经济适用房开发投资 48.78 亿元,增长 17.7 倍。

2010 年上半年,全市房地产开发企业到位资金 1 691.83 亿元,同比增长 32%,增幅上升 18.5 个百分点。其中国内贷款 524.27 亿元,增长 42.6%;利用外资 19.63 亿元,减少 56.9%;自筹资金 511.80 亿元,增长 47.9%;定金及预付款 362.82 亿元,减少 0.6%。

3. 房地产开发建设

2010 年 6 月末,全市商品房施工面积为 9 220.41 万平方米,同比增长 11.5%,增幅上升 13.9 个百分点;其中住宅施工面积为 5 969.28 万平方米,增长 11.6%;在住宅施工面积中,经济适用房施工面积为 561.59 万平方米,增长 3.9 倍。在施工面积中,新开工面积为 1 380.59 万平方米,增长 25.6%;其中住宅新开工面积为 974.67 万平方米,增长 29%;在住宅新开工面积中,经济适用房新开工面积为 105.19 万平方米,增长 5.3 倍。

2010年上半年，全市商品房竣工面积为686.46万平方米，同比减少10.9%，减幅扩大3.6个百分点；其中住宅竣工面积为492.25万平方米，减少11.4%。

4. 房地产交易

2010年上半年，全市商品房批准预售714万平方米，同比减少14.6%，减幅扩大4.6个百分点。其中新建商品住房批准预售面积为562万平方米，同比减少20.2%。

2010年上半年，全市商品房销售（包括现房销售和期房销售）1 009.13万平方米，同比减少35.8%（全国为3.94亿平方米，同比增长15.4%），增幅下降63.7个百分点。其中住宅销售840.51万平方米，减少41.8%。

2010年6月末，全市商品房空置面积为1 157.39万平方米，比年初增加2%。其中商品住宅空置面积为443.17万平方米，比年初减少3.8%；住宅空置1年以上的面积为283.89万平方米，比年初增加56.2%。

2010年上半年，全市存量房（二手房）成交面积为1 113.13万平方米，同比增长4.8%，增幅回落30.5个百分点。其中住宅成交878.15万平方米，同比减少8.4%。

5. 住房价格

2010年1—6月，上海市房屋销售价格指数累计环比上涨2.3%，涨幅低于全国70个大中城市2.5个百分点（70个大中城市为4.8%）。其中1—4月累计环比上涨3.7%，5月份持平，6月份环比下降1.4%。

分类别看：2010年1—6月新建住房销售价格指数累计环比上涨1.7%（70个大中城市为6.0%），其中6月份环比下降0.8%。二手住房销售价格指数累计环比上涨3.4%（70个大中城市为3.6%），其中6月份环比下降2%。

2010年上半年，本市商品住房平均销售价格为14 112元/平方米，同比增长20.7%，增幅回落19.1个百分点。

6. 房屋拆迁

2010年上半年，全市拆迁居住房屋面积为274万平方米，比上年增长8.4%；动迁居民户数为17 700户，同比减少44.10%，增幅下降67.3个百分点。

（二）2010年上半年上海房地产市场的形势分析与下半年市场的情况预判

2010年上半年，上海坚决贯彻落实国家有关房地产市场的调控政策，切实推进保障性住房的建设工作。由于新增供应量的相对不足，住房价格继续高位运行，成交量下降。"新国十条"出台以后，市场成交量进一步萎缩，观望气氛浓重，成交价格有所松动。预计下半年观望气氛仍将持续，商品住房价格会出现实质性松动和区域结构性的调整，但总体房价水平的下降空间不大。以下侧重从土地、投资、销售、房价等方面进行分析，同时对二手房和租赁房市场也作了分析。

1. 住宅用地供应大幅增加，土地价格涨幅回落

继2009年上海加大住宅用地供应以后，2010年上半年，本市继续加大住宅用地的供应力度，住宅用地供应达到416.2公顷，同比增长189.73%。

从住宅用地出让的价格看：2010年上半年，地价涨幅有所回落。中心城区住宅用地出

让价格一季度同比增长 35.2％，二季度同比增长 34.5％；从环比看，二季度内环内、内中环、中外环、外环外的住宅用地出让价格水平环比分别为：上升 9.5％、上升 3.4％、上升 3.8％、下降 7.6％。此外，非理性竞拍的现象减少，在上半年预申请公告的 105 幅土地中，有 3 人以上预申请的地块为 20 幅。

2010 年上半年上海地价呈先高后低的走势。2 月 2 日，证大置业（民企）以 99.2 亿元竞得外滩 8－1 地块，楼面地价为 3.4 万元/平方米，成为上海的新地王（总价与单价双料地王）。该地块起始价为 91.1 亿元，4 家企业竞价。2 月 12 日，华侨城（央企）以 70.2 亿元竞得闸北区苏州河北岸东块 1 街坊，楼面地价达 5.285 5 万元/平方米，成为全国单价地王。该地块由两家企业竞价，溢价率为 49％。同日，仁恒（外企）以 38.2 亿元竞得徐盈路东侧 B4－01 地块，楼面地价为 15 498 元/平方米。该地块由 12 家企业竞价，溢价率为 431％。6 月 23 日旭辉集团（民企）以 7.62 亿元拿下的青浦工业园区岛居西侧居住地块，楼面地价为 5 507 元/平方米，溢价率为 136％，为上半年居住用地的最高溢价率，明显低于 2009 年的溢价率水平。目前该地块周边房价为 13 000 元/平方米左右，"面粉贵过面包"的现象不再出现。

2010 年下半年，随着保障性住房建设的推进，土地供应尤其是住宅用地的供应仍将大幅增长。但从供应地段上看，23 个大型居住社区中除孙桥、外高桥航津路和顾村在外环内侧外，其余均在郊区，外环以内居住用地的供应不会增长。从土地价格来看，一方面上半年三次上调存款准备金率和房地产市场销售低迷，将影响到开发企业的现金流，从而制约企业的拿地力度；另一方面在上海建设"两个中心"的背景下，中心城区的可供居住用地有限，旧城改造的成本居高不下，地价的上涨压力依然存在。因此，下半年地价的总体水平将有所下降，但下降的幅度不会太大（如 7 月 2 日闸北彭浦 456 街坊地块以底价成交，楼面地价为 12 002 元/平方米，而该地块周边的房价在 20 000 元/平方米以上）。但中心城区的地价仍然维持高位，即使上涨，涨幅也将继续回落。无论是地价下降还是涨幅下降，都将对房价产生重要影响。

2. 保障性住房投资大幅增长，房地产投资规模增长较快

在"十一五"期间，上海的房地产开发投资呈现"规模大、增幅小"的格局，总体把控谨慎。2009 年下半年，伴随保障性住房建设的推进，房地产投资额快速增长。2010 年上半年完成房地产投资额 845.28 亿元，同比增长 35.5％，为 5 年来最大增幅。分类别看，住宅投资额为 518.18 亿元，增长 44.3％；办公楼投资额为 105.12 亿元，增长 33.4％；商业用房投资额为 107.19 亿元，增长 47.3％。

房地产投资规模同比扩大，主要原因有三个方面：一是保障性住房开工提速，投资规模扩大。2010 年上半年本市经济适用房开发投资额就达 48.78 亿元，同比大幅增长 17.7 倍。二是 2010 年上半年延续了 2009 年下半年投资快速增长的惯性，2010 年上半年开发企业完成土地开发和购置土地规模增长较快。此外，2009 年上半年的投资规模基数较低，也是 2010 年上半年投资增幅较大的原因。三是 2009 年开发企业大笔销售资金回笼和筹资渠道相对宽松。2010 年上半年，本市房地产开发企业到位资金 1 691.83 亿元，同比增长

32%，投资的资金来源比较充裕。

2010年下半年，上海继续推进保障性住房的建设，全年房地产投资总额将保持同比较快增长，但受到市场销售不畅的影响，市场化商品房的投资节奏将有所放缓，环比增幅将下降。同时，投资的传导效应将使其他产业的投资占比扩大，房地产投资占社会固定资产投资的比重将有所回落。

3. 商品住宅成交量明显下降，住房价格冲高回落

2010年上半年，上海商品房供销双降（图2-3-1）。批准预售商品房714万平方米，同比下降14.6%，其中批准商品住房预售562万平方米，同比下降20.2%。商品房销售同比明显减少，上半年销售1 009.13万平方米，减少35.8%，其中商品住宅销售840.51万平方米，减少41.8%（其销售总量和住宅销售量为2004年宏观调控以来半年销售量的新低，低于2008年上半年）。但办公楼和商业用房的销售量同比增长。

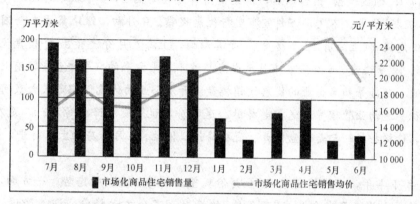

图2-3-1 2009年7月—2010年6月上海市场化商品住宅销售情况
数据来源：民间机构网上监测。"市场化商品住宅"不包括配套商品房和经济适用房。

商品住房销售下降的原因：一是2005—2008年商品住房用地供应逐年下降，使得近年来竣工面积和批准预售面积逐年减少；二是房地产调控政策抑制了投资投机性购房，也影响自住型需求对调控降价的预期，观望气氛浓厚，购房需求明显减少；三是2009年下半年和2010年3、4月份住宅价格上涨过快，房价过高也抑制了购房需求；四是世博会的举办延缓了部分项目的建设和旧城改造，动拆迁购房需求减少。

办公楼和商业用房的销售量增长的原因：首先，住宅建设和成交区域的不断外延带动了周边商办用房的销售。其次，上海近几年来房价的"商住倒挂"现象使部分投资客由投资住宅转为投资商办楼，同时，部分开发企业迎合自住型购房者的需要，建设了一批小户型、可居住的办公用房。从2010年上半年商品住房成交的结构看：一是成交区域继续向近远郊转移，内环内占比7.1%，同比上升0.5个百分点，内外环间占比16.6%，同比下降4.7个百分点，外环外占比76.4%，同比上升4.2个百分点；二是成交房型继续趋小，90平方米以下占比44%，同比上升11.8个百分点，90～140平方米占比33.6%，同比下降10.9个百分点，140平方米以上占比22.4%，同比下降0.9个百分点；三是价格区间明显上移，单价在7 000元以下的占39.9%，同比下降5.6个百分点，单价在7 000～10 000元的占

16.5%，同比下降 2 个百分点，单价在 10 000～17 500 元的占 20.1%，同比下降 1.4 个百分点，单价在 17 500 元以上的占 23.5%，同比上升 9 个百分点。

2010 年上半年上海住房价格总体上是上涨的，1—6 月新建房屋销售价格指数累计环比上涨 2.3%。但从价格走势上看是先扬后抑，1 月份环比上涨 0.7%，2 月份持平，3 月份环比上涨 1.9%，4 月份环比上涨 1.1%，5 月份持平，6 月份环比下降 1.4%。

2010 年 1—4 月上海商品住房价格继续上涨，4 月份商品住房价格水平创出历史新高。其原因仍然是供应不足，需求增加，仅首次购房和改善性购房的需求还相对稳定，但加上投资性购房的需求大量增加，推高了房价。其表现是继续 2009 年的豪宅领涨。据民间研究机构监测的数据，一季度 5 万元/平方米以上的豪宅成交 338 套（同比增长 15.8 倍），共 8.67 万平方米（套均 257 平方米），63.19 亿元（平均 72 884 元/平方米）。

4 月 17 日"新国十条"出台以后，恒大集团首先在全国 20 多个城市约 40 个在售项目全面实行"八五折"优惠。不久，万科宣布实行优惠促销。6 月初，绿地集团在全国 41 个城市近百楼盘优惠促销（上海有 12 个楼盘）。受其影响，上海 5 月份就有 37 个楼盘优惠促销，6 月份增加到 49 个楼盘。6 月份本市月度成交超过 1 万平方米的 9 个楼盘中，有 8 个是绿地、保利、复地、恒盛等知名企业的优惠促销楼盘。开发企业的优惠促销形式大致可分为三种：一是送面积、送物业管理费、送家电补贴、送购房契税等变相降价方式；二是在优惠活动期间购房，价格打折；三是新盘低开、直接降价。因此，5 月份房价上涨持平，6 月份房价下降。

2010 年下半年，市场将延续 5、6 月份观望、僵持、盘整的态势。一方面，企业总是追求利润的最大化，开发企业在"不差钱"的情况下不会主动降价，即使降价，幅度也不会太大；另一方面，现在的房价确实太高，消费者希望房价降得多一点，有些投资者也想等待"抄底"。从总体上看，5、6 月份已有企业开始优惠促销，下半年一些自身资金链趋紧的开发企业会选择降价促销，回笼资金，并带动周边项目跟进降价促销。随着价格的回落，销售量也会有所增长。但房价回落的幅度不会太大，销售量的增幅也不会太大，市场回暖要看明年。同时，商办用房销售将继续保持同比增长，"商住价格倒挂"现象会有所缓解。

4. 存量住房（二手住房）成交量明显下降，住房租金上扬

2010 年上半年，上海存量住房成交 878.15 万平方米（同期商品住房销售 840.51 万平方米），同比减少 8.37%。存量住房交易量下降的同时，挂牌出售量大幅增加：6 月末，网上存量住房可售为 1 494.54 万平方米（6 月末，市场化商品住房网上可售量为 573.72 万平方米），同比增加 74.13%。上半年存量住房挂牌出售量的增加始于 4 月份"新国十条"出台以后，主要是相当部分持有多套住房的业主预期房价即将下跌，急于抛售。存量住房的价格走势与商品住房的价格走势相似。

2010 年上半年，上海住房租赁市场成交活跃，租金呈逐步上扬态势。尤其是自 4 月中旬"新国十条"出台后，更是需求旺盛，租金快速上扬，渐成各方关注热点。据上海房屋租赁指数办公室数据显示，上海房屋租赁指数连续 6 月上扬，1—3 月累计上涨 3 点，4—6 月

累计上涨14点。以6月为例，2 000元/月以内的低端房源租金涨幅最大，平均上涨200元左右，呈近年来少有的快速上涨之势。以宝山和普陀为代表的中环区域租金上涨的房源最多。

分析当前上海住房租赁市场活跃、租金快速上扬的原因，主要是短期需求拉动：一是传统租赁旺季到来，大学生住房租赁需求迅速增加。大批外地高校毕业生选择留沪或来沪就业，而这部分群体由于经济原因，租房成其解决居住问题的首选；二是世博观光增加了大量短租需求。从3、4月份开始，世博园区周边板块的租赁市场十分活跃，部分房源更以"日租房"形式出现，这类房源租金往往较高；三是受调控影响，市场观望气氛浓厚，部分购房者选择租房进行过渡，扩大了租房需求；四是目前上海的租售比（房价与月租金之比）偏高，住房的租售比约在400∶1以上，在房价快速上涨以后，租金也会上涨。

（三）对当前上海房地产市场的看法和建议

上海积极贯彻实施国务院对房地产市场的调控政策，至6月末，房价过快上涨的势头已经得到遏制，调控政策效应显著，但也出现商品住房成交量大幅下降、存量住房成交量明显减少、住房租金上扬等现象。由此，建议政府管理部门和开发企业重点关注下列问题。

1. 坚决贯彻国家调控政策，保持房地产市场的平稳发展

房地产市场调控的目的是，遏制房价过快上涨，保持房地产市场的平稳发展。前几次调控，都出现房价反弹、涨得更高的情形。这一次调控已经遏制了房价上涨过快的势头，更重要的是如何保持房地产市场的平稳发展。

总体上讲，房价逐年平稳增长是正常的。开发企业特别是长期从事房地产开发的企业都希望有一个平稳增长的发展环境。房价上涨过快，透支了后市的涨幅，增加了后市的风险，得益的只是在房价上涨过快这一时间段售房的企业，对其他企业则有害无益。因此，开发企业更关心政策的连续性、稳定性、长效性，既要防止房价反弹，也要防止房价大跌。

上海房价上涨过快，主要是因购房需求拉动，特别是投资投机性购房的拉动。通常的控制办法是：增加供应，控制需求。从增加供应看，上海土地资源紧缺，2004年宏观调控以后，商品住房用地供应逐年减少，2009年下半年起大幅增加住宅用地供应，增加的主要是保障性住房这一块，市场化商品住房用地并无增加。而保障性住房近两年还只能解决低收入住房困难家庭，这部分群体本来就买不起房，不能形成购买商品住房的实际需求。但公共租赁房能起到分流和延缓购房需求的作用。从控制需求看，主要通过二套房贷政策抑制投资投机性购房需求，但也影响到改善型购房需求，同时自住性购房需求也因调控政策预期降价而等待观望或租房过渡，导致市场低迷。为此，开发企业希望房产税的政策暂缓出台，如果销售继续低迷，可考虑对改善型购房需求放宽贷款政策，防止销售量进一步下滑。

2. 适度提高商品住房容积率，增加住房供应量

目前本市的土地控制性规划大多完成于2004年以后，2003年底颁布的《上海市城市规

划条例修正案》中所明确的"双增双减"原则是土地规划制定的重要依据。2004年初，原上海市城市规划管理局对《上海市城市规划管理技术规定》进行修改以后，中心城区住宅容积率上限降至2.5，外环以外郊区则视情况下降至1.0～1.8。这样做的主要目的是解决当时中心城区盲目集中建设导致的城市管理运行以及景观环境问题，同时缓解地面沉降。

在当前中心城区几乎无地可供，住房价格居高不下的情况下，可以对非中心城区（外环以外）住宅用地提高容积率上限，增加住房的供应面积。此外，目前本市成熟的商业商务区基本都集中在内环以内，产业与工作人群过于集中。住宅建设的郊区化导致了中央商务区的拥挤和部分新建住宅区的"卧城化"。为此，建议根据现代城市的规划理念，大力推进依托轨道交通的城市副中心和服务业集聚区（微型CBD）建设，重点发展郊区城镇和大型居住社区的商业商务集聚区，加快城乡一体化，提高城市商业、商务以及人口的承载力。

3. 加快公共租赁住房建设，鼓励房地产开发企业参与

长期以来，租赁市场的发展相对滞后。在当前调控的背景下，本市住房买卖市场成交低迷，但租赁市场成交活跃，且租金上涨迅速，引起了各方的高度关注。当前，本市住房租赁市场存在诸多问题，包括缺乏由机构投资者或企业长期持有并进行租赁经营的房屋，难以形成规模经济与协同效应；政府无法全面掌握租赁信息，无法实施有效的市场监督；租赁登记制度远没有得到落实，租赁备案率极低，市场发展呈无序状态。从目前存在的大房型分隔后"群租"现象的分析，本市住房租赁市场还存在大房型供应过剩，小房型供不应求，宿舍型供应缺失的供求矛盾。

住房销售市场和住房租赁市场是住房流通的两大市场，发展租赁住房市场，尤其是公共租赁住房，不仅能有效解决本市日益突出的居住问题，同时也是促进住房销售市场健康发展的有效措施。政府部门应该重视并大力发展公共租赁住房，一是要制定租赁市场的政策，完善租赁信息系统网络建设，加强市场监管；二是要鼓励中小房型普通住房的开发商拿出一部分房源进行租赁，在地价和税收上给予优惠，若干年以后准予销售；三是要对大型国有企业给予长期贷款支持，使其成为本市发展公共租赁住房的生力军。

4. 开发企业要认清调控形势，积极调整经营策略

本轮宏观调控的行文规格、牵涉部门和政策力度都与以往有所不同，开发企业应当充分认识到调控政策的全面性和实施的坚决性，认真研究分析调控以来的新情况：

(1)从已有的市场促销案例看，首先降价的恒大集团取得了明显成效，民间机构的监测数据显示，上半年全国20家大型开发企业集团中，恒大的年度业务指标完成率最高。企业加快资金回笼可以抓住可能出现的低价拿地契机，没有必要通过延长产品的建设时间和销售周期来提高利润。

(2)2009年和2010年增加住宅用地供应和加快保障性住房建设将在今后2～3年逐步发挥平抑房价的作用，为上海房价的总体稳定奠定基础。

(3)2010年上半年国税总局制定的有关土地增值税清算的政策，需要开发企业以充足的现金流做好应对准备。

（4）这次调控的力度是逐步增强的，如果房价调整不能达到调控的效果，可能会有新的调控措施出台，具有不确定因素。

首先，企业应该认真贯彻遏制房价过快上涨的政策措施，不要捂盘惜售。手中有楼盘的企业特别是资金不宽裕的企业应通过降价促销和加快推盘的方式回笼资金，保证现金流的安全。同时，在市场低迷的情况下，应加快项目的开工和建设，增加市场供应，争取赶上下一轮行情。

其次，企业在当前市场低迷的情况下，可以到二、三线城市逢低吸纳土地，也可以拿一些非住宅用地。当前，已经有很多企业纷纷在二、三线城市逆势拿地，为后续发展蓄势。同时，在当前调控从紧、市场低迷的情况下，部分中小企业可能面临资金链短缺的问题，大企业可以考虑参股、收购，使项目正常开发，对大企业和中小企业、对市场都有利。

最后，企业要争取参与保障性住房的建设，参与大型居住社区的建设，开发建设符合绿色、低碳、环保要求的房地产产品，提升房地产开发的产业化和标准化水平，扩大规模化效益。

任务二　房地产市场调研成果汇报

◎ **任务描述**

在很多情况下，需要将市场调研报告的结果向管理层或委托者做口头报告。

◎ **任务要求**

各个小组根据本次调研结果，做口头汇报演讲。

◎ **任务目标**

完成调研结果的实际报告。

◎ **任务指导**

与书面报告相比，口头报告具有以下几个特点：

（1）口头报告能用较短的时间说明所需要研究的问题；

（2）口头报告生动，具有感染力，容易给对方留下深刻印象；

（3）口头报告能与听者直接交流，便于增强双方的沟通；

（4）口头报告具有一定的灵活性，一般可根据具体情况对报告内容、时间做出必要的调整。

口头报告虽然具有上述优点，但其效果能否得到发挥，还取决于许多因素，具体归纳为以下几点：

(1)准备好详细的演讲提纲；

(2)进行充分的练习；

(3)尽量借助图表来增强效果；

(4)做报告时要充分自信；

(5)要使听众"易听、易懂"；

(6)要与听众保持目光接触；

(7)把握回答问题的时机；

(8)在规定的时间内结束报告；

(9)口头报告结束后，还要请客户或有关人士仔细阅读书面报告。

房地产市场调研成果汇报的步骤如下：

(1)各小组成员集体团队形象展示。要求团队设计好自己的团队标志，并能有效地运用在汇报材料上。小组设计好自己的团队口号，能清晰并有效地凸显团队特色。

(2)小组成员设计好汇报流程，由小组成员按照 PPT 的内容汇报调研成果。要求汇报 PPT 结构完整、编排美观、重点突出。调研报告中应包含调研目的、调研内容、调研方法、宏观环境调研分析、微观环境调研分析、项目基本情况调研分析、消费者调研分析、竞争对手及楼盘调研项目问题分析等内容。汇报人员表达清晰，说服力强，能提供有效的调研数据并有相关佐证材料；能根据调研数据进行有效的综合分析，调研结论正确。

（3)小组成员汇报完成后，回答老师提问。要求能正确回答老师提出的与调研有关的理论问题，现场反应灵敏，思路清晰。教师根据学生答辩的情况，填写完成评分表。

房地产市场调研成果汇报评分表

学生姓名：		班级：		
评价内容	评价指标	评价分值	得分	备注
PPT 制作效果	制作粗糙，排版凌乱	2		
	制作较完整，排版比较正确	3		
	制作美观、功能运用合理	5		
房地产市场调研目的选择合理程度	目标不明确、不合理	4		
	目标较明确、合理	6		
	目标明确、合理	10		
房地产市场调研方法选择合理程度	调研方法明显不可行	4		
	调研方法有一定可行性	6		
	调研方法选择正确	10		
房地产市场调研策划方案完善程度	策划方案内容不完整	8		
	策划方案较完整，内容较正确	10		
	策划方案完整，内容正确	15		

评价内容	评价指标	评价分值	得分	备注
房地产市场调研问卷回收/ 发放比例高低程度	有效回收比例低	2		
	有效回收比例较高	3		
	有效回收比例高	5		
房地产市场调研问卷制作 格式正确程度	问卷格式不正确	2		
	问卷格式较正确	3		
	问卷格式正确	5		
房地产市场调研问卷制作 内容正确程度	问卷内容不完整、不合理	4		
	问卷内容较完整、较合理	6		
	问卷内容完整、正确	10		
房地产市场调研报告排版 格式正确程度	排版格式不正确	2		
	排版格式较完整、正确	3		
	排版格式完整、正确	5		
房地产市场调研报告 内容完整程度	报告不完整	8		
	报告内容较完整	10		
	报告内容完整、正确	15		
团队得分				
个人仪态仪表	仪表邋遢，着装随意	−5		
	仪表一般	2		
	仪表较好，较为自信	3		
	仪表得体，大方、自信	5		
PPT 演讲表现	演讲声音较小，现场表现一般	2		
	演讲声音较洪亮，现场表现较好	3		
	演讲声音洪亮、清晰，表现好	5		
答辩阶段表现	答辩不积极，回答不正确	−5		
	答辩不主动，回答较正确	2		
	答辩较积极，回答较正确	3		
	答辩积极，回答正确	5		
团队合作参与程度	未参与团队合作	−5		
	参与部分合作但是参与度很低	1		
	参与部分团队合作	3		
	全程参与团队合作	5		
个人得分				
得分总计：				
考官签名：				

第三篇 DISANPIAN

技能拓展篇

第一章 商业地产市场调研

◉ **学习目标**

1. 了解商业地产的基本知识；
2. 掌握商业地产调研的方法。

◉ **教学重点**

1. 商业地产调研问卷的制作；
2. 商业地产调研的实施。

◉ **教学难点**

1. 商业地产调研数据的统计分析；
2. 商业地产调研报告的撰写。

◉ **案例阅读**

××商业地产调研问卷

项目名称：   访问员：   调研时间：

项目基本情况			
项目性质		功能定位	
目标消费群		开盘时间	
竣工时间		开业时间	
项目名称		地理位置	
交通状况		开发商	
销售代理公司		商业运营公司	
售楼电话		销售招商位置	
总建筑面积		商业面积	
停车位面积		产权年限	
电梯类型、数量			
建筑指标	建筑结构	层高	
	柱距	通道宽度	
停车位形式及价格			

配套设施								
空调设施				卫生间数量及分布				
收银台及ATM				安防设施				
班车数量、路线				发车频率				
信息管理系统		电话		闭路		传真		宽带网络

业态分布及价格情况								
楼层	单层建筑面积	业态规划及进驻品牌	销售价格	租赁价格	单店经营面积	层高	租售率
地下一层							
一层							
其他楼层							
备注							

租售模式						
租赁	租赁模式		出租率		租赁者	
	租赁年限		物业管理费		经营模式	
销售	销售模式		销售率			
返租	可否自营		返租期满处理方式			
	返租价格		返租年限			
	返租回报支付方式		返租回报率			
抽取点数						

经营状况				
商户数	总商户数		产权商户数	
	租赁商户数		日均总销售额	
客流量	客源构成		日均客源消费额	
	日均客流量		节假日客流量	

其他	
商铺销售分析	
商铺租赁分析	
客户群分析	
周边商业环境评价	
项目位置图	
项目平面图	
项目优势分析	
项目劣势分析	

一、商业地产基本知识

1. 商业地产的概念

商业地产是指商业房地产开发商作为投资主体直接参与的、为生产和消费提供交易平台而进行的商业活动。地产商业包括批发市场、零售市场、娱乐休闲消费市场、社区服务市场等相关的商业运作；其内容包括策划、招商和日常营运管理；其任务是为生产者（或中间商）和消费者提供交易平台，并为地产开发企业获取未来不确定的收益。

2. 商业地产的基本术语

区位——带综合性的规划学用语，指为某种经济、政治、社会活动所占据的场所，在某一城市（地区）中所处的空间位置。

板块——住宅房地产开发、营销常用的词语，一般指住宅小区相对集中的城市区域，沿交通干线居多。

商圈——零售学用语，现商用物业开发也借用该词，意指商业圈或商势圈，指以在一定时间内达到某一购物或消费频率的顾客群所处的最远距离为半径，划定的一系列圆形或方形区域，简言之，即为优先选择到某商店或商业聚集中心消费的顾客分布区域范围。商圈一般按层次分为核心商圈（离消费地最近，吸纳总量50％～80％顾客的范围）、次级商圈（吸纳总量15％～25％顾客的范围）、边缘或辐射商圈（吸纳总量5％～25％顾客的范围）。

节点——规划学用语，指观察者步行进出、经过的集中焦点，基本上是交叉口、交通转换处、十字路口、建筑形态的变换点等，它们从某种功能或建筑特征的集聚、浓缩中获取重要性。商业地段（步行街）常以休闲广场、餐饮美食城、电影院、交通广场、著名地标式建筑作为节点。

地标——与节点构成城市空间或商业中心的另一类参照点，观察者一般不能进入其内部，仅具外在仰视、眺望的视觉必要性，如超高层公共建筑、钟楼、塔顶、广告招牌、山顶。

业态——细分市场面向某类目标顾客购买水平与习惯的商店营业形态，特征是"怎么变"。目前中国有10多种零售业态，日本有20多种，美国有40多种。

业种——面向顾客的某种需求的商店营业种类，特征是"卖什么"。目前国内零售消费市场可细分上百个业种，发达国家更多，数不胜数。

3. 商业地产的分类形式

（1）按照开发形式进行分类。

①商业街商铺。商业街指以平面形式，按照街的形式布置的单层或多层商业房地产形式，其沿街两侧的铺面及商业楼里面的铺位都属于商业街商铺。

商业街商铺与商业街的发展联系紧密，其经营情况完全取决于整个商业街的经营状况：运营良好的商业街，其投资者大多数能收益丰厚；运营不好的商业街，自然令投资商、商铺租户、商铺经营者遭受损失。

②市场类商铺。这里所说的"市场",是指各种用于某类或综合商品批发、零售、经营的商业楼宇,有些是单层建筑,大多是多层建筑。这类市场里面的铺位即人们所谈的市场类商铺。市场类商铺在零售业中所占比重比较高,在全国各地都有大量从事某种商品经营的专业批发和零售市场,如图书交易市场、电子市场、家用电器市场、家具城、建材城等。

③社区商铺。社区商铺指位于住宅社区内的商用铺位,其经营对象主要是住宅社区的居民。社区商铺的表现形式主要是1~3层商业楼或建筑底层商铺,有些铺面可以直接对外开门营业,但多数属于铺位形式。

④住宅底层商铺。住宅底层商铺指位于住宅等建筑物底层(可能包括地下1、2层及地上1、2层,或其中部分楼层)的商用铺位。

⑤百货商场、购物中心商铺。百货商场、购物中心商铺指百货商场、各种类型的购物中心里面的铺位。百货商场及各种类型的购物中心的运营好坏对里面商铺的经营状况影响直接而深远。目前,国内有很多此类正在运营的项目,另外也有很多大型 SHOPPING MALL 项目在国内多个大中城市开发建设。

⑥商务楼、写字楼商铺。商务楼、写字楼商铺指酒店、商住公寓、俱乐部、会所、展览中心、写字楼等里面用于商业用途的商业空间。这类商铺的规模相对较小,但商业价值很值得关注。

⑦交通设施商铺。交通设施商铺指位于地铁站、火车站、飞机场等交通设施里面及周围的商铺,以及道路两侧的各类中小型商铺。

(2)按照投资价值分类。商铺作为房地产中新兴的典型投资形式,其投资收益能力以及投资价值无疑是商铺投资者最关心的问题。鉴于商铺投资价值的重要性,下面按照商铺的投资价值对商铺进行分类,便于投资者从投资收益的角度判断投资方向以及投资目标。

①"都市型"商铺——绩优股。"都市型"商铺指位于城市商业中心地段的商铺,鉴于其特殊的位置以及所在地区自身的商业价值,客流量长期而言比较稳定,换言之,该类商铺的商业运营收益水平较高。商铺的商业运营水平自然将体现出商铺的租金收益能力,"都市型"商铺的投资收益稳定,而且收益比较高,所以将"都市型"商铺称为商铺中的绩优股应该是比较贴切的。

"都市型"商铺多用作物品业态的经营,体验业态和服务业态占的比重相对比较少,这比较符合商业价值的利用原则——在客流量很高的地区,由于单位面积的商业价值很高,只有通过物品业态才能够实现较高的商业价值。

②"社区型"商铺——潜力股。"社区型"商铺和前面谈到的"社区商铺"属于同一概念,之所以称之为"潜力股",原因在于商铺所在社区通常都要经历从不成熟到成熟的过程。实际上,一个社区成熟的过程就是价值提升的过程:一个新的社区就仿佛证券市场的原始股,只要项目定位准确,发展环境良好,社区成熟所带来的商铺价值提升毋庸置疑。

③"便利型"商铺——冷门小盘股。"便利型"商铺指以食品、日常生活用品等经营为主

的，位于社区周边、社区里面、写字楼里、写字楼周边等地方的，补大百货商场之不足的小面积商铺。之所以称其为"便利型"商铺，是因为其所经营的商品均属于"便利"类型，如写字楼里面的小超市、公寓社区里的小超市、住宅社区的干洗店等都属于该种类型。

④专业街市商铺——高科技股。专业街市商铺指经营某类特定商品的商业街或专业市场里面的商铺。该类商铺的价值和商业街或专业市场所经营的产品关系密切。

⑤其他商铺———一般股票。其他商铺指除上述四大类商铺以外的商铺，包括百货、超市、购物中心、商品批发市场、非专业类商业街等里面的商铺。将它们称为"一般股票"，并不是说其投资价值低，只是因为这类商铺通常由大型投资机构、开发商进行投资开发，主要采取出租经营的方式，散户可投资的空间相对较小，加上这类项目专业性较高，投资风险不易控制。

4. 商业地产的经营模式

商业地产的经营模式是商业地产开发商比较关心的，不同商业地产所具备的条件及所处的区域、商圈各不相同，如何在多种经营模式中选择合适的模式往往是开发商很头痛的问题。以下列举几种常用的地产商业经营模式。

(1)整体出租模式。整体出租是指开发商不将物业出售，而将其整体出租给一家商业企业，由这家商业企业进行商业规划及经营，开发商每年向商业企业收取约定的租金。租金一般在第三或第四年起开始递增，前两年主要是帮助商业企业培育市场，以实现项目的可持续发展；同时，商业企业向开发商交纳相当于2~3个月租金的押金。

(2)分层或分片出租模式。分层或分片出租与整体出租模式相似，只是开发商按市场需求，将各层或各片区分别出租给不同租户。

(3)分散出租模式。分散出租亦称零租，开发商在确定某一主题功能下对各个铺位进行招租，租期相对短些，一般为2~5年；开发商应帮助租户统一办理相关的营业执照、税务登记，甚至代开具销售发票、财务结算等。许多成功运用此模式的案例多数为大型专业批发市场，如深圳赛格电子配套市场、华强电子世界等。

(4)层(或片)与散结合出租模式。此模式是将上述(2)、(3)种模式结合，在确定了功能后，采用第2种模式引进若干主力店，之后再利用主力店的品牌效应，对各类中小店进行招租。目前多数大型购物中心采用此模式。

5. 重庆商业地产的发展现状

重庆主城区是全国罕见的山水分割组团式结构城市，许多区域离中心商业区解放碑距离较远，这样的地域格局在国内非常具有特色。重庆特殊的城市结构导致了特殊的交通结构，这样的地理特征难以形成类似其他城市的主城区环线概念；同时由于城市交通道路发展和经济发展不足，重庆私家车拥有率较低，市民出行主要依靠公共交通和步行；再加上重庆各组团式区域的住宅区密集，因此对于区域商业规模的需求强烈。

在现阶段重庆城市发展的进程中，商业步行街的建设极大地推动了主城区商业地产的发展，步行街成了重庆商业的"救世主"。解放碑最先修建了步行街，围绕解放碑中心形成的步行街，显得大气而繁华，极大地提升了重庆商业中心的商业品质。随着解放碑商业步行街的修建，市内各区也纷纷效仿，从而有了沙坪坝、杨家坪、南坪和观音桥的步行街，而南坪和观音桥步行街的后续工程还将进一步扩大步行街的规模。随着一个个步行街的形成，各个区域的商业地产迅速发展，商业设施增多，商业网点密布，各个区域的居民摒弃了购物必到解放碑的传统。同时，随着各个区域的商业重新布局，也刷新了重庆零售业的新纪录，步行街及其周边区域的地产物业迅速升值，带动了重庆经济的发展。

随着西部大开发的浪潮，作为西部重镇的重庆直辖市经济飞速发展，市民的生活节奏随之加快，消费者会越来越多地考虑商业消费的出行和时间成本，各个区域商圈内的食品和日常用品的消费会逐步转移到居家附近，特别是在大型居住区周边，这样的需求会逐渐增大。同时，由于五大区域中各个商圈的容量趋向饱和，新的零售超市将向各大型社区渗透。以与重庆市毗邻的成都作为对比，其家乐福光华店每天的营业额已超过100万元，由于该店面紧靠几个居住小区，消费者可把购物车直接推到小区楼下，由小区物管的服务人员收回，这样，对于消费者来说，免去了购物的麻烦和辛苦，其商业模式自然受到青睐。而反思重庆的商业零售服务，消费者购物后不得不提着大包、小包的商品辗转回家。可见，重庆的商业服务还大有挖掘的潜力，发展社区商业是未来的必然趋势。在新的居住社区，将会出现与其社区定位相匹配的、为社区内业主服务的，同时又能吸引其他区域消费者的特色商业中心、大型超市和卖场等。

综上所述，重庆的商业地产在未来将会有更大的需求和更好的发展空间。

二、商业地产调研的前期准备

无论做哪类市场调研，只有充分准备，才能有的放矢，提高效率，防止遗漏。一般来说，市场调研的前期准备工作主要有以下几点：

(1)明确任务——明确市场调研的目的、性质、内容、范围、形式、时间、质量等要求；

(2)团队分工——明确团队(工作小组)的人员组成、任务分工及协作关系；

(3)工作计划——明确 Why、What、Where、When、Who、How、Money(5W1H1M)；

(4)资料预热——大量查阅该项目所在城市的区位信息(如商圈信息)，查阅刊登该项目的书刊、报纸和网站等，获取大量关于该项目的公开信息与内部资料；

(5)配齐工具——准备好考察表格、问卷、访谈提纲、公司资料、数码相机、摄像机等；

(6)考察线路——前往考察区域对象的交通工具、入口、行走方向、重要节点、出口等的预计、判断及分工协作安排；

(7)时间安排——市场调研时段的安排(工作日、周末、节假日、白天、夜晚)，考察时间长短的估算，考察项目、地段的时序安排等。

三、商业地产市场调研的内容

商业地产市场调研，最常见的是基础普查、全地段重点考察，其次是专项调研(分商业业态、业种、物业类别)，再次是定点考察(类似项目、竞争项目、新兴与特色项目)。前者一般会覆盖后两者，因此以前者为例讲解。

商业地产的市场调研有两个前提，一是实地考察前应对区位的功能有所判别，明确其是商务区还是商业居住混合区，或是商业功能区，后者再分市、区、社区、邻里四级商业区，实地考察主要是印证和进行细节了解；二是事先掌握区位、板块、商圈内的面、线、点关系，面是板块、商圈（区位比面要大些），线是地段、路街沿线，点是重要、大型的商家和节点。调研的内容，按当时的要求分工细定，但调研结果均要反映下述内容：

（1）商圈范围，业态、业种构成、大致比例关系，商户总量，商品种类、品质、产地、品牌，重点商户经营概貌；

（2）商业竞争趋势（同质或互补、同档或错位、过量或缺少、主要竞争手段）；

（3）客流量、购物消费者特征（年龄、性别、职业、来源、目的）、消费欲望与消费水平（瞬间顾客密度、收银台排队长度、结伙人数、客单价、提袋率、关联消费宽度、可停留时间）；

（4）路街条数、长度、宽度，建筑层数、风格、新旧度，代表性商铺门面宽度、进深、净空，建筑外立面广告牌、霓虹灯、街灯，路面用材、绿化、小品等装饰度，主要节点的功能构成、空间间距，路街步行、购物、休闲的舒适度、安全度、趣味性；

（5）交通干道及出入口，消费者的基本交通工具，公交线及快速交通线的对外连接区域，停车场数量、泊位及其可观性、便利性，机动车辆秩序及对行人的干扰性；

（6）商圈内写字楼、酒店、娱乐、医院、文教、公园、景点、政府机关、重点住宅楼群等相关机构的数量、档次、服务对象、经营状况与购物消费场所的关联度；

（7）商圈商用物业供求与租售概况（单价水平及走势、租售比例、付款方式、空置率等）；

（8）在建、拟建大型商用物业个案，城建规划重点，街区改造和重点扶持对象，政府管制水平等。

具体来说，商业地产前期调研要考察的内容主要有经济环境的分析和生活结构研究、区域城市结构调研与城市发展规划调研、商业发展规划和政策研究、区域零售业结构的市场调研与分析、典型性调研与研究、未来商业地产的供应量分析、消费者消费行为的调研与研究、立地条件研究等。

1. 经济环境的分析和生活结构研究

开发任何一个项目都涉及经济环境的分析和研究，尤其是商业房地产项目，在开发商业房地产项目时，对经济环境进行研究十分重要。在调研和研究时，应重点对以下指标进行调研和分析：

（1）总人口及地区人口结构、职业构成、家庭户数构成、收入水平、消费水平等；

（2）GDP 发展状况及产业结构情况；

（3）全社会消费品零售总额；

（4）全市商业增加值；

（5）城乡居民的人均可支配收入；

（6）城乡居民的储蓄存款余额。

通过对统计局和城调队定期公布的数据进行连续 3～5 年的分析，基本可以反映出一个城市经济发展的总水平。有些资料可通过统计年鉴和政府工作报告获得。

2. 城市结构调研与城市发展规划调研

城市的结构对商业房地产的开发有重要的意义，在传统商业区，不论是同业态的聚集经营还是不同业态的错位互补，都可能存在市场商机；在城市中，在行政、经济、文化等人口活动密集的地方，则城市的机能易于发挥出来，由于人流集中自然能形成商业的经营氛围。

通过对区域内实际生活的空间，包括中心地带及周围区域城市结构机能的调研，可了解该区域内的设施、交通、地势条件、活动空间等环境的现状以及将来的发展规划。

3. 商业发展规划和政策研究

每一个城市都有发展的规划，商业布局和规划也是城市机能完善的标志，为增强城市商业网点规划管理的科学性、权威性，扩大规划工作的覆盖面，国家加强了对商业网点的建设规划和监管。例如，北京市商业委员会关于商业网点的规划不仅考虑目前商业布局特点，而且结合城市发展对限制地区的限制项目都有明确的规定：特别鼓励在四环路周边发展大型专业市场、批发市场和新型零售业为主的商业圈；新发展的居住区，10 万～15 万人要规划建设一个地区级商业中心；地区级商业中心 1 000 米以外的居民区，原则上居住人口 1 万～3 万应有一个综合性的社区商业中心。这些都是结合城市发展的实际情况所提出的具体的建设要求。

4. 区域零售业结构的市场调研与分析

如果说前面所要调研的主要是宏观经济形势、政策等方面的内容，那么区域零售业结构则是关于区域零售业实际情况的调研，即通常意义上人们常讲的商业普查。它不仅反映区域内零售业经济活动的指标和商业特征，而且其综合反映的各项指标和内容为项目的市场定位、业态设计、经济效益预测提供定性的参考分析。

地区间的销售动向、业种的销售动向、商业地区间的竞争状况、大型主力店的动向等内容的取得必须通过商业普查，对区域内经营商户从经营内容、商铺面积、租金、员工数量、营业额、经营状况、存在的问题、发展和经营动向等方面进行调研，通过其反映的一般性的问题，分析能否得出普遍性的结论。

5. 典型性调研与研究

对大型商业区进行市场定位和商业功能建议时，在初步的市场定位和业态规划的基础上，除通过哈夫模型和损益计划等经济效益分析方法进行预测和评估以外，对城市所在地同类型业态收益状况进行调研和了解也非常关键。对大型商业区的规划，可以选择本区域百货商场、超市、专业市场、餐饮、娱乐等，主要从规模、提供的产品或服务、客流量、交通状况等几个方面来分析现状及结构特点，以便做竞争分析，对典型业态还要分析每种设计业态的收益状况。

6. 未来商业地产的供应量分析

在一个区域内做商业地产，必须首先调研该区域未来商业地产的供应量、业态规划和设计。对许多开发商来讲，以前在开发住宅项目的时候没有这方面的意识，因为住宅的需求量大，进行市场定位和细分的空间广阔。而商业地产不同，它最终取决于租赁和销售后的经营如何去支撑。所以，不论是经营者还是投资人，在选择商铺的时候都应慎重考虑。

所以，在具体运营项目的时候，必须对周边商业的规划以及居住区商业配套、开发的时间进行调研和分析，对已经开发的居住区商业配套的情况、业态的构成进行综合分析。现在房地产的开发已经完全市场化运营，开发商开发的目的不仅要实现市场价值的最大化，而且要实现社会效益的最大化。

7. 消费者消费行为的调研与研究

消费者的消费行为研究又称生活结构研究。对其调研和研究的目的主要是收集该地区内消费者生活形态的资料，即针对消费者生活的特性，从人口结构、家庭户数构成、收入水平、消费水平、购买行为以及交通和出行方式等方面对消费者的消费行为进行定量和定性研究。

（1）人口结构。人口结构主要通过年龄、性别、教育程度、职业分布等进行分类整理，以便深入分析。除对目前的人口结构进行调研外，对过去人口的集聚、膨胀的速度以及将来人口结构的变迁也要进行预测。如在区域内规划建设高校，人口的增加速度和人口结构变化会非常快，将直接影响整个区域的消费行为，而且将对业态的设计产生重大影响。

（2）家庭户数构成。家庭户数构成是人口结构的基本资料之一，可依据家庭户数变动的情形及家庭人数、成员状况、人员的变化趋势进行了解，进而可以由人员构成比率，洞悉城市化的发展与生活形态的变化。如这几年北京市通州区许多项目吸纳了大量的城市搬迁户和CBD的年轻白领，在短短时间内扩大了人口规模，而且家庭结构和户数完全不一样。城市的搬迁户以3～5人老中少三代同堂的家庭为主，而CBD的年轻白领以2人家庭模式居多。

（3）收入水平。根据收入水平可确定消费的可能性、消费能力以及目前的消费处于什么样的状况。例如，个人年收入在2万元的消费者和5万元的消费者相比，选择服装的购买场所是完全不同的。前者的选择场所以市场为主，而后者主要的选择地点是专卖店和百货商场。

（4）消费水平。消费水平是地区内消费活动的直接指标，对零售业来说是最重要的衡量指标。据此可以了解每一个家庭的消费情形，并针对消费内容依据商品类别划分，这样可以计算出商圈内的消费购买力的概况。

（5）购买行为。分析购买行为的主要目的：一是可以了解消费者经常在哪里消费以及消费的主要商品和服务；二是知悉其选择商品和服务的标准，以便对该地区的消费意识作深入探讨。

（6）交通和出行方式。随着汽车越来越多地进入家庭，人们交通方式的变化导致了其购物习惯以及消费内容的变化。

8. 立地条件研究

除对区域内各种因素进行研究外，具体项目所处位置的立地力也是一个非常重要的研究要素。立地力是指拟规划商业区周围的环境和其本身的因素对商业经营的影响。所谓一步差三市，立地差之毫厘，会导致业绩失之千里。一个商店的立地力，首先和其周边环境密切相关，主要包括门前道路类别、顾客来店的方便度、周边环境和目前的商业设施、商业的能见度和日照情况等。

(1)道路类别。道路类别是立地力的第一要素，它直接影响消费行为。道路依用途可分为交通枢纽、连接通道、交通干道、商业干道。对商业选址来说，商业干道是最好的道路类别，其次就是靠近商业区的交通干道。

(2)顾客来店的方便程度。除了道路类别以外，还要考虑道路是否有障碍物(如交通隔栏)。例如，以前没有设立中间交通隔栏的时候，从两个方向来的人流都比较容易去商业街购物，而增加隔栏后对某一方向来的顾客非常不方便，因此许多商业店铺的生意肯定会因此受到影响，即使增加了过街天桥，这种影响也难以消除。

(3)周边环境和目前的商业设施。同业经营虽然会使新店面临强大的竞争，但也能形成集合效应，带来单一的消费人流；业态的错位经营或者互补性也很关键。

(4)商业的能见度和日照情况。商业建筑能否容易被找到即商业的能见度是一个非常关键的要素，尤其是大型商业建筑，因为商业的根本目的是吸引顾客来消费，如果商业建筑不容易被找到或能见度差，就会影响到以后的经营。日照情况对商业经营也非常关键。

四、商业地产市场调研的方法

在目前阶段，主要采用以下几种简便、实用的方法进行商业地产市场调研。

1. 实地观察法

通过目测、拍摄、笔记、攀谈、购物、消费体验等方式掌握商圈的基本概貌。有必要时，需在不同时段反复观察、体验才有意义。

2. 访谈法

通过个别面谈、小组座谈，较深入地了解当地零售经营从业人员、物业开发经营商、商圈内的服务从业人员、政府主管部门人员、当地居民与家庭成员、异地居民与家庭成员对商圈的认识和倾向。

3. 问卷法

通过街头拦截式问卷填写、电话问卷填写、访谈问卷填写、问卷置留填写等进行调研统计及分析。

4. 参展法

参加行业会展、企业营销展示会、主题研讨会及大型楼盘、商号的开盘、开业仪式等活动，集中了解参会或参展商户的近况、动向，收集营销推广材料及区域市场信息。

五、商业地产市场调研方案的撰写

1. 商业地产市场调研方案的设计

在进行正式调研之前，应先拟订一份详细的调研行动方案，对整个调研活动做一个系统的规划和设计，其主要内容包含以下几点：

(1)明确调研的对象。

(2)确定调研地点和时间。

(3)确定调研方法。

(4)确定调研数量。

(5)确定调研内容。

(6)确定调研人员的分工。

(7)设计调研问卷。

(8)设计调研表格。

2. 市场调研主题的确定

房地产市场调研主题的确定过程实质上是发现机会的过程，只有当整个调研课题清楚明白地界定出来后，市场调研工作才能顺利开展，并获得企业投资决策所需要的重要信息。具体来说，在确定市场调研课题时，可从下面三个方面入手。

首先，与行业内的专业人士进行讨论。由于房地产行业较为特殊，专业性较强，行业内的专业人士因身处本行业的时间较长，对房地产行业的历史发展过程有连续的经验，他们能凭借自身的专业素质较为系统和全面地分析房地产市场的发展趋势，较为敏锐地发现市场机会，通过与专业人士的讨论，能更快地明确调研主题。当然，要想达到较好的讨论效果，将问题限制在一定的范围内是必要的。这样，可以避免过于随意的"闲聊"而忽视主题，在正式讨论前，研究者要精心准备讨论提纲，事先与专业人士通气。在讨论时，在场人员包括研究者和专业人士在内以 3～5 人为宜，人数太多不易控制论题范围，而太少则不易产生激发效应，达不到应有的效果。

其次，分析二手(次级)资料。相对而言，一手资料或初级资料是研究者为了解决具体问题而按特定目的收集整理形成的，而二手资料或称次级资料，则是指并非为解决现有的问题而收集的资料，即这些资料没有特定的指向性。二手资料的主要来源大致有：企业、行业协会和政府部门、各种营利性的市场调研机构、各种正式出版物(专业书籍、报纸、杂志等)。二手(次级)资料的突出优点是成本低、信息面广、信息公开，缺点是信息分散、指向性不强、深度不够。通过分析二手资料，可以尽快掌握市场动态和热点，有利于准确把握拟调研事项的基本特征。例如，在房地产市场需求研究中，人口统计资料相当重要，据此结合研究项目的特殊要求，可以估算出需求潜力、潜在客户规模的大小、潜在客户的基本人口统计特征。

最后，进行定性调研。研究者常常会发现，市场调研的困难在于信息来源匮乏，如某区域市场不发达、拥有相关市场信息的机构进行信息封锁、房地产专业人士提供的信息不足等,因为在这些情况下无法明确市场调研主题,这时往往需要进行一次较小规模的试验性研究(一般称为定性调研),即以少量样本为基础,了解与市场调研相关的问题及各类潜在因素。

3. 市场调研方案设计的基本原则

市场调研方案是具体从事市场调研工作的机构或部门的执行性计划,是指导具体调研工作的指南,同时也是控制调研工作的一种重要工具。在设计市场调研方案时,要注意遵循下列基本原则:

(1)可操作性。可操作性是要求市场调研方案符合实际,忌夸大市场调研的作用,在研究目标、研究范围、研究计划、研究经费、研究人员等方面要考虑到实际执行时易于完成。这一原则主要体现在:在研究目标的确定上,尽量运用定量的指标来描述;在研究范围的确定上,要确保其与研究课题相关;在研究计划的安排上,需要考虑各种不可控因素,留出时间余量;在研究经费的核定上,要按照市场的一般水平来确定。

(2)有效性。市场调研方案可以看做是从事市场调研的指示器,通过方案可以进一步明确市场调研的主要内容,同时研究方案又是研究工作的控制器,可约束实际的研究工作。因此,研究方案并非可有可无,也不单纯是形式上的需要。

(3)经济性。任何一项工作都要考虑其成本和收益的对比情况,市场调研也不例外,经济性也是设计市场调研方案的一个重要原则。这一原则要求市场调研方案提出的研究目标不能偏离研究项目,也不应设定过高的研究目标,要掌握一个"度"的问题。

(4)指向性。从市场调研实际运作的角度来看,市场调研方案需要具备一定的控制功能和机制。而一个运作良好的控制机制的首要方面就是有较好的指向性,即发现问题以后能够迅速地找到症结所在。

(5)灵活性。从本质上来看,市场调研方案是一种较为全面的计划体系,而凡是计划,必然涉及对未来的判断和预测,从而就会产生与未来发展不一致的方面,这样研究方案就有可能不敷应用。灵活性原则就是要求在研究过程中要根据现实情况进行适时的调整,反映现实情况,更好地实现计划任务。

4. 市场调研方案的基本构成要素

一个完整的市场调研方案通常包括研究目标、研究范围、研究方法、研究时间安排、研究经费预算和研究实施计划等几项要素。

(1)研究目标。研究方案中的研究目标部分实际上就是研究课题确定后的简洁表述。在此部分,可以适当交代研究的来龙去脉,说明此研究方案的局限性以及需要与委托方协商的内容,因此这部分也有前言的性质。

(2)研究范围。研究范围的大小涉及在给定的预算条件下研究可能达到的深度和广度,也决定了研究结果可提供的信息的范围。通常,在撰写研究方案时,研究范围要具体明确,能够运用定量的指标来表述的一定要定量化。

(3)研究方法。为了顺利地完成市场调研任务,必须解决的主要问题是"在何处""由何人""以何种方法"进行调研,由此取得必要的资料。回答这些问题就要在研究方案中结合研究项目的特殊情况，分析提出拟采用的研究方法，必须注意研究方法不同，所需经费也会不同，这部分内容要与经费预算结合起来。具体撰写时要说明调研的地域、调研的时间、调研的对象、被调研者的数量、调研频率(即是一次性调研还是在一段时间内跟踪调研)、调研的具体方法、样本选取的方法等。

(4)研究时间安排。研究时间安排就是按市场调研过程展开，估计各阶段可能耗费的时间。在实践中，各阶段所占研究时间的比重见表3-1-1。

表3-1-1　市场调研各阶段所占时间比重表

研究阶段	所占时间比重/%
1. 研究目标确定	5
2. 研究方案设计	10
3. 研究方法确定	5
4. 调研问卷制作	10
5. 试调研	5
6. 数据收集整理	40
7. 数据分析	10
8. 市场调研报告写作	10
9. 市场调研反馈	5
合计	100

(5)研究经费预算。市场调研经费大致包括以下几项：资料费、专家访谈顾问费、专家访谈场地费、交通费、调研费、报告制作费、统计费、杂费、税费和管理费等。一般而言，比重较大的几项费用为交通费、调研费、报告制作费、统计费，其依调研的性质不同而有一定的差异。目前，为保证问卷的回收量及其他调研类型中被调研者的配合度，往往还要支付一定的礼品费，不过礼品的发放不能使被调研者改变自己的态度，不能影响调研结果的可信度。

(6)研究实施计划。简单来说，市场调研的实施计划就是房地产市场调研过程的再现，只不过要根据项目的具体情况确定具体的安排，基本过程仍如前文所述。

◉ 案例阅读

××商业地产市场调研方案

一、调研的目的

通过对××市商业物业市场总体的供求情况和项目的区域性供求情况的调研，以及对特定目标群体的调研，了解目标商家的分布及消费心理、消费特征，整合地分析和判断本市商用物业市场未来10年的趋势走向，从而为商业管理公司的项目定位及项目建设等提供依据和指导性意见。

(1)通过调研反映当前××商业市场的真实情况及其发展趋势；

(2)深度把握项目所在区域的环境，洞悉项目的商业机会；

(3)形成以未来界定现在的模式，赋予项目独一无二的主题概念，提炼项目的核心竞争力。

二、调研的工作任务

通过对项目环境的综合考察和市场调研分析，以项目为核心，先针对当前的经济环境、本市商业地产市场的供求状况、项目所在区域同类商业物业的现状、经营商家的承租行为进行调研分析，再结合项目进行 SWOT 分析（态势分析），以上述调研资料为基础，形成系统的调研报告，从而有助于公司进行市场定位和建立经营模式。

三、调研的内容

1.××市宏观经济分析

(1)GDP 总量。

(2)城市人口总量。

(3)人均可支配收入及消费性支出。

(4)××社会消费品零售总额。

2.××市商业整体市场分析（商业可建设容量及规模调研）

××市商业物业的研究范围及相关指标的界定：

(1)调研范围：××中心城区。

(2)体量界定：大型的商业物业；专业市场。

(3)计算租金：中心城区商业物业、专业市场可出租商业建筑面积的平均租金（包括通过扣点折算的租金和直接租金），不含物业管理费。

(4)计算售价：中心城区商业物业、专业市场可出售商业面积的平均售价。

3.××市商业市场供应分析

(1)体量分析。

(2)主要商圈分布及特征分析。

①百货公司。

②购物中心。

③专业市场。

④重点商圈调研（主要商业项目，代表品牌，主力店）。

4.典型性调研及分析（商业经营模式成败得失分析）

(1)考察对象：

①家居类：居然之家、红星美凯龙。

②步行百货类：新世界百货、茂业百货、大融城。

③汽配类：汽博中心。

④家电及 IT 商城类：泰鑫数码广场、百脑汇数码广场。

(2)大型主力店的方向：

①商户的经营面积。

②商铺面积。

③租金。

④租铺率及空置率。

⑤员工数量。

⑥经营额。

⑦经营状况。

⑧存在的问题。

⑨发展的动向。

5. 商业地产投资行为及习惯调研

(1)市场商铺年吞吐量。

(2)商铺投资的顾虑及偏好调研。

(3)商铺投资预期调研。

(4)投资者投资信息获取渠道调研。

6. 消费者行为及习惯调研(市场定位及产品定位)

考察要求：布点商业所构筑的商圈范围内，含核心商圈(1千米内)、次级商圈(3~4千米内)和边沿商圈(7~10千米内)三个层次。

(1)家庭户数构成。

(2)收入水平。

(3)购买行为。

①经常性消费商品及消费区域；

②选择商业服务商品和服务的标准。

(4)交通及出行方式。

7. 布点商业自身调研

考察对象：布点商业外部环境之外的商业业态情况；除立地条件之外的商业内环境调研，着重 SWOT 分析。

(1)××商业步行街、××汽配城优势分析。

(2)××商业步行街、××汽配城劣势分析及基本对策建议。

(3)××商业步行街、××汽配城机会分析。

(4)××商业步行街、××汽配城威胁分析及基本对策。

8.××市商业经营管理现状调研

(1)主要商业物业的经营管理模式。

(2)主要商业物业的物业服务模式。

(3)自有商业物业的管理及服务模式建议。

四、调研的方式

本次调研采取数据整理、走访座谈、问卷调研的方式进行。

(1)数据整理：根据调研的内容要求，收集整理各项数据。

（2）走访座谈：走访行业职能部门领导、发展商、社会有关机构及市场相关人士，交流接触、询问、请教，以获取所需市场信息。

（3）问卷调研：对商家、项目实行问卷调研，作为对数据的有效补充；对消费者进行问卷调研，形成市场需求方面的资料。

五、调研的实施及保障

（1）时间：2012年11月20日—12月20日

具体时间表：

11月20日：研究及确定做本次调研。

11月21日：研究制订本次调研方案并确认方案。

11月22日：布置本次调研并执行（包括调研人员的抽调、分组、路线、项目内容执行）。

11月23日—12月12日：完成本次调研的基础调研工作。

12月20日：上交《2012年××商业地产市场调研报告》。

（2）经费：根据调研的广度、深度、难度等情况考量，本次调研需6 000元基本经费予以保障，主要用于调研数据获取、调研人员的交通补贴、问卷调研的材料印刷费等。

（3）调研部、营运部的职责：

①调研部的职责：

a.负责起草本次调研方案、最终调研报告的汇总；

b.负责商务、税务、统计等职能部门公关，以获取相应的统计数据；

c.负责本市重要商圈的调研；

d.负责商业管理公司组建应拟定的工商登记文本、公司章程、公司架构及职能设置。

②营运部的职责：

a.负责本市专业市场的调研；

b.负责专业市场经营状况的了解及分析，有关售价、租金形式、营业规模等信息的调研；

c.负责调研对象招商情况的了解程度及进行统计。

六、调研问卷的设计

调研问卷是围绕研究主题要收集的相应原始数据而预先设计好的一系列问题。这些问题完整地展现了研究主题的各种特征，可以说调研问卷是研究主题以问题形式的细化。调研问卷可以看做是一种收集原始资料的标准化的程序，每一个市场调研人员都按照相同的方式和顺序向被访者提问，在很大程度上避免了调研人员的人为因素对被访者的影响。调研问卷也使被访者对同一主题的看法有了一个统一的评价基准。

如果以调研问卷设定问题的基本方式来划分，可以将调研问卷划分为封闭式问卷、开放式问卷和量表问答式问卷三大类。

1. 封闭式问卷

封闭式问卷是要求被调研者从问卷中给定的一系列选项中，选择与自己情况或看法最为接近的一项或多项。封闭式问卷的主要优点是易于记录，不容易发生错误或记录不全的情形，同时，由于封闭式问卷自身实际上已经提供了一个编码体系，使数据的录入和分析的进程大大加快。

封闭式问卷一般包括单项选择题和多项选择题。单项选择题是指被调研者只能选择其中的一个选项作为答案，各选项之间是相互独立和排斥的。例如：

(1)您的性别：

男〔 〕　　　　女〔 〕

(2)您的年龄：

20 岁以下〔 〕　21～30 岁〔 〕　31～40 岁〔 〕　41～50 岁〔 〕　51～60 岁〔 〕
61 岁以上〔 〕

一般情况下，对于涉及被访者主观看法的程度差异，采取单项选择题的形式时要极为慎重，有可能会造成重要信息的遗漏。

多项选择题是指被访者可以在给定的选项中挑选两项甚至更多项作为答案，一般为突出优先顺序，问卷中会限定最多可以选择的数量。多项选择题常用于多种因素或选项反映被访者的看法的情况下。例如：

问题：选择商铺时，您最看重哪些因素(最多可选三项)？
选择项：位置〔 〕　交通〔 〕　环境〔 〕　人流量〔 〕
　　　　价格〔 〕　物业管理〔 〕　其他(请注明)_____

多项选择题遇到的主要问题是选项没有涵盖所有可能的情况，即选项不具备完备性，由此就会得出有偏差的结果。

2. 开放式问卷

开放式问卷是被调研者可以自由地运用自己的语言来说明对某一问题看法的问卷。例如：

问题1：您认为本公司推出的"精装铺面"在市场上有什么优势？
问题2：如果您最近购买了商铺，您是看中它的哪一点？

从上述例子可以看出，开放式问卷的优点在于，调研人员不对被调研对象进行限制，研究人员可以据此获得丰富的信息。开放式问卷还可以反映出封闭式问卷遗漏的选项，在问卷试调研中有较为突出的作用，即试调研中将拟以封闭形式呈现的问题以开放形式表达出来，根据调研结果再行确定选项。当然开放式问卷的缺点也在于其自由性，被调研者的个性特征、反应能力会大大影响调研的结果，另外，对调研结果的分析和处理较为困难。

3. 量表问答式问卷

量表问答式问卷是指将问题的选择项以不同强度的形式表现出来的问卷。例如，问题可以如下形式表达：

如果确知今年房价水平会大幅上涨，目前您也没有自有住房，您会(　　　)。

A. 马上购买一套住房　　　B. 可能购买一套住房　　　C. 不一定购房

D. 等等看再说　　　　　　E. 肯定不会购买

量表问答式问卷的优点在于，可以得到被调研者对于某一事物看法强弱程度的差异，并可以对这些回答运用一些统计分析方法得出有意义的结论，缺点则在于被调研者可能对各类强度的区分理解不同，容易引起误解。

在问卷设计实务中，上述三种类型的问卷形式往往是混杂在一起的，对于一个调研主题的各个不同层面，有的比较适合用封闭式问卷的形式，有的则适合用开放式问卷的形式。

另外，在问卷设计中还要注意如下几个问题：一是要切合调研方案中确定的被调研者群体的总体认知水平，要将被访者群体的这些特征作为选择问题、用语、解释性提示的限制条件，而不能依研究者本人的知识水平来确定；二是问卷设计要顾及调研方案确定的经费预算水平，问卷的深度、长度和形式要适当，以提高效率，节约调研成本；三是问卷设计要围绕调研方案确定的研究主题；四是问卷设计要考虑适合调研方案确定的数据分析方法；五是问卷设计要兼顾具体调研方法操作的基本特点。仅从询问方法来看，入户询问、电话询问、经理询问、互联网询问就具有不同的优点和局限性，通常电话询问和互联网询问中采取开放式问卷的效果就不如封闭式，而入户询问和经理询问中采取开放式问卷的效果就较好一些。

七、商业地产市场调研的具体实施要求

问卷设计审核完毕之后就进入了市场调研的实施阶段，这一阶段的主要工作有：调研实施队伍的组建、调研实施队伍的培训、调研实施队伍的监督管理。

1. 调研实施队伍的组建

调研实施队伍的组建，主要是确定参加市场调研人员的条件和人数，包括对调研人员的必要培训。

由于调研对象是社会各阶层的生产者和消费者，其思想认识、文化水平差异较大，因此，首先，要求市场调研人员应具备一定的文化基础知识，能正确理解调研提纲、表格、问卷内容，能比较准确地记录调研对象反映出来的实际情况和内容，能做一些简单的数字运算和初步的统计分析；其次，要求市场调研人员具备一定的市场学、管理学、经济学方面的知识，对调研过程中涉及的专业性概念、术语、指标应有正确的理解；再次，要求市场调研人员具备一定的社会经验，要有文明的举止，大方、开朗的性格，善于和不同类型的人打交道，取得他们对调研工作的配合；最后，要明确市场调研的工作有时复杂繁忙，有时单调枯燥，如果缺乏良好的工作态度，不能严肃认真地按要求去进行调研，那么取得的调研资料将会产生很大偏差，可信程度会降低，严重的甚至会导致调研工作的失败。总之，要求调研人员必须具有严肃、认真、踏实的工作态度。具体来说包括以下几个方面：

(1)思想品德素质要求。思想品德素质是决定调研人员成长方向的关键性因素，也是影

响市场调研效果的一个重要因素。一个具有良好的思想品德素质的调研人员，应该能够做到以下几点：

①政治素质。熟悉国家有关的现行方针、政策、法规，具有强烈的社会责任感和事业心。

②道德修养。具有较高的职业道德修养，在调研工作中能够实事求是、公正无私，绝不为完成任务而敷衍塞责，也不能迫于压力屈从或迎合委托单位和委托单位决策层的意志。

③敬业精神。要热爱市场调研工作，在调研工作中要认真、细致，具有敏锐的观察力，不放过任何有价值的资料数据，也不错拿一些虚假的资料；能够凭自身的业务素质，判断哪些资料存在疑点，不怕辛苦，反复核实，做到万无一失。

④谦虚谨慎、平易近人。调研人员最主要的工作是与人打交道。一些谦逊平和、时刻为对方着想的调研人员，往往容易得到被调研对象的配合，从而能够获得真实的信息，而那些脾气暴躁、盛气凌人、处处只想到自己的调研人员，容易被拒答或得到不真实的信息。

(2)业务素质要求。业务素质的高低是衡量市场调研人员的首要条件之一。市场调研工作不仅需要一定的理论基础，还需要具备较强的实践经验。

①具有市场调研的一些基础知识。由于调研人员不是专业的研究人员，所以不要求他们具有高深的专业知识，但至少应该做到：了解调研工作中调研员的作用和他们对整个市场调研工作成效的影响；在访问中保持中立；了解调研计划的有关信息；掌握访谈过程中的技巧；熟知询问问题的正确顺序；熟悉记录答案的方法。

②具有一定的业务素质。调研人员的业务能力从以下方面体现：

a. 阅读能力。理解问卷的意思，能够没有停顿地传达问卷中的提问项目和回答项目。

b. 表达能力。调研人员在调研过程中能够将要询问的问题表达清楚。

c. 观察能力。具有敏锐的观察能力，能判断受访者回答的真实性。

d. 书写能力。能够准确、快速地将被调研者的回答原原本本地记录下来。

e. 独立外出能力。调研人员能够独自到达指定的地点，寻找指定的被调研者，并进行访问。

f. 随机应变能力。在调研过程中会遇到各种各样的人，所以调研人员要能够随机应变，能适应不同类型的人的特点。

③身体素质。身体素质包括两个基本方面：体力和性格。市场调研是一项非常艰苦的工作，特别是入户访谈和拦截调研，对调研人员的体力要求较高。同时，市场调研人员的性格最好属于外向型，善交际、谈吐佳、会倾听，善于提出、分析和解决问题，谨慎而又机敏。

2. 调研实施队伍的培训

(1)责任培训。责任培训旨在让一个新招聘的调研人员明白一个合格的访问人员负有哪些责任，使他们在今后的调研工作中能够更好地完成调研任务。

例如，为了在国际上维护市场营销和民意调研中的道德准则，国际商会、欧洲民意和市场营销调研学会(ESOMAR)于1977年联合制定和颁发了有关准则，并于1986年作了修改，制定准则的主要目的是使被调研者的权利得到充分的保障。可见，调研人员应了解并遵守国际准则和惯例，对承诺为被调研者保密的项目，一定要说到做到，不能言而无信。

(2)项目操作培训。不同的市场调研项目，在访问方式、内容上都是不同的。所以，在调研实施前的培训阶段，调研公司要对调研人员进行项目操作的指导和培训。

①向调研人员解释问卷问题。一般是让调研人员先看问卷和问卷须知，针对调研人员不清楚的地方给予解释。

②统一问卷填写方法。为了今后录入方便，应规范作答的统一方式和方法。

③分派任务。指定每个调研人员调研的区域、时间和调研的对象。

④访问准备。告诉调研人员在调研前所需携带的各种东西，如问卷、受访者名单、电话、答案卡片、介绍信、自己的身份证明、礼品等。

⑤说明有监督质量检查。向调研人员说明会有一定的监督措施来检查调研人员的调研质量。

(3)访谈技巧培训。根据调研方案的要求，访问者可能入户访问，也可能在街上拦截访问。为了保证调研的质量，提高访问员的工作效率，对访问员进行培训是非常必要的。例如，在入户访问调研中，训练有素的访问员，其入户成功率可达到90%，没有技巧的访问员则只能达到10%，而后者所完成的访问无论如何也不可能促成有效的调研。

①培训如何避免在访谈开始就被拒访。自我介绍要按规范的形式进行，这是访问员和被调研者的首次沟通，是能否顺利入户的关键所在。通常，在问卷设计中已精心编写了开场白(自我介绍词)。

访问员自我介绍时，应该快乐、自信，如实表明访问目的，出示身份证明。有效的开场白可增强被调研者的潜在信任感和参与意愿。

②培训如何避免访谈中途拒访。选择适当的入户访问时间，可以减少或避免拒访的尴尬现象。

例如，在一般工作日，访问可选择在晚上7：00—9：00进行；在双休日，可选择在上午9：00—晚上9：00进行，但应避开吃饭和午休时间。

被调研者如果要拒绝访问，通常会找出许多借口，访问员要想出不同的对策。

例如，如果被调研者以"没有时间"为由拒访，访问员要主动提出更方便的时间，如傍晚6点，而不是问被访者"什么时间合适"。

③培训如何合理控制环境。理想的访问应该在没有第三者的环境下进行，但访问员总会受到各种干扰，所以要培训其控制环境的技巧。

例如，如果访问时有其他人插话，应该有礼貌地说："您的观点很对，我希望待会儿请教您，但此时，我只对被访者的观点感兴趣！"

访问员应该尽力使访问在脱离其他家庭成员的情况下进行，如果访问时由于其他家庭成员的插话，访问员得不到被调研者自己的回答，则应中止访问。

如果周围有收音机或电视机发出很大的噪声，访问员很难建议把声音关小，这时，如果访问员逐渐降低说话声，被调研者就注意到了噪声，并会主动关掉。

④培训保持中立。调研员的惊奇表情、对某个回答的赞同态度，这些都会影响到被调研者。

例如，调研员在访问中，除了表示出礼节性兴趣外，不要做出任何其他反应。即使对方提问，访问员也不能说出自己的观点。要向被访者解释，他们的观点才是真正有用的。

⑤培训如何提问与追问。访问员在访问过程中应按问卷设计的问题排列顺序及提问措辞进行提问。对于开放题，一般要求充分追问。追问时，不能引导，也不要用新的词汇追问，要使被访者的回答尽可能具体。熟练的访员能帮助被调研者充分表达他们自己的意见。追问技巧不仅会为调研挖掘充分的信息，而且能使访问更加有趣。

在访问中，有时被调研者不能很好地全面回答问题，有时问卷本身就设定了追问问题，这时都需要运用追问技巧来达到预期的目的。

被调研者答完问卷以后，访问员应迅速检查问卷，看有没有遗漏，问题的答案有没有空缺；问题的答案是否有前后不一致的地方；是否有需要被访者澄清的含糊答案；单选题是否有多选的情况等。

再次征求意见，询问受访者的想法、要求，并告诉他如有可能，还要进行一次回访，希望也给予合作。

⑥培训如何结束访问。当所有希望得到的信息都得到之后就要考虑结束访问了。此时，可能被调研者还有进一步的自发陈述，他们也可能有新的问题，访问员工作的原则是认真记录有关的内容，并认真回答被访者提出的有关问题。总之，应该给被访者留下一个良好的印象。最后，一定要对被调研者表示诚挚的感谢（提示：调研人员要感谢被访者抽出时间给予合作，并使被访者感受到自己对这项调研研究做出了贡献；让被访者有良好的感觉）。

离开现场时，要表现得彬彬有礼，为被访者关好门，向被访者及家人说再见。

3.调研实施队伍的监管

市场调研人员所收集的被调研者的问卷是研究者重要的信息来源。但是，在实际中，由于各种原因，调研人员的问卷来源不一定真实可靠，这就必须对调研人员进行适当的监控，以保证调研问卷的质量。

一般利用下列四种手段来判断调研人员访问的真实性，然后再根据每个调研人员的任务完成质量，从经济上给予相应的奖励或惩罚。

(1)现场监督。在调研人员进行现场调研时，有督导跟随，以便随时进行监督并对不符合规定的行为进行指正。这种方法对于电话访谈、拦截访问、整群抽样调研比较适合。

(2)审查问卷。对调研人员收集来的问卷进行检查，看问卷是否有质量问题（如是否有遗漏），答案之间是否前后矛盾，笔迹是否一样等。

(3)电话回访。根据调研人员提供的电话号码，由督导或专职访问员进行电话回访。

(4)实地复访。如果电话回访找不到有关的被访问者，根据调研人员提供的真实地址，由督导或专职调研人员进行实地复访。这种方法比电话回访真实可靠，但需要花很多的时间和精力。

在电话回访和实地复访的过程中，通常要根据以下几个方面来判断调研员访问的真实性：一是电话能否打通或地址能否找到；二是询问家中是否有人接受访问；三是受调研的问题是否跟该调研吻合；四是调研时间是否跟问卷记录时间相符；五是受访者所描述的访问员形象是否与该访问员相符；六是访问过程是否按规定的程序和要求执行。

八、数据资料的整理与分析

通常调研队伍实地调研完毕之后，经过监督部门的监督和检查审核后，就进入了数据分析和处理的阶段。一般来说，市场调研获得的资料，大多数是分散的、零乱的，难免出现虚假、冗余等现象，甚至加上调研人员的偏见，难以反映调研特征和本质，因此必须对资料进行整理加工，使之真实、准确、完整、统一。

(1)整理资料：就是运用科学方法，对调研资料进行编校、分类和分析，使之系统化、条理化，并以简明的方式准确反映调研问题的真实情况。

(2)编校：就是对收集到的资料进行检验、检查，验证各种资料是否真实可靠、合乎要求，剔除调研中取得的不符合实际的资料。具体做法是：检查调研资料的真实性和准确程度。既可以根据以往的实践经验对调研资料进行判断，也可以根据调研资料的内在逻辑关系进行判断，如收入和支出之间，如果调研资料显示支出大大超过收入，显然不符合收入与支出之间的逻辑关系。经过检查，对含糊不清的资料或记录不准确的地方，应及时要求调研人员辨认，必要时，应复核更正。对于不合格的调研资料，应剔除不计，以保证资料的完整性、准确性。

(3)资料分类：就是把经过编校、检验的资料，分析归入适当的类别，并制作成有关的统计表或统计图，以便于观察、分析、运用。资料的分类有两种方法，一是在设计调研提纲、调研问卷时，就按照不同的调研项目设计的不同调研指标，调研时即按分类指标搜集资料、整理资料；二是在调研资料收集起来之后，再根据资料的性质、内容或特征将相异的资料区别开来，将相同或相近的资料合为一类。对资料的分类，要注意研究不同类别资料之间的差异性和同一类别资料之间的共同性。同一资料只能归于一类，而不能出现重复归类现象。同时，要注意分类的结果必须把全部资料都包括进去，每一条资料都要有归属，不能有遗漏。在条件允许的情况下，资料分类宜细不宜粗。详细分类有利于把被调研者多方面的反应都包括进去，能更好地发挥调研资料的作用。

(4)数据分析：应注意计算各类资料的百分率，以便人们对调研结果产生清楚的概念。对数据进行分析的常用方法有以下几种：

①平均数、中位数和众数。在描述性统计分析中，运用表格法和图形法可以十分直观地将数据的状况反映出来。有时为了便于分析，还会用数值的形式将某些变量的特征表达出来，即确定某一统计量的平均数、中位数和众数。在对某种集中趋势描述的统计中，最

为常用的就是平均数或称平均值，它能衡量整个数据集合的中心位置，根据对每一项数据所赋予的权重的不同，平均数可以分为简单算术平均数和加权平均数，前者实际上是为每项数据赋予同样的权重，而加权平均数则依据每项数据重要程度的不同赋予相异的权重。中位数也称为中值，如果将所有数据以递增顺序排列，位于中央的数据的值就是中位数。如果项数为奇数，则中位数就是位于中间的数据值；如果项数是偶数，则取中间两项的简单算术平均数为中位数。众数也是一种用得较多的表达变量集中趋势的描述统计量，指在数据中发生频率最高的数据值。

②区域、方差和标准差。在数据统计分析中，另一个重要问题就是变量的离散程度，即变量值与某一中心的偏离情况，标准差、方差和区域就是对这种程度衡量的重要描述性统计量。区域也称全距，是指数据序列最大值与最小值的差，该值越大，表示数据的离散程度越大。方差是利用所有数据计算得出的衡量变量离散程度的度量。方差是根据各数据值与平均数间的差异得来的。每一个数据与平均值之间的差值称为离差，方差就是离差的平方的平均值。如果数据集合是总体，那么这时的方差为总体方差；如果抽样中抽取的是总体的一个局部即样本，这时的方差称为样本方差。方差越大，表示数据的离散程度也越大。标准差定义为方差的算术平方根，当标准差比较大时，表明数据与平均值相比离散程度较大。

③回归分析。回归分析中最常用的是二元回归分析，在分析中将其中的一个变量视为自变量，另一个变量视为因变量，在确定了这两个变量的关系后，研究人员便能够通过改变自变量来预测因变量的变化。例如，在房地产销售规划中要涉及广告支出的安排，如果研究人员能得出在其他条件不变的情况下广告支出和住宅销售量的关系，就可以对广告支出作出比较恰当的安排，以期达到宣传效果的最大化。

九、商业地产市场调研报告的撰写

通过前一阶段对商业地产市场调研的数据统计分析，可以发现商业地产市场数据中隐含的基本关系，为主要的调研结论和建议提供依据，而要将这些结论和建议以合适的形式向决策者提供，就需要撰写一份商业地产市场调研报告。商业市场调研报告的核心是完成商业地产相关的信息收集，为决策者提供翔实可靠的信息。

 案例阅读

大庆市商业地产调研报告

一、大庆市概况（2006 年）

城市	市区人口	GDP	社会消费品零售总额	人均可支配收入	财政收入	高校数量	在校生数量
大庆	125 万	1 620 亿元	252 亿元	14 791 元	60 亿元	4 所	5.4 万人
增长率	6.66‰	10.50%	16.30%	8.30%	24.20%		

大庆市是一个典型的资源型产业城市，以石油天然气化工依托宏伟、兴化、蓝星等专业园区，培育壮大乙烯深加工、丙烯深加工、甲醇、化学肥料等产业集群，同时兼顾农产品加工、机械制造、纺织皮革业、电子信息业等产业。

由于石油是不可再生资源，大庆油田经过半个世纪的粗放型开采，石油资源已经逐渐减少。市政府也在积极寻找新的发展空间，逐步把大庆转变成商贸型城市，同时政府也加大了对外招商引资的力度。

二、大庆市商圈分析

大庆市的行政区划非常像台州市的城市格局，但是商业特征和产业格局没有台州那么鲜明。大庆市商业的核心区域主要在萨尔图区和让胡路区，其中，萨尔图区有两个商圈——会战商圈和新村商圈，而让胡路区的商业核心区域就是大庆商厦商圈；从会战商圈到新村商圈10千米，从会战商圈到让胡路大庆商厦商圈15千米，因此会战商圈是沟通其余两大东西商圈的中转站。

(1)萨尔图区的会战商圈是大庆市最传统的商业核心区域，其中会战大街是其核心商业街区，目前的大庆百货大楼，是大庆市销售额最高的商场，年销售额据说有11亿元，主要针对的消费人群是中低档群体，而且有专车接送，大庆市民习惯于在此消费；其余的商场有东方服饰广场、德威电脑城、冠群家具广场、正大鞋城、力佳广场、各手机通信专卖店以及大庆小商品集散地。

由于该区有大庆火车站和客运站，而且大庆市政府为了体现会战大街的商业地位而大力发展商贸业，于6月20日开始，对会战大街(目前会战大街是由北向南的单行线，经改造以后是单向4车道，大庆市政府希望将其打造成大庆的"王府井")以及边上的街区进行改造升级，总投资额在1.2亿元，于2007年9月份完工。

优势：传统商圈，消费者的聚集地；大庆火车站和汽车总站，交通便利，下面县市都在此聚散。

劣势：商圈较小，经营的品类档次相对较低；由于是富有石油区域，地上开发空间非常小，未来的发展空间也很小，只能在原有的基础上进行改造升级。

(2)萨尔图区的新村商圈是另一个商业核心区域，主要有经四街和纬六街，经营的商场有：毅腾商都购物中心、沃尔玛超市、东风百货大楼、国美电器、新东风购物广场、香榭丽购物中心(中低档服饰广场)以及哈尔滨中央商厦，该区域的商业氛围非常浓厚。距此大约1 000的米纬二路的新玛特购物广场是大庆目前最高档的百货商场。

优势：市政府和萨尔图区各单位所在地，各银行支行的集中地；市政府重点打造的商贸区域，商圈比较成熟，新玛特购物广场和沃尔玛超市的入驻也可以说明这点；住宅聚集区和大学聚集区(哈尔滨医科大学、大庆石油学院和黑龙江八一农垦大学)，大批的住宅项目随处可见，而且楼盘面积也很大，消费力可见一斑。

劣势：新村商圈的劣势主要是交通相对弱(没有火车站点)，外地县市的居民一般不会到此消费。

(3)让胡路区的大庆商厦商圈是区域商圈,在此经营的商场有:昆仑家电、大庆商厦以及大庆油田商贸中心。由于商圈之间的距离比较远,因此大庆商厦商圈的消费大部分局限于让胡路区的居民,辐射范围相对狭小。

优势:石油管理局和石油公司的所在地,这两个单位的职工据说有 20 万人,相对大庆市来说是比较富裕的一族,一般员工的年薪为 5 万~6 万元。

劣势:辐射范围有限。

(4)大庆市的 IT 商圈其实就是会战大街的会战楼商圈,主要以德威电脑城为核心,其余区块的电脑城都是小打小闹——九天电脑城、昆仑家电,没有形成很好的"气候"。

三、大庆市商业地产调研

大庆特殊的产业背景造就了其商业的分布格局,大庆商业地产的大量开发是从 2000 年开始的,大型的商业项目拔地而起,新玛特购物中心、香榭丽购物中心、毅腾商都购物中心、东风百货大楼、新东风购物广场、力佳广场等在近几年陆续开发营业,极大丰富了居民的消费场所,同时也加剧了商业市场的竞争。

(1)由于大庆市特殊的产业背景,土地的开发有其特殊性:由于是石油区域,地产的开发是很受限制的,但是由于历史传统因素(特别是大庆火车站和客运站),该商圈在大庆的地位还是非常牢固的;新村商圈的石油量很少,因此可以大量开发,未来也是市政府重点打造的核心区域。

(2)大庆市政府允许带租约的产权式商铺分割销售:大庆市最早进行销售的产权式商铺是 1998 年的金田商场,据了解销售价格还是相当高的;但是真正的带租约的产权式商铺销售是于 2004 年进行销售的富臣家居,开发商提供 5 年返租,每年 7%,前 3 年一次性返还,4~5 年逐年返租模式,而且还保证回购;还有新村商圈新玛特购物中心附近的聚豪国际名店广场和力佳广场。

(3)目前再开发的大型商业项目很少,商业的价值还未完全挖掘:由于大庆市经过前两三年的开发,大型的商业项目基本已经收兵,也已经开业维持基本经营。目前开发的都是住宅项目,基本以沿街商铺为主,商铺的价格还很低,即使是商业核心区域,目前可以调研到的沿街商铺的价格也只有 15 000~20 000 元/平方米,中等地段的只有 10 000 元/平方米左右,一般地段只有 6 000~7 000 元/平方米不等。

(4)带租约产权式商铺的返租模式:提供 5 年每年 7%的返租回报,大部分都是前 3 年一次性返还,其余年份按年返还,但是真正得到实施的却不多,其中聚豪国际名店广场就是卖了一年多,到目前为止还是没有结果,同时也停止了销售。

(5)投资者分析:带租约产权式商铺当时在大庆算是新生的投资模式,由于分割的面积小,总额多从 5 万元开始,比较受投资者欢迎,投资者绝大部分是大庆市本地人,很多是石油公司的职工和小老板等。

大庆市商业地产调研表格

项目名称	地址	商业面积	价格	返租情况	备 注
聚豪国际名店广场	新玛特西侧	3 万平方米	1F：1.2 万元/平方米 2F：0.9 万元/平方米 3F：0.65 万元/平方米 4F：0.5 万元/平方米	提供 5 年每年 7％固定回报，前 3 年一次性返还，以后逐年返还	目前已经停止销售，而且没有明确的开业时间。销售率 80％
富臣家居	世纪大道（靠近会战西街）	2 万平方米	1F：1.2 万元/平方米 2F：0.8 万元/平方米 3F：0.6 万元/平方米	提供 5 年每年 7％固定回报，第一年一次性返还，以后逐年返还	经营家居，目前经营还算稳定
万宝商都	万锋路	5 万平方米	1、2F：3 300 元/平方米	提供 3 年返租，第一年 100 元/平方米，平均回报在 3％；第 2、第 3 年保底是 100 元/(平方米·年)，多余的租金收入平均分配给小业主，并承诺 5 年后原价回购	商场是联体销售，可包租也可以不包租，目前销售率 40％，并不是很好
香榭丽购物中心	纬七路	6 万平方米	1F：1.3 万元/平方米 2F：0.8 万元/平方米	2003 年一期产权分割销售，没有提供返租，95％销售完毕	目前经营服装，已经比较成熟和稳定，但是地下一直没动
巨鹰国际	新村世纪大道	5 000 平方米	8 000 元/平方米	—	—
银亿杨广场	让胡路西干线	15 万平方米	1、2F：6 000 元/平方米	—	总建筑面积 200 万平方米，宁波开发商
毅腾商都沿街商铺	经六街原东风中学旧址	15.5 万平方米（毅腾总经营面积）	0.84～1 万元/平方米	未知	大型 MALL 于 2006 年竣工，目前经营人气不足，一层沿街商铺空置 50％
义耕步行街角商铺	纬七路	500 平方米	30 万元/年　不售	—	原经营美容美发
昆仑家电一层商铺	西宾路与繁荣街交汇	30～50 平方米	6～8 万元/年 不售	—	经营手机通信设备，只租不售
阳光佳苑商铺	让胡路西宾路	135～165 平方米	1F＋2F：0.8 万元/平方米	—	新盘，已销售 80％，使用率 50％
华圣欧洲城（沿街商铺）	让胡路西宾路	200 平方米	租：1F＋2F：7 万元/年。售：2000 年时 0.7 万元/平方米	—	沿街部分全部营业，无出租

项目名称	地址	商业面积	价格	返租情况	备注
义耕小区沿街商铺	纬七路	180平方米	售1F+2F: 1.6万元/平方米 租: 10~13万元/年	—	位于香榭丽对面
义耕东侧沿街商铺	经三街	50平方米	租: 2.8~3万元/年, 售: 1.5万元/平方米		经营状况一般
义耕后身商铺		40平方米	40平方米 售24万元, 租: 1.3万元/年	—	经营状况不佳, 出兑出租居多
香榭丽商铺	纬七路	20平方米（主通道）	1F: 8~13万元/年		经营一般, 租金过高
		15平方米（非主通道）	2F: 4.5万元/年		对外出租, 现空置
		15平方米（主通道）	2F: 7.5万元/年	—	转租, 现经营中, 状况一般
		30~40平方米（与主通道相隔几个过道）	2F: 3万元/年		经营状况一般

四、家电和手机市场的分布

根据对家电和手机市场的初步调研,了解了大庆市区的家电和手机商户的分布情况。

(1)会战商圈:

家电:国美电器和大商家电。

手机:沿会战大街的门面房,手机商户分布非常密集,聚集了五六十户销售户,德威电脑城一层均为二手手机商户,生意非常火爆。

(2)新村商圈:

家电:国美电器(东风百货,5 600平方米)、家电商场(新东风购物广场,4 000平方米)和大商家电(新玛特购物广场)。

手机:龙宫商城和各街边铺。

(3)让胡路商圈:

家电:通过调研得知,昆仑家电在大庆市总共有3家连锁店,分别为让胡路区的龙南总店(12 000平方米)、会战大街店(7 000平方米)、新村店(3 500平方米),由于昆仑集团是石油公司的第三产业公司,昆仑家电又是昆仑集团的子公司,石油公司职工一般的家电消费都在昆仑家电进行。

手机:分布于各街铺,没有特别集中。

大庆市三大商圈的手机、家电市场调研表格

所在商圈	卖场名称	卖场位置	物业租金	物业面积	周边环境
萨尔图区会战商圈	国美电器	会战大街	—	4 500 平方米	萨尔图会战东街
	昆仑家电	会战大街 5 号	—	7 000 平方米	
	空置物业	冠群家居广场旁边诺基亚至尊店旁	—	200 平方米	
	天拓手机卖场	会战街区	100 万元/年	225 平方米	
	华澳通讯	会战街区与天拓相邻	20 万元/年	20 平方米	
	售卡营业大厅	会战街区	10 万元/年	30 平方米	
	南江通讯	会战大街天拓手机卖场旁	10 万元/年	40 平方米	
	天拓手机配件柜台	会战大街天拓手机卖场内	3 000 元/月（亲戚）	8 平方米	
	新百大（白墙）四楼家电手机卖场	会战大街西街	—	（1）电脑及配件占 220 平方米；（2）手机占 375 平方米（天拓卖场）；（3）一层手机商场 90 平方米	
东风新村商圈	新东风购物广场	纬七路新	—	4 000 平方米	家电、手机、电脑耗材、数码
	东风百货	国美电器（东风百货一层）	—	5 500 平方米左右	新村商圈
	毅腾购物中心	联通手机营业厅	—	200 平方米	新村商圈
	新玛特购物中心	—	—	（1）手机店 200 平方米；（2）数码 200 平方米；（3）家电 4 087 平方米	新村商圈
	新支点凌志手机卖场	毅腾购物中心底层商铺	1 100 元/天（含所有费用）	—	毅腾购物中心一层商铺
	龙宫一楼门市	龙宫一楼商铺手机维修配件销售	4 万～5 万元/年	25～30 平方米	龙宫商场
让胡路商圈	昆仑家电底层商铺（手机）	让胡路与西宾路交汇	6 万～8 万元/年	30～50 平方米	让胡路商圈
	昆仑家电 3C 卖场共三层（手机、家电、电脑）	让胡路与西宾路交汇	—	12 000 平方米	让胡路商圈

五、大庆市选址分析和目标物业分析

除了力佳广场（基本放弃）、香榭丽购物中心还得继续论证和洽谈条件外，东安项目还在深入进行中。

通过对大庆的摸底调研，在让胡路又发现新的物业——会展中心（位于昆仑家电西侧，物业产权隶属大庆物资集团，1～2层，面积大约5 000平方米，目前用于会展，是否有合作的可能性还得继续了解）和地块（位于昆仑家电南侧，位置评估中等，地块隶属石油公司下属的房地产开发公司，详细的想法还得深入调查）。

六、结论

根据对大庆市的摸底调研，得出如下数据：

(1)大庆市市区的住宅价格为2 000～4 000元/平方米不等，而且商品房的品质从直觉来看都是相当不错，大的楼盘达到200万平方米，大庆市目前住宅的销售整体情况不是很理想，大庆市的湖泊比较多，开发商也多以这个为主题来提供产品的附加值。

(2)大庆目前的写字楼不是很发达，价格在2 700元/平方米左右，而且在开发建设中的不是很多。

(3)由于项目处于新村商圈非常好的位置，但是根据经营团队的初步判断，经营卖场的难度有点大，到底如何运作还得慎重考虑。

(4)建议收购价格如下：毛坯：5 500～6 500元/平方米，极限承受6 800元/平方米。该收购价格适合各个商圈的物业收购。

(5)建议购买的楼层为1～2层，比较符合大庆市消费者的购物习惯，大庆市居民不像东北其他城市的居民，不是很习惯地下消费。如果考虑地下一层的面积为20 000平方米，地下的价值肯定还要下放，建议在3 000～4 000元/平方米（与住宅价格持平）。

(6)返租模式：提供5～10年平均每年7%～8%的回报，可以考虑前1～3年一次性返还，以后以季度或者半年方式返还给投资者。

(7)销售价格：根据对周边商业物业的调研，义耕小区底商的价格比原来买的时候的价格还要低1 000元/平方米，主要原因是小区的步行街商业价值始终没有做出来，商铺的商业价值没升反降：

负一层：7 000元/平方米。

1F：13 000元/平方米，沿街可以卖到20 000元/平方米。

2F：10 000元/平方米（一、二层定价有些保守）。

根据东安项目的初步规划数据，商业规划地下一层的面积为20 000平方米，地上两层的面积为18 000平方米，单层面积为9 000平方米，共计可收购的面积为38 000平方米。

（该案例来源于互联网）

本章小结

本章主要介绍了商业地产的概念、类型、盈利模式以及商业地产市场调研的方案策划、

问卷设计、实施流程、数据的分析处理方法、调研报告的撰写等相关内容，并且提供了商业地产调研的调研方案范本、调研问卷范本以及调研报告范本。

实训练习

1. 实训项目

选择重庆市内一处商业地产(商业街或者商铺均可)进行实地的市场调研，制作调研方案、问卷并且进行数据分析后撰写调研报告。

2. 实训目的

了解商业地产调研的方法和具体操作流程以及调研问卷、报告的撰写方式。

第二章　旅游地产项目产品策划调研

◎学习目标

1. 了解旅游地产的基本知识；
2. 掌握旅游地产调研的方法。

◎教学重点

1. 旅游地产调研问卷的制作；
2. 旅游地产调研的实施。

◎教学难点

1. 旅游地产调研数据的统计分析；
2. 旅游地产调研报告的撰写。

一、旅游地产项目概述

1. 旅游地产的概念

所有依托周边丰富的旅游资源而建的、有别于传统住宅项目的融旅游、休闲、度假、居住为一体的置业项目，均可称为旅游房地产。较之一般的住宅，旅游房地产的特点和优势在于它是旅游业和房地产业的无缝嫁接，具有更好的自然景观、建筑景观，同时拥有完善的配套功能和极高的投资价值。

2. 旅游地产的特点

(1)相关配套不会特别发达，优质的自然资源景观周边一般来说远离市区，在这种地方大型生活配套设施不健全，如医院、学校、大型超市。

(2)交通不是很便捷，所以选择旅游地产的人群一般都有私家车。

(3)除了当地居民，外来居民人口比例较低。

3. 旅游地产的分类

从某种意义上来说，旅游地产是一种经济综合体，它覆盖了地产、度假、生活、休闲娱乐等各个方面。从理论上来说，旅游地产是比较宽泛的概念，粗略概括可以分为四类——旅游景点地产、旅游商业地产、旅游度假地产和旅游住宅地产。

(1)旅游景点地产：主要是指在旅游区内为游客的旅游活动建造的各种观光、休闲、娱乐性质的，非住宿型的建筑物及关联空间。

(2)旅游商业地产：主要是指在旅游区内或旅游区旁边提供旅游服务的商店、餐馆、娱乐城等建筑物及关联空间。

(3)旅游度假地产：主要是指为游客或度假者提供的、直接用于旅游休闲度假居住的各种度假型的建筑物及关联空间，如旅游宾馆、度假村、产权酒店以及用于分时度假的时权酒店等。

(4)旅游住宅地产：主要是指与旅游区高度关联的各类住宅建筑物及关联空间。

4. 旅游地产的产生与发展

旅游地产的出现是市场选择的结果。一般旅游项目的投资收益期都超过 15 年，但可持续回报时间可以达到 50 年以上。而旅游地产 2～3 年就可全部收回投资，且可获取 150％～400％的盈利，可谓暴利项目。虽然旅游地产成本较低，但关键问题是必须有人气，没人去的地方什么房子都难卖。

旅游地产的价值与旅客流量正相关，与客源地的交通正相关，和周边风景价值正相关。当前的旅游投资商以旅游地产投资的收益来补充旅游投资的长期性；同时，旅游的人气效应又有力地构成了旅游地产的价值，形成可持续升值效应。而从投资的层面来说，因为旅游地产的操作倚重于经营，投资回报周期长而被称为难度最大的房地产开发形态，需要操作团队具有极高的专业性，并保有较大的资金储备或完备的再融资渠道。

旅游地产的产生是长期持续回报与快速回报、持续现金流与短期销售了结、低成本土地与高成本配套等相互连接的合理趋势。实际上，低成本的土地是与高门槛的旅游开发相结合的，这里面讨巧的机会并不多。把人气搞上去，就需要进行基础设施、景点、游乐、娱乐、景观、接待等的开发，需要较大的投入。因此，旅游与地产之间的互补互助关系非常重要。

旅游地产的产生始于法国地中海沿岸，当时地中海沿岸开发了大量海滨别墅，一时间欧洲、北美的游客蜂拥而至，地中海成为欧洲乃至世界的休闲度假中心。20 世纪 60 年代，法国阿尔卑斯山的别墅度假村首先以分时销售的方式招揽客户。而今天，分时度假酒店、高尔夫度假村、山地度假村、休闲别墅等已遍布世界各地。在亚洲，日本、韩国、菲律宾、泰国、马来西亚、新加坡等国家的旅游房地产方兴未艾，大批国际地产开发商、酒店投资管理机构纷纷介入旅游物业开发，并取得了可观的收益。

在我国，各地的旅游房地产项目也纷纷涌现。其中包括北京强龙房地产开发公司在延庆龙庆峡投资开发的"快乐无穷大"产权酒店、秦皇岛度假区在北京发售的"维多利亚港湾"酒店式公寓、新世界集团投资的海南新世界家园等。中国华源集团与海南泰信实业有限公司开发的"海口皇冠滨海温泉酒店"(产权式酒店)已在上海开盘，仅一星期便售出产权客房近 60 套；还有位于深圳大梅沙的四星级酒店——雅兰酒店，六成客房 192 间已被买下，业主除了可以享受酒店式家居生活外，还可以通过委托经营与酒店经营者分享利润，实现新的休闲置业方式。这样的旅游房地产开发案例在国内越来越多，其发展的空间也越来越大。

目前，北京、上海、大连、青岛及海南、广东、四川等地已开发的旅游房地产项目已达到上百个，以"高尔夫、山地、滑雪、冲浪、野外运动"为主题的休闲度假住宅、别墅、酒店就已超过 80 家。其投资商除了国外和港台颇具实力的大公司外，还包括内地首创、海航、中信、中旅等大型企业，以及天鸿集团、万通集团等一大批房地产投资商、开发商。

(1)旅游地产成为市场新宠。2011 年，随着国家新政对高房价的大力控制，曾经火爆的传统住宅市场成交表现逐渐黯淡，新政无疑很大力度地压缩了住宅市场的投资空间，限制了投资客的投资和投机性需求。在此形势下，旅游地产凭借其政策导向性和资源稀缺性优势深受投资商青睐，成为万众瞩目的楼市新宠。

(2)旅游地产升值潜力巨大。随着国家对旅游业战略性支柱产业的明确定位，纵使在新政打压下，旅游地产依然成为众多独具慧眼的投资商所共同关注的焦点。旅游地产受到热捧并不难理解，在自然资源日益紧缺的当下，旅游地产的最大优势即在于其对自然的占有。

(3)旅游地产的核心趋势。旅游、休闲的生活方式已逐渐被中国人接受，随着中国经济的发展，中国人对健康、绿色生活的诉求更多，越来越需要通过旅游、休闲以及自己的私属空间来提升生活品质，因此糅合文化、旅游、休闲的地产项目将成为地产界新的开发目标。由美国 JMP 高尔夫设计集团 Mark Hollinger 大师主创设计的辉煌 27 洞国际高尔夫球场，以及世界一线星级度假酒店、御水温泉 SPA、国际会议中心、法式红酒庄等配套完善的辉煌云上，是北京有名的旅游地产项目。该项目位于北京西北部延庆张山营镇西部，背依松山美景，俯瞰官厅水库，总占地面积约 5 000 亩，绿水青山环抱、景色秀丽、空气清新如天然氧吧。

随着国家对旅游产业的支柱型战略定位，政府加快高速公路等市政基础设施建设，旅游地产度假区项目对具备经济实力、注重生活品质的人群而言，既是与家人享受第二人生的度假产品，又是保值增值抗通胀的优秀投资选择。

二、旅游地产项目前期调研的意义

房地产市场调研，就是以房地产为特定的商品对象，运用科学的方法，有目的、有计划地对相关的市场信息进行系统的收集、整理、记录和分析，进而对房地产市场进行研究与预测，为决策者了解房地产市场的变动趋势，制订项目开发计划，拟定正确项目运营决策提供参考与建议。

1. 宏观经济环境、政策形势的调研与分析的意义

任何一个房地产项目的开发都涉及对宏观经济环境、政策形势的分析和研究及对房地产市场发展现状和趋势的分析和研究，尤其是商业房地产项目的开发所受影响更为明显。

旅游地产项目具有房地产项目开发周期长、投资大等特性，其开发的最终目的是通过销售来实现开发利润，因此，如不能及时掌握市场环境、政策形势等宏观因素，便会导致对预期经济发展、政策走向的判断能力不强，对市场风险预估能力降低等情况的发生，从而使项目开发风险加大。

2. 区域旅游市场的调研与分析的意义

区域旅游调研在通常意义上是人们常讲的区域旅游普查，主要研究本区域及项目周边

区域情况。例如，规划设计及卖点、产品组合及特征、服务项目、收费等，区域旅游不仅反映区域内旅游经济活动的指标和特征，而且其综合反映的各项指标和内容为项目的市场定位、业态设计、经济效益预测提供定性的参考分析，且具有避免重复建设导致经营期利润不高等作用。

3. 消费者消费行为的调研与研究的意义

消费者的消费行为研究又称生活结构研究。对其调研和研究的目的主要是收集该地区内消费者生活形态的资料，即针对消费者生活的特性，从人口结构、家庭户数构成、收入水平、消费水平、购买行为以及所选择的交通出行方式等方面对消费者消费行为进行定量和定性研究。消费者的消费行为调研对旅游地产项目的策划工作具有至关重要的作用，对于旅游地产项目的市场定位来说，消费者消费行为调研的结果可作为其重要参考及依据，把握其业态定位的脉搏，为项目日后良好经营状态的愿景提供有力的支持；其最直接的作用是为其目标消费群的定位圈定合适的范围，使旅游地产项目的市场定位更具目标性。

三、旅游地产项目的前期定位调研目标

1. 旅游地产项目前期定位的概念

旅游地产项目的前期定位是企业根据消费者对某种产品属性的认识、了解和重视程度，给自己的产品设定一定的市场地位，培养产品在消费者心目中的特色和形象，以满足消费者的某种偏爱和需要。

旅游地产项目的前期定位不是对产品本身做实质性的改变，而是对市场的发现。旅游地产项目前期定位的关键是找出消费者心理上的坐标位置，而不是空间位置。

2. 旅游地产开发企业的市场定位

房地产开发的前期策划，就是要确定产品定位，而产品定位的依据是市场定位。对于房地产项目的前期策划，市场定位的基本前提就是研究房地产市场，也就是首先要进行房地产市场调研，并且在市场调研的基础上细分房地产市场，寻找房地产市场的空白点，确定目标市场，从而进行定位。

四、旅游地产项目前期定位的调研内容

1. 旅游地产项目的市场环境调研

(1)政治法律环境调研。政治法律环境包含一个国家或地区的政治制度、体制、方针政策、法律法规等几个方面。针对一个旅游地产项目，首先需要调研的就是开发项目所在地区的政治法律环境，因为这些因素往往制约、影响企业的经营行为，尤其是影响企业较长期的投资行为，从另外一个侧面来说，政治法律环境也是一个旅游地产项目开发成功与否的决定性因素。

政治法律环境是影响旅游地产项目开发的重要宏观因素，包括政治环境和法律环境。政治环境引导着开发旅游地产项目的企业的营销活动方向，法律环境则为项目开发企业规

定经营活动的行为准则。政治和法律相互联系，共同对企业的市场营销活动产生影响和发挥作用，决定着地产项目能否成功。政治环境对一个旅游地产项目的影响主要有以下几点：

①直接性。即项目所在地区的政治环境直接影响着该项目的营销状况。

②宏观性与难以预测性。对于一个企业而言，一个地区和国家的政治环境的变化趋势往往是难以预测的，尽管如此，一个地区和国家的趋势还是有很强的宏观性，一个企业可以尽可能地去契合国家和地区相关的政策，这往往能给项目开发带来丰厚的收益。

③不可逆转性。政治环境因素一旦影响到项目开发企业和项目所在的地区，就会使这个企业以及这个地产项目发生十分迅速和明显的变化，而这一变化是企业本身所不能驾驭的。

(2)社区环境调研。在一个旅游地产项目的前期定位调研中，一个很重要的内容就是对社区环境的调研。所谓社区环境，是针对该旅游地产项目的消费者或购买者而言的，它是社区主体，也就是项目产品消费者赖以生存及社区活动得以产生的自然条件、社会条件、人文条件和经济条件的总和。可将其理解为：承载社区主体赖以生存及社会活动得以产生的各种条件的空间场所的总和，它属于物质空间的范畴。

因考察的角度和范围不同，可以将社区环境分为广义的社区环境和狭义的社区环境。广义的社区环境也可以称为一般意义上的社区环境，即把社区作为主体，研究社区的外部环境状况对社区的影响。狭义的社区环境也可以称为特殊意义上的社区环境，即把居住在某一特定社区的居民作为主体，研究社区范围内与居民生活密切相关的各种环境因素对社区的影响。

在广义的社区环境和狭义的社区环境下，社区环境还可以继续进行相应的分类。

从广义和狭义的社区环境来看，可以把社区环境分为：自然环境、经济环境/社会环境、文化环境/人文环境。在一个旅游地产项目中，比较重要的往往就是自然环境和文化环境/人文环境。

①自然环境。从广义的社区环境来看，构成社区自然环境的基本要素包括气候、地形、地貌、水文、土壤和动植物。从狭义的社区环境来看，自然环境主要是指项目所在的区位、规划的范围及周边的绿化、净化和美化状况等。

②文化环境/人文环境。从广义的社区环境来看，影响社区存在与发展的各种非经济因素，构成了社区的文化环境。这些文化环境包括社会的性质与制度、行政体制的变动、传统的道德观念与风俗习惯。从狭义的社区环境来看，人文环境主要是指社区的文化环境和人际关系状况。

③经济环境/社会环境。从广义的社区环境来看，社区的经济环境主要包括生产力发展水平、社会经济体制、技术经济条件、制度和国民经济结构等因素。从狭义的社区环境来看，社会环境主要是指社区的生活环境和治安状况。

对于一个旅游地产项目，社区环境既包括周边自然风光、项目基础设施配套等"硬件"环境，也包含周边风土人情、项目消费群体人际关系等"软件"环境。可以把社区环境的要素归纳为以下六个方面。

a. 社区环境的空间要素。社区环境的空间要素主要表现在主、客观要素方面。主观要素指地产项目自身建设方面，如项目的整体建筑风格，项目开发的休闲娱乐空间的大小，包含停车位等项目的内部交通设施情况，以及有线电视、电话、宽带、卫星等通信连接设施的配套情况等。客观要素是社区所处的地理空间环境，如社区所处的位置，是否依山傍水，外部交通是否便利，子女求学是否容易等。

b. 居住生活环境要素。居住生活环境要素主要从以下六个方面对项目生活空间产生影响：

• 居住条件对项目所在居民的生活空间和生活质量的影响；

• 项目所在居民居住生活单元、居住小区和居住区环境对所在地区生活空间以及社区空间持续发展的影响；

• 项目所在公共绿地和专用绿地对项目所在地区生活空间以及净化空气的影响；

• 项目的娱乐设施和卫生保健对所在地区生活空间质量的影响；

• 项目所形成的社区氛围对所在地区生活空间质量的影响；

• 项目所形成的社区居住生活环境要素协调持续发展对所在地区的可持续发展的影响。

c. 社区自然生态环境要素。社区由于所处的地理位置不同，会呈现出不同的生态环境，如空气质量、气候条件、日照时间、绿地范围以及饮用水质等，这些因素构成了社区环境的生态要素。

d. 社会环境要素研究。基础设施环境要素主要包括供水、供电、供气、供热、道路、通信等硬件设施，不仅影响城市生活空间的规模，而且直接影响项目所在地区居民生活空间的质量。

e. 社区人际环境要素。社区人际环境要素指社区人文环境要素和社区交际环境要素。社区的人文环境要素表现为社区居民的整体文化层次和社区经常性的文化娱乐活动。同时作为旅游地产项目，其周边独特的民俗文化也是其人文环境的重要组成部分。

社区的交际环境要素除了相关的自然生态环境要素外，还包括出行设施、通信、互联网、文化设施、集会场所、文化活动场所等。

f. 社区环境的管理要素。社区环境的管理要素在主体上包括各类组织，这些组织有的属于党的组织，有的属于政府组织，有的是群众自治组织和宗教组织。在管理的客体上，其涉及卫生、交通、电力、居民的人身和财产安全管理等社区物业管理，也包括社区的管理机制、管理模式以及管理人员的素质等方面。

2. 市场需求和消费行为调研

市场需求和消费行为调研的内容主要包括消费者对旅游房地产的总需求及其饱和点、旅游地产市场需求发展趋势、旅游地产市场需求的影响因素、旅游地产需求动机及旅游地产购买行为等内容。

3. 旅游地产项目价格调研

旅游地产项目价格调研的内容主要包括：影响旅游地产价格变化的因素，特别是政府价格政策对旅游地产定价的影响；旅游地产市场供求情况的变化趋势；旅游地产商品价格的需求弹性和供给弹性的大小；开发商各种不同的价格策略和定价方法对旅游地产租售量的影响；国际、国内相关旅游地产市场的价格；开发个案所在城市及片区旅游地产市场价格；价格变动后消费者和开发商的反应等。

4. 旅游地产项目产品调研

旅游地产项目产品调研的内容主要包括：旅游地产市场现有产品数量、质量、结构、性能、市场生命周期；现有旅游地产客户和业主对旅游地产的环境、功能、格局、售后服务的意见及对旅游地产产品的接受程度；新技术、新产品、新工艺、新材料的出现及其在旅游地产产品上的运用情况；本企业产品的销售潜力、市场占有率、建筑设计及施工企业的有关情况等。

5. 旅游地产项目促销调研

旅游地产项目促销调研的内容主要包括：旅游地产广告的时空分布、广告效果测定、旅游地产广告媒体的使用情况；旅游地产广告预算与代理公司、人员促销的配备状况；各种公关活动对租售绩效的影响，以及各种营业推广活动的租售绩效等。

6. 旅游地产项目营销渠道调研

旅游地产项目营销渠道调研的内容主要包括：旅游地产营销渠道的选择、控制与调整情况；旅游地产市场营销方式的采用情况、发展趋势及其原因；代理商的数量、素质及其代理的情况；旅游地产客户对代理商的评价等。

7. 旅游地产项目市场竞争调研

旅游地产项目市场竞争调研的内容主要包括：竞争对手的实力和经营管理优劣势；对竞争对手的商品房设计、室内布置、建材及附属设备选择、服务优缺点的调研与分析；对竞争对手商品房价格的调研和定价情况的研究；对竞争对手广告的监视和广告费用、广告策略的研究；对竞争对手销售渠道使用情况的调研和分析；对未来竞争情况的分析与估计；调研整个城市，尤其是同(类)街区同类型产品的供给量和在市场上的销售量，本企业和竞争对手的市场占有率等。

五、旅游地产项目前期定位调研策划方案

1. 旅游地产项目定位

开发一个成功的旅游地产项目，首先需要对项目本身正确定位，这个定位包括市场定位、身份定位和功能定位等。

不同的房地产开发企业会采用不同的方式对自身的项目进行定位，当然有时同一个企业也会运用不同的方式对项目进行定位，但是要保证项目定位的排他性特征。影响一个旅游地产项目本身定位的主要因素有项目属性、项目性价比、项目功能、使用者、产品类别和竞争者等多个方面。

(1)旅游地产项目的属性。每个房地产项目都有不同的属性，房地产开发企业可以依据项目鲜明的属性特征进行定位。在旅游地产项目中，最鲜明的特征就是面向旅游市场，但

是旅游市场也有很多细分，在前面章节对旅游地产类别的阐述中，可以针对不同的旅游地点以及风景来寻找自身的属性。例如，海南旅游的属性就是海风椰岛、四季阳光明媚，于是企业在三亚开发地产项目时就应该围绕大海、沙滩与冬季的温暖。企业就是通过这种方式对地产项目进行有效定位，以区别其他旅游景点的房地产项目。

(2)旅游地产项目的性价比。项目性价比是一个项目区别于另一个项目的重要特征，基于性价比优势进行定位是一个有效的战略选择方式。

(3)旅游地产项目的功能。强调地产项目独特的功能会吸引相当一部分消费者，原因在于现在的消费者越来越追求功能独特的产品。例如，温泉水直接入户是很多地产项目无法做到的，如果其旅游地产项目能够做到引天然温泉入户，那么该项目就具有很多其他项目无法复制的功能。

(4)旅游地产的使用者。这里使用者的概念是真正在该地产项目中受益的消费者群体。这种定位基础关注的是使用者的个性特征和类型。不同的使用者类型对项目本身有不同的需求，那么不同类型的项目就应该适应于不同的使用者。

在进行旅游地产消费的消费者群体中，有一部分是从高位置退居二线的国家公务人员，这类消费者注重的是环境的静谧与个人隐私的保护；还有一些是具有超前消费意识的各行业精英，他们关注的往往是交通的便利和配套设施的完善。在进行旅游地产项目前期调研的时候，一定要对潜在消费群体进行正确的划分和定位。

(5)旅游地产产品的类别。在对旅游地产项目的类别(如过冬、避暑、人文、观林等)进行定义的时候，就已经突出了项目不同种类的差异。产品类别和特定的需求可以产生品牌联想，应充分利用类别定位寻求购买者头脑中的空隙，如由小资联想到丽江，由椰林沙滩联想到三亚等。

(6)旅游地产的竞争者。一个旅游地产项目，往往是在国家或地方政策的引导下开发的。为了充分调动市场作用，一个旅游点的地产项目不会是一个孤立项目，而会形成一整片的地产项目群。而参与到旅游地产项目开发的其他项目，就是本项目的竞争者。

针对竞争者的定位去确立项目的定位也是一种行之有效的定位方式，通过这种方式，需要突出不同项目种类之间的差异。

2. 旅游地产市场定位

旅游地产市场定位的核心是与众不同，即差异化，所以旅游地产市场定位战略可以理解为差异化战略，表现在以下几方面。

(1)旅游地产产品的差别化。

①旅游地产质量的差别化。企业生产高品质的产品，如一些名牌产品，便是走这条路子，产品质量相当好。

②旅游地产价格的差别化。可与竞争对手保持不一样的价格，走高价、中价、低价的路子。名牌产品一般走高价路子，也有走中价或低价路子的。

③旅游地产外观的差别化。采用独具特色的建筑风格，旅游地产项目产品应该与周边旅游环境有机整合，建筑风格能够很好地与其他项目进行区分。

④旅游地产功能的差别化。与竞争对手保持不同的产品功能，或者使功能更为优化。一些技术含量高、发展快的产品，很注重功能差别化。

⑤旅游地产顾客群体的差别化。

⑥旅游地产广告等促销方式的差别化。对同类产品，采用与众不同、独具特色的广告形式和其他促销方式。

旅游地产产品的差别化可以说多种多样，作为企业，要将各种差别化进行有效的组合。例如，前面讲到的产品的质量、价格、渠道、促销、功能、目标顾客群体等各方面，要进行有效的整合。而产品质量和价格定位是企业运用最普遍的，也是消费者最熟悉的定位。

（2）旅游地产服务的差别化。旅游地产服务的差别化是本企业向目标市场提供与竞争对手不同的优质服务。现代企业的竞争既是产品的竞争，同时又是服务的竞争。在当今市场，各个企业生产同价格水平的产品，其质量并无多大区别，比的是产品的服务水平。

旅游地产的旅游服务功能总体上可以分为三种，即第一层次的观光旅游功能、第二层次的娱乐体验旅游、第三层次的专门旅游养生。

企业打造旅游地产服务差异化，主要体现为配套服务的差别化，特别是在舒适性上，如图 3-2-1 所示。

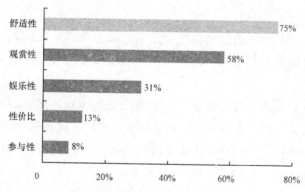

图 3-2-1　消费者对旅游地产的功能需求

消费者对于旅游地产的服务需求主要体现为会议、休闲、度假、养生、宗教朝拜、科学考察方面，其中休闲、养生、度假方面的服务需求尤为突出。

（3）旅游地产企业形象的差别化。旅游地产企业形象是一个十分广泛的概念，泛指旅游地产企业的产品、员工、经营理念、价值观念、广告等。旅游地产企业的形象在消费者的心目中是一个总体的印象，消费者购买了旅游地产企业形象好的产品，买后感到放心。旅游地产企业要树立良好的旅游地产企业形象和形成良好的旅游地产企业文化。

3. 旅游地产产品建议

（1）旅游地产定位建议。

①景观设计。景观是旅游的基础资源，我国的景观评价、景观设计已经具备非常成熟的专业技术。而房地产对环境景观的理解，还长期停留在园林绿化的传统框架内，若能借用旅游业已经形成的理念、素材与技术，将得到新的提升。

②主题定位。旅游项目设计非常讲究主题定位，这对提升附加价值和塑造吸引力具有极大的功效。这也是房地产项目能够借鉴的内容。

③游憩方式设计。游憩方式设计中的很多理念与技术，在旅游开发和房地产开发中是通用的。例如，情景设计、体验设计、娱乐化设计等，对房地产开发有实际的借鉴价值；居住、办公等房产的过程化设计，休闲空间与功能设计，景观与观赏方式设计，对旅游开发也有借鉴价值。塑造吸引力、增加游客量、延长滞留时间、提升消费水平等游憩方式设计和分析方法，对商业地产开发更是别具意义。

(2)旅游地产产品建议。

①分时度假。分时度假从实质上看，是介于房地产产品和酒店产品之间的一种中间产品。旅游地产中的分时度假酒店(公寓)就是加入了分时度假交换体系的"时权酒店"。在分时度假产品中会涉及多方主体：开发商，拥有房产产权；销售商，作为开发商的销售代表向公众销售分时度假产品；度假房产管理公司，管理和维护分时度假房产；分时度假交换公司，向具有分时度假房产使用权的消费者(会员)提供不同地区之间的分时度假产品交换业务；其他还有律师、金融机构、咨询顾问等直接或间接与分时度假相关的专业群体。在我国现阶段，分时度假产品中的各方主体发展不平衡，全国可发展分时度假的产品有上千处，但专业的销售商不到20家。

②旅游主题社区。其指主题公园和配套住宅的旅游地产开发模式，主题公园的活动内容和模式近似于美国的迪斯尼乐园，将这一模式移植过来，有望对中国旅游地产市场带来新冲击。

③度假村。在度假村中，自然景观与人文内涵交相辉映，湖光山色与层楼叠院融为一体，度假区功能完备，包括大型游乐园、湖滨高尔夫球场、园林五星级酒店、英式马术俱乐部、旅游风情小镇、产权式度假公寓、连排别墅、独立别墅等；社区配套包括中小学、幼儿园、医保中心、购物中心。

④产权式酒店。产权式酒店作为一种新型的房产投资和消费模式，与住宅写字楼的投资、股票投资、储蓄及国债投资等相比，投入少、风险小、回报更丰厚，同时还可获得一套真正属于自己的私家酒店。有关资料显示，近10年来，全世界产权式酒店平均每年增长15.8%。与银行储蓄和投资股票债券相比，投资风险相对较小的产权式酒店有望成为中产阶级的首选。对于投资回报率来说，其实就是出租率，只有高出租率的保证，才能提高投资回报率并降低投资风险。而出租率直接与物业的地段、稀缺性以及品质相关，因此地段好，有特色的产权式酒店才能成为投资者眼中的宠儿。

4. 客户群分析

应从以下几方面进行客户群分析：

(1)客源构成：主要是指购买客源的地区、职业、年龄和家庭特征等。

(2)购买动机：是指在地点、规划、价格、户型及公司品牌等诸多因素中，依次能打动客户的因素，及它们在客户决定最终购买时所起作用的大致比重。

(3)购买抗性：是指在地点、规划、价格、工期、户型、公司品牌等诸多因素中，依次使客户产生离心力的因素，及它们在客户决定最终否定购买时所起作用的大致比重等。

六、旅游地产项目前期定位调研问卷设计

旅游地产项目前期定位调研的问卷设计的基本要求与普通调研问卷设计的要求一致，需要重点强调的是，该问卷应该针对旅游地产项目前期定位方面的相关问题进行设计，使最后收集到的信息能为旅游地产前期定位策划提供相关参考信息和数据依据。

案例阅读

重庆市旅游地产消费者意向调研问卷

一、甄别部分

1. 请问您是什么地区的居民？
   A. 重庆主城　　　　B. 武隆　　　　C. 其他区县　　　　D. 外地(重庆以外的城市)
2. 请问您的年龄多大？
   A. 22～35岁　　　　　　　　　　B. 36～45岁
   C. 46～60岁　　　　　　　　　　D. 22岁以下或60岁以上(终止访问)
3. 三年之内，您是否打算购买房地产？
   A. 是　　　　　　　　　　　B. 还不一定，有合适的可以考虑
   C. 没有想过(终止访问)
4. 您的家庭年收入是多少？
   A. 3万～5万元　　B. 5万～8万元　C. 8万～12万元　　D. 12万元以上
   E. 3万元以下(终止访问)
5. 在过去的六个月里，您有没有接受过市场调研人员的访问？
   A. 没有　　　　　　B. 有(终止访问)

二、主体问卷部分

1. 您目前的居住状况如何？
   A. 已购商品房　　　　　　B. 单位提供住房
   C. 租房　　　　　　　　　D. 自建房屋
2. 您这次购房的主要目的是什么？
   A. 投资　　　　B. 给子女购买　C. 养老
3. 此次购房的区域在哪儿？
   A. 重庆主城　　　　B. 武隆　　　　C. 其他区县(万盛、石柱等)
4. 您此次购房主要看重的因素是什么？(限选三项)
   A. 价格　　　　B. 户型　　　　C. 区域　　　　D. 景观
   E. 交通　　　　F. 配套
5. 您喜欢旅游吗？是否去过武隆仙女山？
   A. 去过　　　　B. 没去过　　　　C. 近期准备去

6. 您对重庆市武隆县了解吗?

    A. 非常了解   B. 了解一点   C. 一般   D. 不了解

    E. 没听说过

7. 您对武隆房地产的了解主要是通过哪种途径获得的?

    A. 网络   B. 报纸   C. 广告牌   D. 听朋友说过

    E. 电视   F. 其他

8. 在武隆仙女山山脚开发旅游地产,您觉得未来发展怎么样?

    A. 未来升值潜力非常大

    B. 不看好   C. 不确定

9. 如果在武隆仙女山开发旅游地产,你觉得什么房产比较合适?

    A. 别墅   B. 花园洋房

    C. 高层   D. 产权式度假房产

10. 如果在武隆修建旅游性地产,您有什么建议?

媒体选择偏好

1. 您经常通过何种方式来获得购物、购房、消费信息?(不超过三种)

	信息获取途径	如选择1、2、3,请注明具体的名称
报纸	1	
电视	2	
广播	3	
宣传车	4	
车厢广告	5	
朋友告知	6	
其他	7	

2. a. 请问您最常看的报纸是哪一种?(请回答一个)(如果不看报,则跳过)

  b. 请问您主要看什么版面?(单选)

国际新闻————————1

国内新闻————————2

经济报道————————3

军事/国防————————4

体育报道————————5

社会新闻————————6

科技教育————————7

天气预报————————8

股市/金融————————9

影视娱乐休闲————————— 10

文学艺术————————— 11

电视/广播节目预告————————12

行业信息————————— 13

养生与保健————————— 14

家庭与生活————————— 15

c. 您在阅读报纸时，通常会不会看整版的广告或夹报广告？

①是　　　　　　　　　　　　　　②否

3. 在所有媒体中，对您影响最大的媒体是_____？

投资意向及需求

1. 您认为哪些地产项目更适合投资？

①商铺　　　　②别墅　　　　③住宅　　　　④酒店式公寓

⑤旅游地产

⑥其他(请注明)_____

2. 您认为优秀的投资地产项目应该处于哪些区域？

①市中心　　　②发展热点区域　　　③无所谓　　　④其他(请注明)_____

3. 您认为重庆的旅游地产总体状况如何？

①发展好　　　②较好　　　③一般　　　④较差　　　⑤差

4. 一到两年内，您会考虑购买旅游地产作为投资项目吗？

①有可能　　　　　②不一定　　　　　③不可能

未来两至五年内呢？

①有可能　　　　　②不一定　　　　　③不可能

5. 如果购买旅游地产项目，您希望所在地块属于_____？

①热点旅游区域　　　　　　②待开发，但环境优美区域

③城市近郊，交通方便区域　　　④其他(请注明)_____

6. 如果购买旅游地产项目，您最看重的因素是：

(1)首要因素_____；(2)次要因素_____；(3)再次要因素_____。

①开发商实力　　　②旅游地产项目规划　　　③物业管理

④人气　　　　　⑤地段　　　　　⑥房地产价格

⑦交通设施　　　⑧发展潜力　　　⑨投资回报率

⑩其他(请注明)_____

7. 如果购买旅游地产项目，影响您决策的有哪些因素？

(1)首要因素_____；(2)次要因素_____；(3)再次要因素_____。

①个人经验　　　②实地考察　　　③家人、朋友、同事意见　　　④媒体广告

⑤开发商活动和售楼部推介　　　⑥其他(请注明)_____

8. 您是否会在武隆仙女山附近购买旅游地产项目？

意向	购买/租用可能性	原 因
一定会	1	
可能会	2	
不知道	3	
可能不会，请跳至个人资料部分	4	
一定不会，请跳至个人资料部分	5	

9. 如果在武隆仙女山附近购买旅游地产项目，您会选择多大的面积？

①50平方米以下　　　②50～80平方米　　　③80～120平方米

④120～160平方米　　　⑤160平方米以上

10. 如果在武隆仙女山附近购买旅游地产项目，您选择什么户型？

①单间配套　　　②一室一厅　　　③二室一厅（两厅）

④三室一厅（两厅）　　　⑤四室、五室　　　⑥五室以上

⑦其他（请注明）_____

11. 如果在武隆仙女山附近购买旅游地产项目，您对装修的要求怎样？

①清水，自己出钱装修　　　②精装，省去装修麻烦

③无所谓　　　④其他（请注明）_____

12. 如果在武隆仙女山附近购买旅游地产项目，您计划如何使用？

①作为自己旅游时的住所　　　②出租　　　③投资（转售）

④其他（请注明）_____

13. 一般来说，您是通过哪些渠道获取商铺的相关信息的？（可多选）

(1)首要渠道_____；(2)次要渠道_____；(3)再次要渠道_____。

①报纸广告（请注明报纸名称）

②电视广告（请注明电视台名称）

③广播广告（请注明电台名称）

④互联网（请注明网站名称）

⑤户外广告

⑥家人、朋友、同事等介绍

⑦其他（请注明）_____

投资、经营者价位承受力

1. 您认为武隆仙女山附近旅游地产项目每平方米售价多少比较合适？

①3 000元以下　　　②3 000～4 000元　　　③4 000～5 000元　　　④5 000元以上

2. 若在武隆仙女山附近购买旅游地产项目，您认为总价多少合适？

①10万元以内　　　②10万～15万元　　　③15万～20万元

④20万～25万元　　　⑤25万元以上

3. 在购买旅游地产项目时，您会选择的付款方式是什么？

①一次付清　　　②分期付款　　　③银行按揭　　　④其他（请注明）_____

4. 您可以承受的旅游地产项目的月租金总价是＿＿＿＿＿＿（请填写数字)元？

三、被访者的基本信息部分

1. 请问您的性别是＿＿＿＿＿。

①男　　②女

2. 请问您的年龄是＿＿＿＿＿。

①18～25 岁　　②26～30 岁　　③31～35 岁　　④36～40 岁　　⑤41～45 岁

⑥46～50 岁　　⑦51～55 岁　　⑧56～60 岁　　⑨61～65 岁

3. 请问您的学历是＿＿＿＿＿。

①初中及以下　　②高中　　③中专、高职　　④大专　　⑤本科及以上

4. 请问您的家庭情况是＿＿＿＿＿。

①单身　　②夫妇无小孩　　③夫妇有小孩同住　　④儿女不与父母同住

⑤独身老人　　⑥三代同堂　　⑦其他(请注明)＿＿＿＿＿

5. 请问您的职业是＿＿＿＿＿。

①教师　　②医生　　③上班族　　④家庭主妇　　⑤公司管理阶层

⑥公务员　　⑦个体经营者　　⑧学生　　⑨其他(请注明)＿＿＿＿＿

6. 请问您的家庭每月税前总收入大约是多少？

①1 500 元以下　　②1 500～3 000 元　　③3 000～5 000 元　　④5 000～8 000 元

⑤8 000～10 000 元　　⑥10 000～15 000 元　　⑦15 000 元以上

七、旅游地产项目前期定位调研表格设计

对于旅游地产项目的前期定位调研，除了通过发放问卷得到大量信息外，也需要设计大量的调研表格，对旅游地产的基本信息进行收集。旅游地产调研表格设计的要求与一般调研表格设计的要求一致，只是表格内相关信息收集的内容有所区别。

八、旅游地产项目前期定位调研的实施

旅游地产项目前期定位调研的流程与一般市场调研的流程类似，具体如下。

1. 确定调研主题和目标

(1)确定调研主题。项目调研的问题很多，不可能通过一次调研就解决所有的问题，因此，在组织每次项目调研时应找出关键性的问题，确定调研的主题，但调研选题的界定不能太宽、太空泛，以避免调研主题不明确、不具体。选题太宽，将会使调研人员无所适从，不能发现真正需要的信息；选题太窄，不能通过调研充分反映市场的状况，使调研起不到应有的作用。

(2)确定调研目标。调研目标的确定是一个从抽象到具体、从一般到特殊的过程。调研者首先应限定调研的范围，找出企业最需要了解和解决的问题，然后分析现有的与调研问题有关的资料，在此基础上明确本次调研需要重点收集的资料。

2. 确定调研内容

(1)区域状况调研。

①区域商业状况调研。

②竞争者状况调研。

③市民消费偏好调研(媒介偏好/消费习惯/消费承受力等)。

④区域经济状况评估。

⑤消费者品牌认同调研。

(2)目标购买者调研。

①消费群体细分,消费动机。

②项目问题及机会调研。

③购买能力调研。

(3)品牌供应商调研。

①品牌类别细分。

②品牌资料库的建立。

③项目问题及机会调研。

④租金承受能力调研。

3. 实施调研

(1)制订调研计划。市场调研计划的设计是对调研工作各个方面和全部过程的通盘考虑,包括整个调研工作过程的全部内容。调研计划是否科学、可行,是整个调研成败的关键。在实际调研活动中,根据调研范围的大小,时间有长有短,但一般为一个月左右。通常,在安排各个阶段的工作时,还具体详细地安排需做哪些事项,由何人负责,并提出注意事项,所以需制作调研项目实施计划进度表(表 3-2-1)。

表 3-2-1 调研项目实施计划进度表

项 目	工作成果	项目负责人	工 期
区域环境调研	区域调研数据信息		一周
消费者访问	消费者调研问卷		三周
楼盘实地调研	楼盘调研表格		一周
⋮	⋮		⋮

(2)确定调研的时间和地点。应确定在什么地方进行调研,在什么时间段进行,并需要对潜在消费群体的出行时间和地点进行预估。

(3)组建调研团队。良好的调研团队具有以下特点:

①用一切获取信息的途径全方位地调研目标项目。

②具有认真诚恳的态度,努力上进的精神。克服在调研过程中遭受的冷眼甚至嘲讽,获得满意回报。

③敏锐的观察力。通过对售楼现场的气氛、客户与销售人员之间的谈话、客户来往的

程度、销售人员接电话的频繁程度等方面的观察分析，得到可靠情报。

④发挥主观能动性，利用自己的销售经验对调研项目进行评价。

⑤调研主管人员必须监督现场工作，采取恰当的措施以防止失真信息的出现。

调研团队结构图如图3-2-2所示。

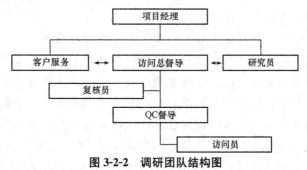

图 3-2-2 调研团队结构图

（4）调研的开展。

①向被调研对象说明调研缘由，尽量获得被调研者的认可，以便尽量获取真实详尽的数据。

②在发出调研表格和问卷的过程中应该向被调研者及时提供问卷的题目解释，问卷结束后要收回答案。

③做好相关的记录，对于被调研者提出的表格和问卷范围之外，与调研项目直接相关的问题和答案，都应该及时完整地记录，以便能够更完整地反映用户的需求。

4. 数据统计分析与报告的撰写

对调研的信息进行整理分析，并根据数据分析结果撰写调研报告。

九、旅游地产项目前期定位调研报告的撰写

旅游地产项目前期定位调研报告的撰写要求与一般市场调研报告的撰写要求相同。对于定位调研报告而言，重点是通过调研，对旅游地产的具体项目定位提供可以参考的相关标准和依据，为具体项目的实施提供有价值的参考。

案例阅读

打造中原休闲文明的生活样板
郑州旅游地产项目调研报告

一、清华大溪地

（1）项目简介。清华大溪地项目位于郑州市区、郑州高新区、荥阳新区三大城区接壤地带，共占地3 600余亩①，包括1 000余亩的商业休闲区及2 500余亩的高档住宅区，是集温泉、水上娱乐、星级酒店、商业街区、高档住宅等于一体的大型综合性休闲居住项目。

以"中原要都"命名的商业休闲区，以80 000平方米的大海啸浴场及50 000平方米的阿

---

① 1亩≈666.67平方米

尔卑斯温泉为龙头，结合 50 000 平方米的宽巷子休闲街和 30 000 平方米的耍都客栈为辅助，集民俗、休闲、文化于一体，结合顶级时尚玩乐元素，挖掘本土"耍"文化，本着媲美成都"天下耍都"、南京"秦淮河"、上海"新天地"、纽约"第五大道"的原则，打造高度代言郑州经典"耍"法的"餐饮、娱乐、时尚、旅游、休闲耍特区"，给中原一次"耍"文化的全景展示，使之成为郑州的城市窗口和休闲名片。

高档住宅区产品涵盖双拼别墅、联排别墅、多层电梯洋房等多种高端物业，聘请英国太平洋远景、美国凯斯两大国际顶尖设计公司担纲整体规划设计，完美结合了中国传统文化和世界建筑文明，以四合院、九宫格的中国建筑智慧，打造开放式半围合庭院，并引入西方"城市邻里街区"概念，同时以旅游胜地塔西提岛为造景蓝本，承袭地中海经典建筑风貌，还原休闲居住的原生态水上风情，打造郑州西花园区首个地中海风情新城邦，礼献具有休闲生活鉴赏力的闲贵阶层。其中，住宅一期占地 26 万平方米，总建筑面积 19 万平方米，容积率为 0.74，绿化率为 48%，采用西班牙建筑风格，通过细节雕琢、大面积绿化营造和水系打造，立志建设成为原汁原味的西班牙风情小镇。

(2)项目梳理(略)。

(3)项目产品示意(图 3-2-3)。

图 3-2-3 项目产品示意图 1

二、清华·忆江南

(1)项目简介。清华·忆江南项目位于大河路北四环北侧，周边有黄河湿地、三皇山、汉霸二王城、赫赫有名的楚河汉界——鸿沟、桃花峪景区、郑氏文博园、汉代冶铁遗址、高祖庙、纪信庙等众多人文自然旅游资源。项目规划总占地面积 5 000 余亩，是集旅游产业园、历史文化庭院、星级温泉酒店、独栋别墅、联排别墅、山水洋房、温泉公寓等多种规划于一体的大型旅游、休闲、度假社区。清华·忆江南山环水抱，山清水秀，是名副其实的北国江南小镇、人间世外桃源。双气、双水、跑马场、高尔夫球场、滑雪场、滑草场、摩尔乐园、游水划船、拓展训练场、真人 CS、澎湖湾，一应俱全。

项目在售的是第二期，项目二期"伴山居"总面积约 306 亩。其依山就势，结合地形变化，在 300 亩的范围内设置了 32 万平方米的滨水联排住宅、花园洋房、多层、小高层、高层等多种居住形态，面积区间为 50～200 平方米户型。二期多个组团既封闭又开敞，各组团有的四面环水形成小岛，有的依山就势错落有致，有的处在平地自成一体。项目二期顺坡而筑，原生坡地北高南低，近 20 米落差，有大面积朝阳坡地，珍稀地势资源，独一无二，全力打造中原的伴山府邸。

清华·忆江南三期"山屿"，系实力之作，开门见山，瞩目呈现！一座山，三面有水，四季有花，有自然保护区的生态洋房，三大建筑组团推坡而筑，还有 49～62 平方米的度假公寓、71～98 平方米的闲适两房、115～165 平方米的世家三房、72～236 平方米的空中 Villa、154～175 平方米的阔景复式，其纯花园洋房社区的尺度更阔扬。其采用国际领先环保低碳建材，以苛刻品质诠释康居造诣。24 小时温泉入户，全地暖配备，即将温暖上市。

（2）项目梳理（略）。

（3）项目产品示意（图 3-2-4）。

独栋别墅　　　　　　　　　　　　　　　滨水联排

图 3-2-4　项目产品示意图 2

三、居易五云山

（1）项目简介。居易五云山位于上街南部，一期开发的卢卡小镇位于山居度假养生区（西林子）区域，占地 3 700 亩，预计投资为 5 亿，开发周期为 5 年，主题为意大利托斯卡纳风格定制庄园，规划有卢卡乡村酒店、骑士俱乐部、高尔夫练习场、接待中心、中心景观带、度假庄园等。居易五云山腹地面积为 11 平方千米，主峰迎坡顶海拔 588 米，北与黄河相望，西与佛山呼应，交通便利，景色优美，是"郑州市唯一的自然山区"。

居易五云山是居易国际倾 12 年之力打造的 17 000 亩超级大盘——五云山山地生态公园引进国际前沿的泛度假生活模式，规划有生态农业、休闲服务、山地运动和庄园生活四大体系。

五云山庄园生活体系涉猎欧洲贵族生活，将项目的整体协调、细致入微和苛刻材质融为一体，从而成就中原一定阶层的终极居住梦想。

居易五云山提出"山地生态公园"的生态休闲主题，采取以产业带动，同时又以产业促进为核心的综合开发新模式。充分保留原有山区的资源，规划有假日休闲区、山居度假养生区、温泉度假区、花谷庄园区等五个功能分区。同时辅助有机农业试验基地、休闲农业体验基地、绿色生态农业基地、观赏花卉基地、创想主题农业基地，大力发展绿色、生态、高效、高科技等一系列农业休闲娱乐项目。

目前投入使用的有：

①莱蒙多骑士庄园俱乐部。莱蒙多骑士庄园俱乐部建立于2008年8月6日，是河南第一家标准会员制的骑士俱乐部，俱乐部占地30余亩，设置具有350米灯光跑道的标准马术竞技场；拥有数十匹调教良好的混血宝马；长期聘请国内一流马术教练，可以根据游客的骑乘水平，为其定制专门的骑术课程。

该俱乐部以"山顶马场为特色"，以"健康运动"为宗旨，集运动健身、休闲度假、商务洽谈为一体，是一个具有浓郁绅士气质的私人社交场所。这里林海徐徐、鸟鸣山幽，一派大自然的画境。此处可赏山、阅林、听风、骑马，是带领家人和朋友有氧休闲的上选地。

②埃克森高尔夫庄园俱乐部。埃克森高尔夫庄园俱乐部占地66亩，拥有20个普通打位和4个VIP包房，球道最长为300码^①，会所室内的建设面积为300平方米，练习场内有沙坑、目标果岭、大型原生树等，其中沙坑水面的面积为2亩，从打台到最低点的落差为20米。

③卢卡乡村酒店。卢卡乡村酒店是居易五云山的绿色餐饮配套项目，其规划为集会议、餐饮、住宿为一体的山地特色酒店。

卢卡乡村酒店依山而建，结合自然特色，展现原生态的就餐和居住环境，餐饮区临山而立，分布有就餐大厅、贵宾包间、烧烤区和娱乐区，大厅有餐位80个，贵宾包间4个。

卢卡乡村酒店以有机生活为核心，依托自身培植的生态农业种植园，着重推出以养生为主题的系列绿色餐饮、农家小菜和山野佳肴等各色美味，精心推出的数十套雅致的风情木屋采用纯木质结构，配套齐全，原生态装修，充满意大利托斯卡纳的淳朴风情。

卢卡乡村酒店最突出的特点就是绿色自然，返璞归真，具田园风味，农家味纯，其私密性、建筑特征也是一个亮点，其建筑风格比较明快，材料多为原木与石材，能与山体背景有机融合，与普通建筑形成鲜明对比。

（2）项目梳理（略）。

（3）项目产品示意（图3-2-5）。

总规图

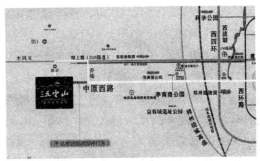

项目区位图

图3-2-5　项目产品示意图3

---

① 1码=0.9144米

148

四、龙泊圣地

(1)项目简介。龙泊圣地·澜岸是郑州远郊大盘龙泊圣地的又一个具有高度竞争力的子项目，其以闻名于郑州的庞大原生湖泊和优美景观为依托，其在龙泊最大的湖湾之处，雕琢出15栋超低密类别墅宽景 HOUSE。其最大的特点就是隐映在湖湾林丛之中，与自然融为一体，并提供近360°的观景空间和效果，超低密、宽景阳台、飘窗是其建筑的最大特色。为了保证低密的原则要求，其建筑只允许三层半、四层半的高度，而这些建筑还有些许特别的细节让人拍手称赞，如某些房型的浴室像飘窗一样向外凸显，洗浴甚至都融进了窗外那珍贵异常的庞大湖水之中，着实让人充满遐想。

龙泊圣地泊郡项目继续沿用前期开发的利好经验，并有所突破，打造龙泊圣地精品形象，全部为联排别墅产品，户户见景、亲水而居，全面释义湖水舒适的自然水景生活，以舒适、自然、休闲作为居住样板标准，在郑州市场稀缺别墅产品的时代，为有品味、优雅、健康人士提供独有享受，使舒适、湖水生活记忆永留在龙泊圣地。

小区内部配套设施有：龙泊会所、龙泊山庄、水上高尔夫、码头、水上运动中心、水上乐园、星级酒店、儿童乐园、钓鱼岛。

周边配套有：新郑市第三人民医院、龙湖镇邮政所。

教育配套有：中原工学院、升达大学、经济干部管理学院、河南省职工医学院、河南省经贸学院、河南省纺织高等专科学校、河南省检察官学院、国家法官学院河南分院等，另外还有龙湖一中、河南省外国语实验中学以及龙湖镇小学等。

餐饮娱乐场所有：清芳园酒店、金龙饭店、莲湖村大酒店、蓝天大酒店。

金融机构有：河南省农业银行、郑州市农村合作信用社、河南省建设银行。

(2)项目梳理(略)。

(3)项目产品示意(图3-2-6)。

项目鸟瞰图　　　　　　　　　　　　　　项目实景图

图3-2-6　项目产品示意图4

五、正商红河谷

(1)项目简介。正商红河谷项目是中国房地产开发百强企业——正商地产全力打造的高端项目，是郑州唯一依托溪谷、坡地、河流、森林资源打造的低密度高端居住区，是郑州第一个建筑在溪谷之上的低密度复合地产项目，物业类型非常丰富，项目规划有双拼别墅、联排别墅、花园洋房、电梯洋房、高层五种物业类型。建筑立面采用纯正的西班牙风格，西班牙风情结合坡地溪谷景观，在郑州目前绝对是唯一一个。对于整个正商地产来说，这也是一个里程碑式的项目。

该项目位于郑许产业带桥头堡，中州大道与西南绕城高速交汇处南500米，在行政区域上隶属新郑市。南大学城各个院校的班车都从该项目经过，开车从中州大道、大学路、京广路20分钟以内就可以直达该项目。

整个地块占地500亩，建筑面积约50万平方米。整个项目预计分三期开发，一期约10万平方米，产品为洋房和联排别墅，联排别墅的户型面积为200～250平方米，洋房类产品面积为80～160平方米。

项目东临中州大道，从图上可以看到，项目有三个出入口，中间是人行入口，南端和北端是两个车行入口。项目西临十八里河，北侧紧邻郑州地界。

地块的中轴线位置规划的是一条商业街，商业街呈T形分布，一直延续到中州大道。商业街西端规划的是一座峡谷公园，依托峡谷地貌，设置了立体景观，社区内部的会所也在公园之内，会所内健身、运动、休闲、娱乐功能应有尽有。往东是整个社区的中心广场，广场内规划的是高端儿童艺术教育中心。从中心广场到社区主入口这一段，规划的是生活一条街，分布有银行、美容美发店、洗衣店、蛋糕房等与生活息息相关的业态。社区主入口往南，规划做餐饮一条街，商业街南部拟建一座社区医院。社区医院再往南是近万平方米的双语小学。社区主大门东侧是双语幼儿园。幼儿园以北，拟建一座大中型超市，目前正在做招商洽谈。社区内部配置非常齐全，完全可以满足业主生活、教育、娱乐等各方面的需求。

地块最西侧是整个项目的景观资源最好的部分，除了临水之外，还有郑州独一无二的天然溪谷景观，视野开阔，规划的是双拼别墅。再往东部分是双拼别墅，中间部分是花园洋房和电梯洋房，北部以及两侧分布有部分高层。

(2)项目梳理(略)

(3)项目产品示意(图3-2-7)。

总规图　　　　　　　　　　　　　　　小高层

图3-2-7　项目产品示意图5

六、长城林溪湾

(1)项目简介。林溪湾位于素有郑州市区至新郑国际机场桥头堡之称的新郑市龙湖镇，项目总占地650亩，首批容积率约为0.69，毗邻即将通车的郑新快速路，尊居龙湖南大学城的中心腹地，距离郑州市区仅25分钟车程。

该项目由郑州新兴置业力邀国际顶级建筑规划公司加拿大 ADS、世界首席景观设计公司香港贝尔高林等业内翘楚强强联盟，以纯正的西班牙风格和对产品细节的严谨把控，力求把林溪湾打造成为中原顶级低密度生活区，也必将引发中原低密度生活的革命！

在地理位置上，林溪湾坐北朝南，左有十七里河，右有轩辕路，面朝青蓝湖水，首批容积率仅0.69，以一种凌驾龙湖资源万里峰峦的度假生活，演绎出生活之中至高的心灵归处。

在项目建造上，林溪湾打造了8～13.5米的面宽，面对独栋别墅仍然傲然挺立。通透的房间中温暖与清新的氧气回转在厅堂之中，房间与房间之间各显私密，保持最适合的距离，最终成就中原别墅类产品的升级之作。

在具体细节的把控中，林溪湾选取西班牙原乡手工陶瓦，墙面与屋檐丝丝入扣，纯净中犹带历史摩挲的痕迹，自由的建筑让人感到对生活的尊重。同时，其依山势走高，蜿蜒而上，利用台地的视野，将湾景与花木曲线延伸，顺依坡地的连绵，阔界的私人花园依湾而上，与西班牙的艺术建筑质感相映生辉。

（2）项目梳理（略）。

（3）项目产品示意（图3-2-8）。

双拼别墅

联排别墅

图3-2-8　项目产品示意图6

七、怡丰森林湖

（1）项目简介。怡丰森林湖，为郑州50万平方米的大户生态豪门，具有600亩的城市生态大盘，其湖畔联排和花园洋房傍依百米宽的景观大道天河路，是市区唯一主干道旁的生态大盘，与地铁2号线轨道仅咫尺之遥，拥揽惠济中央政务区，尊享300亩东湖、60万亩黄河湿地、千米宽防护林带、9 000平方米花西湖，秉持和昌地产"创造生活，建筑家"的企业使命，打造五星级商务会所、国宾级物管服务、国际级精英教育、西班牙风情商街，在湖光林影的浪漫尊荣里，缔造豪门礼仪和静美生活。

作为郑州市唯一紧邻市区主干道——天河路的生态别墅大盘，怡丰森林湖以品质鉴赏家的眼光，以生活雕琢者的品位，以洞悉未来的远见与智慧，于湖光林影之间，打磨一座城，湖畔联排、花园洋房、珍稀多层、伟岸小高层，演绎中西文明的灵犀相应，谱写大户豪门的贵胄传奇，贮纳征服天下者的气魄与胸襟，荣耀一座城市的辉煌与信仰。

怡丰森林湖汇聚了西班牙风情中所有珍贵、独特的元素，散发出古老欧洲皇家贵族的神韵。湖畔联排，户户有天有地，层层空中花园，既承继了独栋别墅的高贵，又避免了独栋的冷清落寞。

怡丰森林湖以别墅的标准打磨洋房。宜兴手工打制的红色筒瓦、有着粗粝质感的文化石、漂洋渡海而来的原木廊架、汽车钣金工艺打磨的马蹄窗、彩色涂料和铁艺栏杆……其细节之处的着意雕琢、生态之境的魅力、豪门户型的极致性价比，都抒发着森林湖对居住尺度的精妙理解，承揽着阳光和美景的深情拥吻，成就了别墅区里的珍稀洋房。

项目一期共30栋楼，在建项目中，1号楼为高档会所，16号楼、17号楼、18号楼、19号楼、20号楼为湖畔联排，2号楼、3号楼、22号楼、23号楼、26号楼、27号楼、28号楼、29号楼、30号楼为花园洋房。

项目二期，规划及在建共计73栋楼，其中16栋花园洋房，57栋湖畔联排。

(2)项目梳理(略)。

(3)项目产品示意(图3-2-9)。

花园洋房　　　　　　　　　　　　　　　　湖畔联排

图3-2-9　项目产品示意图7

本章小结

本章主要介绍了旅游地产的概念、类型、盈利模式以及旅游地产市场调研的方案策划、问卷设计、实施流程、数据的分析处理方法、调研报告的撰写等相关内容，提供了旅游地产调研的方案范本、问卷范本以及报告范本。

实训练习

1. 实训项目

选择重庆市一处旅游地产项目进行实地的市场调研，制作调研方案、问卷，进行数据分析并且撰写调研报告。

2. 实训目的

了解旅游地产调研的方法和具体操作流程以及问卷、报告的撰写方式。

房地产市场调研员职业生涯
发展指导篇

导　语

　　房地产市场调研是一项专业度很强、极富挑战性的工作。市场调研员的素质状况是影响市场调研的重要因素。如何针对职业生涯各个阶段的要求提升自己的职业素养，是每一个房地产市场调研员应该认真思考和重视的。各个企业或部门也应该针对房地产市场调研员的职业要求，通过创造良好的职业环境，加速房地产市场调研员队伍的建设和培养。

　　本篇构建了一个房地产调研员职业生涯周期模型，并就这一模型进行具体阐述。房地产市场调研员职业生涯周期模型将市场调研员的职业生涯分为九个阶段，即入职前期、入职初期、专业能力构建期、立业期、热情与成长期、职业挫折期、职业稳定期、职业消退期和职业离岗期。

一、房地产市场调研员专业贯穿于职业生涯全过程

1. 房地产市场调研员的专业背景

　　要想成为一名合格的房地产市场调研员，须经过多年的培养和锤炼，这个过程通常从由不同的渠道进入房地产市场调研员这个岗位角色开始，当然，如果再往前探寻轨迹的话会惊讶地发现，成为一名合格的房地产市场调研员可以从不同的专业背景和职业背景切入。有如商界的精英和领袖，在不同历史时期和经济发展的阶段，既有从传统意义上的行政路线提升的高管，如行政人力资源部门，也有从技术领域冒尖的优秀决策者，如系统软件开发部门。

　　成为一个合格或者优秀的房地产调研员到底应该有什么样的专业背景，我们不一定能够给予一两个明确的答案，但是或许可以从一个优秀的职业房地产市场调研员作为案例背景的个案调研中发现一些专业上的要素。例如，专业知识层面上的基本市场研究、区位分析、土地竞购、开发用地成本分析、工程造价、多种建筑产品设计、建筑节能体系、智能化技术、室内装潢、景观设计、公共艺术文化取向、区域规划、物业管理、会所设计，大社会学视角研究的方法，以及包括各种研究技术在内的研究工具，这些都是一个房地产市场调研员所需要具备的专业知识。

　　我们虽然没有提到市场细分和专业细分所带来的专业领域中的细分化趋势，不过在上述内容中所强调的综合的职业素养的内涵还在不断的深入过程中，其外延也在持续扩展中，这些内容在能力构建期等专门章节中会加以阐述。

　　既然有那么多的专业要求，而这些专业的细分可能会造成某个领域内的相对独立和封闭，那么在学生毕业并步入房地产市场调研岗位后，一定会出现一个再学习或者说是再补充的必由之路。我们在此所探讨的一些观点，把这些专业上的背景差异现象高度抽象和概

括，目的是总结出一些综合的共同要素以便指导实际工作中的应用。

综上所述，我们可以看出成为一名房地产市场调研员的过程是曲折的。既然房地产市场调研员的专业各不相同，而专业的不同造成了房地产市场调研员（特别是在专业上）发展上的需求在职业发展的不同阶段中就会有明显变化，那么现实中对于房地产市场调研员专业发展上的支持体系就必须适应这些不断变化的需求。

2. 房地产市场调研员的培养

房地产市场调研员的培养是一个复杂的过程。在传统观点看来，房地产市场调研员的培养是一个两步走的简单过程：在专业学院或综合大学里接受与房地产市场调研相关的职前专业教育；受聘于某个房地产公司或者某相关机构，如专业市场调研机构后，开始接受在职的房地产市场调研员培训，这种培训延伸至整个职业生涯。

房地产市场调研员培养的两个组成部分之间通常也就会存在明显的界限：在专业学院或者综合大学获得最基本的专业培训，也就是获得了一个基础的从业资格；在入职初期进入一个取长补短的调整期，以便获得成为合格的房地产市场调研员所必需的其他相关知识和技能，并在此过程中不断获得锻炼的机会。

3. 关于个性化房地产市场调研员的培养

房地产市场调研员个人和整个职场系统发生了许多变化，这就要求对于房地产市场调研员的培养要有一种区别对待的意识。

关注个性化的房地产市场调研员成长和培养的过程所取得的一个重大突破就是：管理者和人力资源的从业者，越来越关注任职初期的特殊需要。这不仅有利于降低房地产市场调研员在入职初期的高流失率，也有益于职业生涯管理理论的进步和实践的深入。同时，这也反映出人们的一个重要认识，即房地产市场调研员的培养没有随着学位和职业证书的获得而停止，也不能把同样的培养方式应用于所有的房地产市场调研员，他们的专业领域和专业水平以及实践经验水平都有所不同。在新的工作环境中，房地产市场调研员必然会有继续成长的需求，如房地产领域内的最新研究成果，特别是商业应用研究成果，最新的调研手段和工具的掌握，相关专业领域内的发展动向，以及个人对房地产市场调研员的岗位职责要求的适应。房地产市场调研员的入门培训是连接职前教育和在职房地产市场调研员培养的重要桥梁。

4. 关于市场调研员入职的阶段性培养

关注初任房地产市场调研员的特殊需求，结果是简单的两步过程正在被更复杂的三步模式代替，包括入职前期、入职初期、其余阶段。

房地产市场调研员职业生涯的其余阶段的继续教育需求，在专业上从学徒到师傅，在行政级别上从初级员工到职级不断向上发展，最终或许会脱离实际的房地产市场调研工作转而成为一个管理者，而房地产市场调研员的整个职业生涯的横向发展或者纵向发展的过程就是在房地产相关的职场系统中扬长避短的过程。

虽然房地产市场调研员入门的培训课程日益受到各种机构的重视（这是区分房地产市场调研员职业生涯全过程的不同阶段的培养需求的重要发展），但是我们不应该把入门培训课程看做房地产市场调研员个人对于专业发展的最后需求。当房地产市场调研员的职业生涯周期向前迈进时，会产生各种特定的需求。这些需求与房地产市场调研员对于工作的期望和要求的变化有关，有的和房地产市场调研员的个人生活密切相关。这些需求出现时，必须加以确认。

确实，房地产市场调研员职业生涯所有阶段的所有继续培养需求必须加以进一步区分。作为通过案例检验的房地产市场调研员职业生涯发展的模型，本书为这种区分提供了一个框架。

二、房地产市场调研员培训的思考

1. 成人发展的思考

有关成人发展的文献资料研究对房地产市场调研员专业发展方案的决策来说是基本的，然而仅这一点是不够的。说它是基本的，是因为它强调这样一个事实，即 20 岁的人和 30 岁的人以及 50 岁的人存在着明显的差异，因而不能够同等对待，也不能够寄予一样的期望；然而，仅有这一个基本点是不够完整的，因为这些研究大多是以男性为研究对象的，这些人原来也未从事过房地产市场调研的实际工作。

在包括房地产市场调研在内的很多领域，女性的从业人数和比例都呈现上升的趋势，所以不能够忽视对于女性的分析，因为这是开展进一步研究的理论基石，它最终会产生有助于更好地理解人类行为的知识。

当前，成人发展研究文献可划分为两类：一类强调发展的途径，另一类注重发展的阶段。它们各自运用不同的方式考察成人发展，更深入的研究也许会揭示两类研究之间的相互作用关系。

回顾我国社会发展的过程，当了解了改革开放以来的中国房地产的发展，尤其是市场调研在房地产领域中的科研及应用价值逐步被得到认同时，房地产市场调研员队伍的变化就使成人发展的年龄与阶段理论显得特别重要。房地产市场调研员的平均年龄结构在上升，而进入房地产市场调研员队伍所需要的一般能力水平却下降了，这种趋势使对贯穿职业生涯全过程的房地产市场调研员培养的需要比以往更大。

2. 房地产市场调研员发展的思考

由于产业发展导致的外部需求和房地产市场调研专业内部的变动机会较多，所以可能导致岗位的流动性比较大。此外，房地产研究市场标准的严格化趋势，使房地产市场调研员轻易退职和重新进入岗位的情况又有减少的趋势。

随着公司等商业机构对客服资源的重视，其对客户服务水平的标准在逐步提高，客户服务水平直接取决于对客户的了解程度。所以越来越多的房地产专业公司把越来越多的一线业务人员甚至是行政辅助岗位的员工送到房地产市场调研部门来进行实习或者锻炼。这样做的目的是让其他部门的新员工能够通过在房地产市场调研部门的实习、锻炼，更快了解房地产市场发展的现状和行业本身；同时这样做也会给房地产市场调研部门带来新观念和活力，但弊端是在他们完成锻炼期（如三个月）而离开的时候，往往会使正在进行的项目受到一定的负面影响，并使工作关系中断。

公司这样做的另外一个更长远的目的在于，如果其他部门特别是一线业务部门的新同事了解了房地产市场调研的方法论以及其积极的应用价值意义后，新的客户群体或者客户新的要求被注意并且作为一个商业项目要加以研究时，一线的业务员工就可以很容易并且快速融入新的房地产市场调研项目，甚至在这一过程中能够从他们自己的工作出发给予房地产市场调研部门建设性的建议和意见。这样的话对于房地产调研项目是非常有益的。

3. 市场环境的思考

由于房地产市场调研员对于房地产这个行业的发展有比较高的依附性，所以市场会随着房地产行业的发展同时呈现出对于房地产市场调研工作不同的需求程度和在专业上的不同重视的程度。

在我国，尽管人口出生率已有明显的回落，但预测到 2050 年仍将要达到 15 亿人口，占世界总数的 1/6。以上数字告诉我们，房地产行业不但要认真解决好今天城市建设中的人口与土地这一矛盾，而且还要切实为子孙后代在未来四十多年的居住问题上做好规划，留下发展余地。

如何在同样的用地上解决好更多人的居住问题，从规划建筑学的角度讲有两个指标与此有直接关系，一个是建筑密度，另一个是建筑容积率。这两个指标都是房地产市场调研中比较基础的内容。此时住宅高层化就成了房地产市场调研中直接被关注的一个重要方面了，因为住宅高层化无疑是解决这一问题行之有效的途径之一。

房地产本身的发展也极大地推动了房地产市场调研的进步。个性化的物业定制服务就是现在房地产发达地区比较流行的一种房地产服务，这种服务的供应商通过对国内外个性化物业进行大量深入的研究，可以掌握其核心理念和技术要求，进一步为企事业单位、开发区、城镇实施具体的形象独立、舒适度高、国际化、标准化的个性化定制服务。从选址买地到规划设计，再到建筑施工，以及内部装修配饰和后期的经营管理服务等重要环节反过来看物业定制服务，房地产市场调研在其中扮演着举足轻重的角色。

近年来，建筑生态的结合概念也要求房地产调研不能仅仅关注传统的指标，而且要强调采光与绿化、注意建筑材料在选材上的环保性，以及关注雨水收集渗漏系统、太阳能利用系统、可循环再生材料、绿化防晒墙、自然通风系统等一应俱全的生态参数。

重大社会事件同样对房地产市场调研起着非常大的促进作用，而且还会极大地拓展房地产市场调研的方向。同样是在高层建筑的研究领域，在 SARS 之后，建筑"风环境"课题成为一些研究机构的重要课题和社会使命。与此同时，"与城市协调发展的建筑与城市设计"的房地产市场调研项目也不断得到重视，其包括以下几大调研方向：城市视觉景观可持续研究、建筑"风环境"与自然通风研究、热环境与舒适度及建筑能耗研究、城市及城市公共空间的自然光环境研究、城市规划与建筑设计的声学质量模拟研究、楼宇结构优化与营造技术。

同样，社会和房地产业的发展在促进房地产市场调研发展的同时，也对从业者即房地产市场调研员的专业度提出了更高的要求和期望，这些因素同样很深地影响着房地产市场调研员职业生涯的发展和规划管理。

4. 组织环境的思考

马斯洛(1960)的需求层次理论对职业生涯发展的影响可谓至关重要。马斯洛的需求层次理论强调在考虑社会需求被满足之前，重要的是要以工资、养老金、长期聘用和角色巩固的形式，建立起职业人的安全感，房地产市场调研员的安全感也来源于此。不过在整个理论框架中，社会需求的比重在不断提升，内涵在不断丰富。

有学者在1959年提出了双因素理论，双因素理论区分了"保健因素"和"激励因素"。保健因素主要是指工资、成长的可能性、人际关系、职位、技能、监督、工作条件、政策与管理、工作保障、个人生活。保健因素被认为是"不满因素"，因为这些因素得不到满足会导致工作绩效降低，从而无法达到最低限度的可接受标准。而足够的保健因素至多只会产生"拿多少钱干多少事情"的结果。提高保健因素不会使上述基本绩效水准上升，因为这些需要得到了满足后就不再具有激励作用了。

为了创造一个可激励更高绩效水平的环境，必须提供激励因素。激励因素包括一些更高层次的需要，诸如成就、认可、工作本身、责任感及提升。这些因素的满足会使绩效超越"拿多少钱干多少事情"的水平，而去掉这些激励因素也不会使绩效低于这个水平。

在整个理论框架中，增加自主需要是特别引人注目之处，强调决策中的专业自主需要对房地产市场调研员来说是一种非常高级的需要，它仅次于自我实现需要。

5. 激励措施的思考

房地产市场调研员的角色正在发生变化，同时对变化中的专业需求的认识正促使决策人员提供范围更广的激励措施。要吸引并留住最有能力的房地产市场调研员，需要重视对经验丰富的房地产市场调研员给予适当激励。这些激励措施包括补偿计划、职业选择、增加专业责任、非金钱的认可(如表扬和荣誉)和改善工作条件。

6. 个性化专业发展的思考

随着对成人与组织发展、动机理论以及促进工作满意度提高和工作绩效改进的激励措施的深入理解，与房地产市场调研员发展的有关观念必须转化，以便使各种最可行的措施得以实施。社会和工作场所的人口正在发生变化，这也会影响公司有关满足需要的最佳方式的决定。实际工作中强调，必须根据个人需要为房地产市场调研员量身定制发展的机会。这种个性化方案必须是适当的、系统的和连续的。

专题一 房地产市场调研员的职业生涯周期

　　房地产市场调研员的专业发展是一个动态的、伴随职业生涯始终的过程。前面已经为这一过程奠定了理论基础。本专题将继续这个主题，提出一个涵盖房地产市场调研员职业生涯发展全过程的模型。这一模型将作为后面内容的分析构架。

一、房地产市场调研员职业生涯周期的早期观点

　　房地产市场调研员职业生涯周期模型的发展，受到了若干项个人研究和早期模型构建尝试的影响。

　　1978年"关注阶段问卷"（Stages of Concern Questionnaire）的设计目的是测量改革进程中个人的关注会出现在何处。结果表明，个人关注的进行阶段是从自己到任务，然后才到影响。

　　满足个体专业发展需求的努力中，已经包含了改革的实行过程，因此，研究证实了一个事实：专业发展需求必须以个体的发展阶段为基础，以关注为本的应用模型有助于规划和评价房地产市场调研员的发展活动。

　　建立在经验和观察基础上的一般的职业生涯模型反映出，有1～3年工作经验的职业人共同体验到了一系列的生存和发现关注，然后进入了稳定期。这时房地产市场调研员也会向多个方向分流：一些房地产市场调研员走上了实验或多样化之路，其他的转向经验总结或整合之途。这些道路的每一条后续选择的路径，会导致职业生涯的平静或保守。最后，所有的路径在职业生涯末端或离开房地产市场调研岗位时汇合。这种退出可能是"平静的"或"痛苦的"。

　　房地产市场调研员的职业生涯周期是一个复杂多变的过程。

二、房地产市场调研员职业生涯周期模型的构建

1. 职业生涯周期模型的构建方法

　　职业生涯周期模型的构建及运用的方法包括：日常观察法、访谈法、个案研究及文献考察。房地产市场调研员职业生涯周期模型的开发参考了前人为其他职业所研究和开发的职业生涯周期模型，在此基础上运用了个案研究、访谈法等实证的方法。操作模型应服务于双重目的，即为行动提供指导和为未来研究提供结构。"行动指导"功能为实践者提供了一个框架，使之把模型构想作为决策、规划、政策制定的指导思想。职业生涯周期模型中存在许多这类实践含义和应用价值，这将在后面的专题中介绍。

2. 职业生涯周期的影响

房地产市场调研员的职业生涯周期是动态的和可变的，而不是静止的和固定不变的，这种方式主要借鉴了社会系统理论。职业生涯周期按阶段进行，本身不是以固定的步子、按照线性方式发展的，而是在对于个人和组织环境因素做出反应时，以动态方式前进的。

房地产市场调研员的职业生涯周期会对环境条件做出反应：支持性、鼓励性和援助性的环境能帮助房地产市场调研员追求有益和积极的职业进步；反之，环境中的冲突和压力会对职业生涯周期产生负面影响。环境因素常常是相互作用的，我们很难确定影响周期的特定因素。因而我们尝试对这些变量加以整理，把影响因素粗略分成个人环境和组织环境两大类。

房地产市场调研员的个人环境包括一些相互作用的因素，然而这些因素又属于不同事物的不同方面。在个人环境的变量中，影响职业生涯周期的因素是：家庭支持结构、积极的临界事件、生活危机、个性特征、业余爱好以及房地产市场调研员经历的生活发展阶段。这些因素会在相当重要的时期影响个人，它们可以成为影响工作行为和职业生涯周期的驱动力。那些来自个人环境，不与职业自身相互冲突的支持性、鼓励性和援助性的因素，可能对职业生涯周期产生正面的影响。相反，负面的、充满危机的和引发冲突的个人环境，则容易对房地产市场调研员的职业生涯产生消极影响。下面将描述上述的每个环境因素可能出现的关注点。

(1)个人环境因素。

①家庭因素。房地产市场调研员的家庭生活是个人环境的重要组成因素。这个内部支持体系可能是积极的，也可能是消极的。父母的鼓励和支持，对处于前期职业生涯早期的年轻人可能会有积极的影响。家庭不愿意让孩子选择房地产市场调研职业，可能导致孩子难以应付挑战，很难成为房地产市场调研员。内部支持体系也会持续到房地产市场调研员自己最初的家庭，如选择配偶、养育孩子以及相关的家庭事件，这些都可能对职业生涯活动产生重大影响。

房地产市场调研员所承受的不同家庭角色期望也会影响职业生涯周期。如果丈夫要求做房地产市场调研员的妻子除完成调研工作之外还要履行所有传统家庭职责和母亲的角色，这会为她的职业带来巨大的压力。在另一种情况下，配偶分担了家务和父母的职责，这会使房地产市场调研员的职业生涯顺利充实。

其他可能影响到房地产市场调研员职业生涯的家庭因素包括孩子的出生、经济状况以及其他家庭成员的健康与福利。这些因素会以积极的临界事件和危机形式出现。

②积极的临界事件。积极的临界事件有许多形式，包括结婚、孩子的出生以及宗教体验。生活中的这类积极事件，可以为一个人奠定支持和安全的基础，进而影响职业活动。与一个人产生相互作用"有影响的其他人"，可能也包括导师或者其他别的对职业选择和生活抉择有积极影响的人。

③危机。个人或家庭危机可能对职业活动产生巨大的影响。危机事件，如所爱的人生病、近亲死亡、个人疾病、经济损失、婚姻困境以及法律问题，都可能是房地产市场调研员

的关注重点并导致其离开其所在的工作岗位。遇到这类危机时，房地产市场调研员会发现，他们难以处理职业期望与压力之间的关系。

④个人特征。每个人都是独特的，经验积累、志向与目标以及个人价值观，这些因素的结合决定了一个人的特性。这些因素影响着职业的抉择与方向。个人志向与目标可能对一个人年轻时选择房地产市场调研职业的决定产生影响。稍后几年，随着阅历的增加和需求的改变，房地产市场调研员会重新评价自己优先考虑的因素，这也会导致他们改换职业或遭受职业挫折。另外，成熟能使房地产市场调研员变得更有反思精神和专业能力，这是继续成长和发展的前提。

⑤业余爱好。业余爱好可以为房地产市场调研员继续成长提供机会，而这种成长可能反哺房地产市场调研活动。业余爱好还能够成为房地产市场调研员发挥才能和获得认可的渠道，这可以补充房地产市场调研员工作成就感的不足。对有些房地产市场调研员而言，这些业余爱好的需求是无法在日常工作中找到的。房地产市场调研员经常可以从事的业余爱好包括业余兴趣活动、志愿服务、宗教体验、旅游和体育锻炼。

⑥生活阶段。由 Sheehy 和 Levinson 及其同事发表的有关生活阶段的文献广受欢迎，他们确认个人因素可能对职业生涯周期产生重要影响。在不同的生活阶段，成人经常会质疑和反思职业、家庭、生活目标以及个人的优先考虑因素。这在中年危机阶段尤为明显，个人会被下半辈子该干什么这类问题所困扰而显得心事重重。中年危机阶段是个人认真的质疑和严肃的再评价阶段，会对工作绩效和职业选择产生相当大的影响。

应该指出，上面所罗列和描述的个人环境因素并不全面。我们只是对个人环境中一些影响职业生涯周期的组成要素作了描述。

(2)组织环境因素。公司和公司系统的组织环境是影响房地产调研员职业生涯周期的第二大类因素。这里起影响作用的变量有：公司的规章制度、行政领导的管理风格、社会公众的信任度、社会对房地产市场调研系统的期望、专业组织和专业学会的活动以及公司系统的工会氛围。来自这些组织环境的组成要素的支持会强化、赞赏和鼓励房地产市场调研员在职业生涯周期中向前迈进。相反，不信任和怀疑的环境氛围，则可能造成负面影响，以下反映了我们对这些组织方面的关注。

①公司的规章制度。房地产市场调研员要遵守无数规章制度，这些规章制度来自于部门、公司和学术性的各种组织。它们通常规定了专业工作的秩序和结构，反映出目标和价值观。然而，有些时候，规章制度可能导致官僚主义，对房地产市场调研员产生负面影响。

②管理风格。领导的管理风格可能对房地产市场调研员个人的职业生涯周期产生很大影响。如果公司领导营造的是一种信任与支持的氛围，为房地产市场调研员的授权和发挥主导作用提供机会，那么房地产市场调研员的反应肯定是积极的。而缺乏信任、以监督为主的管理和工作则很可能降低房地产市场调研员的热情。

新的领导关系会导致管理风格和房地产市场调研员反应的改变。受到挫折的房地产市场调研员在新的领导来到后获得新生和重新发展的机会，这种情况并不罕见。相反，新领导倾向于加强控制，会给习惯有较大自由度的房地产市场调研员带来各种问题。

③公众信任。公众的信任可以理解为部门和公司内部同事对于房地产市场调研员工作的肯定和支持，也可以来自于外部客户和社会研究机构。公众的信任氛围会对房地产市场调研员的职业生涯和工作绩效产生深刻的影响。在积极的氛围中，公众信任房地产市场调研员和组织，会提高房地产市场调研员的自信，并使房地产市场调研员以积极的态度把房地产看成一项长期调研职业。相反，不停地抨击或者批判肯定会对房地产市场调研员的自我评价产生负面影响。另外，外部氛围也会反映在对组织或者部门的财政资助上。

④社会期望。除了信任问题以外，社会对于组织的期望也以多种形式影响着房地产市场调研员的职业生涯周期。各种组织的目标、伦理价值、价值观念、期望抱负，都起着重要作用，如各种特殊利益集团、全国性和地区性的有关组织或者利益团体对房地产市场调研工作所产生的影响。所有这些因素都有助于界定房地产市场调研员和组织所处的外部环境，并明确某一特定区域中可能强烈影响房地产市场调研员自我评价和自我角色期望的动态环境特征。

⑤专业组织。房地产市场调研员经常可以从某个组织中获得领导与成长的机会，如房地产研究机构、房地产企业的研究部门等，这些组织为房地产市场调研员的专业更新、成长和出任领导职位提供了机会。当然这些组织还应包括各级的工会等团体。

3. 职业生涯周期模型的结构

职业生涯周期阶段代表了"真情实景"，这种"真情实景"来自各个阶段，下面我们将简要描述职业生涯周期模型的八个组成部分。

(1)职前期。这是某一特定专业角色的准备阶段。其通常是指在专业学院或综合大学里的初始培训阶段，可能也包括房地产市场调研员为扮演新角色或者承担新任务而接受的再培训，这种培训可以是高等教育机构的培训，也可以是工作环境中围绕房地产市场调研培训的一部分。

(2)职初期。其一般指房地产市场调研员受雇的开始几年，是房地产市场调研员在组织系统中的社会化时期。这时新房地产市场调研员尽力争取同事、领导、相关部门及其组织和个人的认可，并且试图在处理日常问题和事务上达到一个舒适和安全的水平。当从一个项目改换到另外一个项目，或者从一个综合部门、小组调动到一个专门性的课题组时，房地产市场调研员也可能产生职初期的感受。

(3)能力构建期。在职业生涯周期的这个阶段，房地产市场调研员正努力提高房地产市场调研的技能和才智。他们找到了新的工作方法、策略和工具。这个阶段的房地产市场调研员容易接受新的观念，积极参与各种技能培训，以提高各项能力和学术研讨水平。

(4)热情与成长期。在这个阶段，房地产市场调研员的工作能力已经达到了较高的水平，但他们的专业能力还在继续进步。这个阶段房地产市场调研员的主要特征是充满热情和对工作的高度满足。在为组织确定合适的在职研讨活动中，这些房地产市场调研员常常起到支持和协助作用。

(5)职业稳定期。经过了热情与成长期，调研员的经验已相当丰富，而技能也相当娴熟，在从事实际的调研活动中有游刃有余的感觉。但也正是在这个阶段，工作的挑战性开始降低，由挑战性所带来的积极态度开始改变，激情开始降温。在职业调研员心中，职业实践从高涨的事业型工作开始向平稳的事务性工作过渡。这就进入了调研员的职业稳定期。

（6）职业挫折期。这个阶段的特征是房地产市场调研员的挫折和幻灭。随着工作满足感变弱，房地产市场调研员开始对自己为什么从事这份工作提出疑问。"职业倦怠"就出现在这个阶段。尽管这种挫折感大多出现在职业生涯的中期，但房地产市场调研员在职业生涯相对较早时期就出现这种感觉的情况越来越多，这很可能与房地产市场本身的发展和变化周期有关。

（7）职业消退期。在这个阶段，房地产市场调研员正准备离开专业岗位。对一些房地产市场调研员来说，这可能是一个愉快的时期，回忆他们曾经体验过的美好经历，并期待改换职业后退休。对另外一些房地产市场调研员来说，这可能是一个痛苦的阶段，他们不喜欢被迫中止工作，或迫不及待地要离开这份不值得的工作。这个阶段可能长达几年，也可能只有几周或者几个月的时间。

（8）职业离岗期。房地产市场调研员职业生涯的离岗期是指房地产市场调研员离开工作后的一段时间。这个阶段不仅仅指房地产市场调研员服务多年后退休，还包括其他的一些情况，如自愿或不自愿地终止工作后的失业，或者为了抚养孩子而暂时离岗，或离岗选择其他职业，或转岗到房地产系统的非市场调研工作，如行政管理岗位。

4. 职业生涯周期的动态特征

粗略一看，人们倾向于把职业生涯周期看做是一个线性过程：一个人在入职前期进入房地产市场调研行列，然后在各个阶段逐步行进。虽然这种看法有一定道理，但这种假设并不是对这个过程的准确描述。相反，我们假定职业生涯周期是一个动态的涨落过程：房地产市场调研员在应对来自于个人环境和组织环境两方面的影响的过程中，在各个阶段来回转换。

📖 专题小结

房地产市场调研人员需要根据自身情况，尽快进行职业生涯的规划。个人因素是影响职业生涯的内因，需要积极调整好自己的心态。组织环境因素是影响职业生涯的外因，需要以积极的心态去适应。在职业前期，学好专业知识技能，才能在能力构建期较好地构建起自己的核心职业能力。

专题二 入职前期

入职前期是某一个特定专业角色的准备阶段，通常是指在专业学院或综合大学里的初始培训阶段，可能也包括房地产市场调研员为扮演新的角色或承担新的任务而接受的再培训。这种培训可以是高等教育机构的培训，也可以是工作环境中房地产市场调研员发展的一部分。

入职前期是事业生涯周期的起点。传统上，当房地产市场调研员在专业内调换岗位或者完全改换专业时，他们会发现自己又回到了职业生涯的之前阶段。因此，这个阶段跟年龄、时间以及其他因素密切相关。

一、个人环境影响

个人环境的动态特征对入职前期的房地产市场调研员有显著影响。不论他们是按传统方式，还是按非传统方式进入这个行业，个人环境因素都能促进或阻碍他们选择作为房地产市场调研员。

1. 家庭影响

在经济上和心理上，家庭对入职前期的房地产市场调研员都起着重要的支持作用。通常在大学毕业前，学生要接受家庭的经济资助，家庭成员会在鼓励或劝阻入职前期的房地产市场调研员方面起影响作用。

2. 临界事件和危机

临界事件和危机这两个方面也同样影响着入职前期的学生的生活。对于传统学生而言，恋爱或者订婚甚至结婚可以是一种积极的支持，也可能导致危机。作为传统学生，除了面临同样的问题以外，还要关注一下其他问题，如和配偶一起迁往别处寻找新工作、孩子的出生以及照顾孩子或年迈的父母。另外，当一个人离开已担任领导的职业转换到新职业后，只能处于最底层，这时常常会出现危机，虽然这样的事情并不是经常发生。

3. 成人发展和个人特征

入职前期房地产市场调研员的成人发展各不相同。20岁的学生和30岁的学生有着不同的生活经历、期望和目标。20岁的人处于向成人早期过渡的过程，而30岁的人正处于向成人成熟期转变的过程。他们的世界观与他们对孩子的期望一样，受他们自身经历的影响。

4. 业余爱好

在传统学院里，在入职前期学生有许多参加业余活动的机会。组织工作、学生会、体育、戏剧、音乐和美术，这些只是大学生从事的业余活动中的几种。在大学时，许多入职前期的学生会形成某种业余爱好，并终生坚持。

二、组织环境影响

入职前期学生的组织环境，不仅包括为学生提供专业见习和实习的基础机构，还包括高等教育机构。这两个组织一起形成了一个复杂且充满竞争的环境，给入职前期的学生带来许多冲突。我们可以以不同的方式看待入职前期房地产市场调研员进入行业的社会化过程。当然，这是一个不容易改变的相互影响的过程。

1. 高等教育机构的影响

我们在前面已经提到过高等教育层次的组织影响。因为这种影响常常被看做传统学生和非传统学生之间的一种区别。这种影响存在于对理论和方法的重要性的理解中。在某些案例中，房地产市场调研实习是支持性的，这就能够让学生喜欢这份工作中的许多要素，学生也能够发现实习指导人员让他承担了许多工作责任。实习合作指导人员的管理风格和工作方式让他感到舒适，促使他能够轻松自在地融入现有结构。

2. 社会期望

未来房地产市场调研员在职业生涯的职前阶段一般容易受社会的影响。在公众眼中房地产市场调研的重要性以及社会问题都会影响到入职前期的房地产市场调研员。对于处于入职前期的房地产市场调研员，如果家长使学生相信房地产市场调研员"工作太累、工资太低、休息太少、回报太少"，那么就不难设想出选择可能性的大致比例。

3. 专业组织

各种专业组织对入职前期的房地产市场调研员的实习工作影响不大。专业组织隶属于不同的学科领域，当大学生被介绍给这些组织时，他们与各种组织的关系还处于一种认识水平。学生知道专业组织左右着特定学科领域的新近研究，也了解这些组织对于具体专业工作领域的影响。专业杂志被用于各个学程，学生也熟悉，专业杂志是房地产市场调研员确保掌握专业知识前沿最方便的工具。实习期间，有关部门常常会举办一些研讨会，让学生了解房地产市场调研组织。

当房地产市场调研员告别职前阶段，他们与这种组织的关系则从认识水平转变为利用和参与水平。他们从期刊中寻找理念和材料，向其他各种正式或者非正式的组织寻求帮助和服务。

当入职前期的房地产市场调研员从学校来到组织中，他们面临的组织结构的作用是相当复杂的。运作规则变化如此之大，入职前期的房地产市场调研员需要同时生活在两个世界，因此，这种转变并不容易。尽可能使入职前期的房地产市场调研员平稳过渡，既是学院的责任，也是组织的任务。

三、入职前期房地产市场调研员的支持体系与鼓励

如果入职前期房地产市场调研员的支持结构必须由高等教育和组织这两种层次的机构

组成，那么它们的作用是什么？谁又是参与其中的合适人选？何时是参与的最佳时间？

对于目前研究所得出的结论，我们可以从两个方面来分别看待。首先是高等教育机构，它可以提供处于入职前期的房地产市场调研员定向的经济资助、早期的建议与指导、早期与组织的接触机会、理论方法和实践经验的整合、随着房地产市场调研工作实践经验的积累而举办的研讨会、学生的同学群体或支持团体、与教授的正式和非正式的接触机会、被引见给专业组织的机会、伴随着房地产市场调研实习进行而举办的专业方面的研讨会，或与专业组织一起为入职前期的房地产市场调研员提供正式的观察和技能培训的评价、举办适合新房地产市场调研员的专业方向的研讨会，或提供与角色转变有关的高级学位选择。

其次是作为专业的组织，也可以逐渐与学院、组织中的人事部门引导学生确定本人的就业意向，同时提供介绍性的课程并与大学人事部门合开引导性研讨会、与部门以及公司的领导进行正式和非正式的接触、对组织人事部门进行观察和反馈、召开房地产市场调研实习期间的现场研讨会、帮助初任房地产市场调研员的学生导入计划、帮助房地产市场调研员了解学术前沿并进行拓展知识的在职教育。

然而，入职前期的房地产市场调研员和初任职的房地产市场调研员往往会有类似的经验，即敏锐地意识到房地产市场调研职业的形象不佳。他们希望自己所选择的专业能够获得并应该得到社会的普遍认可。

四、专业成长需求

生存实习是初任职的房地产市场调研员最关心的事情，专业发展与工作中的实际运用直接相关。我们发现许多初任职的房地产市场调研员希望在他们的第一年工作期间，组织能够给他们安排一位带教人员，同时允许他们观摩其他部门同事的专业工作或者参与会议以及讨论，以此作为他们专业发展的一部分。

很多现象表明，适合入职前期和初任职的房地产市场调研员的专业发展活动范围广泛，形式多样。假如认为房地产市场调研员处于职业生涯的初始阶段，他们的需求是相似的，但这种假设是不准确的。

专题小结

我们需要把房地产市场调研员当作个体来对待，无论是在职前阶段，还是在职业生涯的其他阶段，这一点都是显而易见的。无视入职前期的房地产市场调研员的个人和组织环境影响是不可能的。因为高等教育机构和组织都对入职前期的房地产市场调研员施加了压力，这个阶段的组织结构相当复杂。学生之间和他们的期望之间存在着许多重要的差别。正如教师必须考虑学生的个体需要，高等教育机构和组织也必须在他们的职责范围内对入职前期的房地产市场调研员的各种不同需求提供支持。

专题三　入职初期

一、入职初期的重要性

职业生涯周期的入职初期阶段，是房地产市场调研员在公司系统中的社会化时期。这时，新房地产市场调研员努力提高能力，争取同事和领导的认可，并且试图在处理日常事务时达到舒适和安全的水平。

对于一个刚从事房地产市场调研工作的人来说，入职初期是融入部门、公司专业架构的阶段。所有房地产市场调研员进入房地产专业时，都是毫无经验的。这是一个从实习房地产市场调研员到一般员工的重要转变时期。

入职前期的培训最多只能帮助房地产市场调研员做好进入专业的准备。然而再好的培养房地产市场调研员的课程，也无法准确地代表真实的工作。人们经常会说，对于自己的第一份工作，他们还没有充分准备好，因为工作和实习、见习完全不同。

很可能在房地产市场调研员的职业生涯中，没有其他任何时期会像前几年那样让他们怀疑自己的能力。组织相信初任房地产市场调研员的人有适应新环境的能力；一般的培训课程也证明他们有实际工作能力，只有新房地产市场调研员自己才知道，他们所学的和他们需要学的东西之间有多大的差别。他们时常担心自己缺少成功的能力，可能发现自己还没有做好准备，去适应组织情境和承担工作职责。当真正遇到问题时，他们可能不知道该去哪里寻找支持和帮助。

资深的房地产市场调研员在改换职位或部门时，也会产生相同的问题。在这个多变的时期，自我怀疑、焦虑和压力都是常见的。特别是在更换工作岗位时，房地产市场调研员离开原先熟悉的环境，去和新同事、新领导建立新的人际关系，这时是否胜任的问题就会浮出水面。

二、对房地产市场调研员入职初期的研究

我们通常把工作发展的早期称为"存活阶段"。入职初期，房地产市场调研员关注的是每一天的生存。每一天的工作安排和工作组织、在公司系统中发挥的作用、寻找新的资源和材料，这些是新房地产市场调研员关注的另一些重要的事情。在这个阶段，房地产市场调研员要经历一系列的工作调整时期和关注阶段。

最初的存活阶段可以分为不同的时期，大致可以从描述现实冲突的三个时期做一个比较，即蜜月期、感受冲击和排斥时期、恢复期。蜜月期是令人迷恋和兴奋的，房地产市场调研员对环境充满了兴趣。然而，接踵而来的是感受冲击和排斥期，房地产市场调研员也

会在公司场景中面临价值冲击或接到没有准备的任务。当处在第三个时期即恢复期的时候，房地产市场调研员常常能够看到事情乐观的一面，并能够更客观地对环境和工作要求做出反应。

Levine 在 1998 年的研究描述了新来者进入一个场景之后，面临的调整阶段。进入新环境，初来乍到者要忙于安排各种事情，很少有时间进行反思。一旦这种初期的混乱安定下来，幻灭和解组时期就会降临。探索期是一个很长的时期，在此时期，新进入者会更多地反思自己的生活抉择。当这些问题被解决之后，他们就会完全适应。

三、对房地产市场调研员入职初期的考察

初任房地产市场调研员的人只有先解决胜任和存活的关注问题，才能前进到更成熟的关注问题，即关注工作策略和学习效果。

考察房地产市场调研员社会化过程的另一个框架是分析初任房地产市场调研员的人如何使用工作角色、赋予自己的信念以意义，以及吸收别人的信念。作为一个自主的或自我实现的人，初任房地产市场调研员的人的安全、归属和自尊需要得到满足，这之后他们才能对环境中的现实做出更加适当的反应，从而展开工作。

四、入职初期的影响因素

1. 个人环境影响

在职业生涯的入职初期阶段房地产市场调研员经历着所有新进者都会遇到的困境。在他们寻求并澄清其专业身份时，必须克服对自身专业能力的怀疑。个人环境经常影响他们的职业入门或角色变换过程的难易。

(1)家庭。对于初任房地产市场调研员的人来说，家庭是一个重要的内在支持系统。他们寻求舒适，但常会被混乱和幻灭所困扰，这会影响家庭关系。每天都是一种新的冒险，需要有人倾听他们的诉说，分享他们的感受。家庭成员的耐心和理解，可以在减轻他们的焦虑、降低他们的压力并改变他们自我怀疑的态度上发挥很大的作用。

在这个阶段，新房地产市场调研员在组织的相关活动中必须花费大量的时间和精力。对于房地产市场调研员来说，调整期的时间要求会与家庭责任发生冲突。找到一种可接受的生活安排，对于入职初期的房地产市场调研员来说是非常重要的。无论年龄大小，他们都需要时间和精力去驾驭这个调整阶段。

(2)成人与发展。除了初入房地产市场调研专业这一时期之外，工作的第一年通常也是房地产市场调研员转向成人世界和自己承担一些责任的时期，有关入职初期房地产市场调研员个人需求和目标的观念是这一时期明显的影响因素之一。从自由自在的学生生活，进入到有各种约束、要承担多种责任的专业生活，第一年成了初任房地产市场调研员的人的紧张的学习时期。

如果在传统大学毕业的年龄进入专业，年轻人所有的正常发展任务都会在职业入门时同时出现。这是一个探索和发现的时期。乐观和理想给这些年轻的房地产市场调研员以精

力和热情，使他们能够适应生活环境的变化。职业生涯阶段的研究把入职初期的年轻人描述为：热衷于工作、精力充沛、承认他们有许多东西要学习，并在努力提高工作技能。

告别过去，从学校毕业，入职，意味着他们的第一次独立生活，并且从经济上可以完全摆脱对父母的依赖。如果要搬到新的区域，他们还必须扮演新的角色，建立新的社会关系。这经常意味着要离开原先的朋友圈子和支持系统，进入一个陌生的世界。

如果新房地产市场调研员在一个陌生世界中为生存而奋斗，那么他们着手解决艾里克森所谓的年轻成人期亲密与孤独的冲突将会有新的意义。建立与同事的个人关系，可能是他们寻找职业导师过程中的一部分。

在各个调整阶段，重要的是使家庭和朋友确信，选择房地产市场调研职业是值得的。

丰富的生活阅历的确会影响入职初期阶段，尽管他们仍然存在焦虑和自我怀疑，但过去成功的历史对其是有帮助的。

（3）临界事件和危机。因为入职初期的压力大，对自己的能力不能肯定，所以任何变化，无论是积极的还是消极的，都会给初任房地产市场调研员的人以危机感。高于常态的焦虑水平会使他们对个人生活中微小的事情反应过度。他们需要稳定，而现在的组织可能恰恰不是一个能够找到稳定的地方。经济独立、结婚或建立新的人际关系，这些都要耗费精力，而试图在组织中得到认可和舒适感，已使新房地产市场调研员的大多数精力用尽了。

（4）个性特征。在转变期，个人价值观时常要接受检验，不能确信自己的能力，因而，初任房地产市场调研员的人在寻找解决办法时，经常怀疑自己的价值观。那些发现组织的信念结构与自己的认知不同的房地产市场调研员，则必须设法协调这一差异。

由于入职初期本身存在很多不确定因素，所以房地产市场调研员明确自己的抱负和目标是很有必要的。无论遇到什么障碍，保留一个清晰的愿景，了解自己选择房地产市场调研职业的理由或改换到新职位的原因，有助于增强初任房地产市场调研员的人成功解决问题的信心。

认知发展理论能够帮助我们解释初任房地产市场调研员的人的个人差异，也可以帮助我们理解为什么有些房地产市场调研员的问题比较多。发展理论把房地产市场调研员看做成人学习者，描述了新房地产市场调研员的概念发展水平的前进过程。这个过程的标志是房地产市场调研员的思维水平从单纯和非创造性的思维阶段发展到高级的具有分析性的灵活思维阶段。发展阶段越高，入职初期的房地产市场调研员就越能够应对他们每天面临的挑战。

（5）业余爱好。在适应阶段，时间对房地产市场调研员来讲是非常珍贵的。在决定自己的时间安排时，房地产市场调研员经常会排除或搁置那些与他们的新角色不会产生直接影响的业余活动和爱好。以前有益于身体健康的兴趣或其他活动，经常被认为是多余的和浪费时间的。在工作和娱乐之间找到平衡点，是大多数入职初期的房地产市场调研员努力的目标。

2. 组织环境影响

在房地产市场调研培训期间的理念，很快被严格和强制的组织的日常工作打破，这就是许多人所谓的"现实冲击"。在入职初期，房地产市场调研员所受的冲击程度受到如下因素影响：行政管理者、同事、任务要求和资源。积极的、支持性的组织环境比不信任的或孤立的氛围更有助于房地产市场调研员度过调整期。

（1）公众信任和社会期望。在自我怀疑和不确定的时期，新房地产市场调研员需要确信他们的专业选择是有价值的，房地产市场调研是值得从事的好工作。公众对房地产市场调研的性质和质量的广泛关注，往往会聚焦于房地产市场调研对于项目促进的作用上，这一切又使房地产市场调研员成为关注的焦点。结果是，其只让那些能干的房地产市场调研员留下了。在这种背景下，房地产市场调研员只有日复一日，为了生存下去而筋疲力尽。

（2）公司的规章制度。在这个具有不确定性的时期，入职初期的房地产市场调研员掌握组织的规章制度的具体术语很关键。在这一时期，房地产市场调研员不会违反组织的规定。让新房地产市场调研员熟悉工作程序，了解课程工作内容，可以使他们有安全感。因为只有这样他们才能够知道什么该做，什么不该做。

正式的程序和标准是很难掌握的，不过那些不成文的企业文化更难把握。任何能够减少新房地产市场调研员不确定感的策略，都可以增加他们的专业生活的稳定性。

（3）管理风格。任务的管理安排，会强烈影响到新房地产市场调研员的角色舒适感。不切实际的工作安排会阻碍房地产市场调研员的进步。假如分配给新房地产市场调研员与老员工的任务一样，甚至更难一些，那么新房地产市场调研员就会有如下顾虑：与更资深的房地产市场调研员相比，自己会被认为是缺乏能力的。如果第一年就要给新房地产市场调研员安排各种项目任务，组织应该考虑到他们的力量和能力，不能把分剩下的工作全部推给他们。

组织内部的领导对新房地产市场调研员的支持程度对他们的影响很大，如果新房地产市场调研员感觉自己是组织团队的一分子，那么组织领导人能否敏锐地察觉他们的焦虑和需要，这对他们的成长来说是具有决定性的。因为时间珍贵，所以机构应保证足够的工作用品和材料，这样可以减少新房地产市场调研员寻找的时间。新房地产市场调研员的经验有限，项目资料和其他材料不足，会给他们带来额外的负担。

组织负责人要努力打造这样一种专业关系：既为试用期的房地产市场调研员提供支持，又仍然承担对他们的监督与评价的行政管理职责。新房地产市场调研员应该知道，哪些是用来评价他们作为房地产市场调研员是否取得成功的指标。

在工作能力的形成过程中，由于组织领导被新房地产市场调研员看成正在收集资料以便做出雇佣决定的人，因此他们常常避免与组织负责人接触。这样，新房地产市场调研员就会失去组织负责人这一有用的专业资源。入职初期的房地产市场调研员的特征是努力谨慎地工作，争取留下好的印象，但这一特征可能使调研员在入职初期得不到所需要的帮助。

房地产市场调研工作中的项目隔离，使新房地产市场调研员与资深房地产市场调研员之间建立关系和开展交流的过程复杂化。从相对较高的要求看，这可以解释入职初期的房地产市场调研员为什么会表示组织的学术专业氛围让他们感到沮丧，他们对工作并不怎么乐观，他们的经历并未给他们带来舒适和安全的感觉。那些新入门者或者担任新角色者有许多程序方面的问题，他们需要随时能够向资深的同事请教，问他们简单的问题，并得到他们所提供的"实践知识"的帮助。

五、专业成长需求——角色功能和角色关注研究

假如入职初期的房地产市场调研员仍然聚焦于自己作为房地产市场调研员的适应和存活感觉，他们就不会把注意力集中到项目和产业进步所带来的学习需求上。真正的挑战是，如何找到满意的方法，帮助新房地产市场调研员满足日复一日的工作要求，同时也帮助他们扩大作为一名房地产行业内的专业人士的角色视野。

由于新房地产市场调研员的学习曲线是因人而异的，所以如何帮助那些被动的学习者，而又不伤害那些学习需求已经得到满足的新房地产市场调研员，是一个挑战。

因为新房地产市场调研员的条件和关注差异极大，所以专业发展机会必须随机应变。入职初期的房地产市场调研员带着不同需求进入房地产市场调研领域。这些需求基于多种变量，如生活阅历、职业准备、工作安排与专业训练的匹配度。个性化的、依具体情况而定的具有发展性的途径，是帮助新房地产市场调研员学习和成长的最有效策略。

六、入职初期房地产市场调研员的激励措施

在不同的职业生涯阶段都有一些激励房地产市场调研员的重要措施，这些措施包括满足个人环境中安全需要的激励措施和满足组织环境中专业发展需要的激励措施两种。

在这个专业、生活都确定的时期，精神回报、工作自主权和处理权、学习机会和有关他们工作的有效性，这些激励措施能给新房地产市场调研员带来其所需要的自尊。

1. 精神回报

成功是重要的工作激励措施。对工作绩效的了解与在工作中得到的积极反馈的数量直接相关。入职初期的房地产市场调研员寻求与同事个人建立积极的关系，寻求同事、行政管理人员的认可。因为房地产市场调研工作多数不是独立进行的，所以来自于客户的认可对初任房地产市场调研员的激励效果非常显著。

2. 工作自主权和处理权

人们都想体验工作的意义，也就是说，工作应该对个人价值和信念有重要意义。初任房地产市场调研员的人，应该对房地产市场调研工作有个人责任感，要相信工作绩效直接归因于自身的努力而不是由其他一些外部因素决定的。

自主权和处理权较多的工作，要求人们学会判断和选择。这样的话他们就会意识到自己就是工作绩效的能动因素。这种感觉能使他们有目的地努力工作。

入职初期的房地产市场调研员会寻求这种工作的自主权和处理权，使用率高的激励措施包括研究决策控制权、研究安排的选择权和灵活的工作时间。拥有自主权和处理权是入职初期的房地产市场调研员建立自尊的关键因素。

3. 学习机会

如果没有反馈，初任房地产市场调研员的人就会几乎完全依赖于实务方式进行学习，

要靠他们自己的能力来诊断问题和寻找解决方法。来自同事和领导的积极反馈有助于入职初期的房地产市场调研员相信他们正在从事的工作是重要的。

七、入职初期房地产市场调研员的支持体系

如果让房地产市场调研员独自增长作为房地产市场调研员的专门知识，那么他们通常会以"试误"的方式来学习。只让新房地产市场调研员依靠自己有限的知识经验，他们仅会掌握各种"生存技能"。这些技能可能会固化和定形，变成他们的工作风格，最终阻碍他们成为成功的房地产市场调研员。

工作第一年的房地产市场调研员还处于获得正式职位前的存活期，除非公司直接向他们提供时间和支持，否则他们是不会花很多时间去寻求帮助或征求意见的。新房地产市场调研员因为担心引起人们对他们能力的怀疑，所以不太愿意寻求帮助。

提供给入职初期的房地产市场调研员的就职措施应该加以精心设计，这样初任房地产市场调研员的人才有可能选择不同的帮助来满足个人的需求。有些初任房地产市场调研员的人可能不利用带教人员的关系；有些则可能对各种支持小组或工作坊感兴趣，以解决有关工作或人际关系的问题。组织的支持计划应该对新房地产市场调研员的需求差别保持敏感，应该具有足够的灵活性，以便为他们提供适当的帮助。

▣ 专题小结

入职初期的房地产市场调研员有两条出路。一些房地产市场调研员进入了能力构建期，他们展示了一种活力、开放和上进的心态，愿意更多地学习，从而越来越精通专业。另一些房地产市场调研员故步自封，拒绝改变，对专业的持续发展缺乏热情。那些在入职初期碰到大挫折的房地产市场调研员，似乎再也达不到他们原本可能达到的水平。担心、习惯、体制惰性使很多房地产市场调研员一旦形成某种工作风格就难以改变。这样看来，入职初期似乎可以决定整个房地产市场调研员的职业生涯。

专题四　能力构建期

一、能力构建期的重要性

在职业生涯周期的这个阶段，房地产市场调研员正努力提高专业技能和能力。他们找到了新的工作材料、方法和策略。在这个阶段的房地产市场调研员容易接受新观念，会积极参与各种工作坊和学术讨论会，并主动注册参加研究生课程的学习。他们把工作看做挑战，并渴望改进自己各方面的技能。

在职业生涯的成长过程中，能力构建期是房地产市场调研员增加专业知识和检测新技能的时期。这一时期往往跟随在前一节所描述的入职初期的现实冲突之后。能力构建期是房地产市场调研员"掌握调研要领"并发展专业舒适度的时期。它是一个"要么成功，要么破产"的时期。这个时期几乎对职业生涯的其他时期都起到导引作用。

然而，如果房地产市场调研员没有掌握适当的专业知识——不能使他们的全部专业技能发展到可接受的能力水平——他们就会滑向房地产市场调研员职业生涯的其他任何一个阶段。一种可能的结果是，房地产市场调研员重新确定其专业目标，进入一个新的职前培训期，如咨询或者行政管理。另一种可能的结果是，房地产市场调研员固步不前，安于缺少全面、足够的专业知识的状况。

二、能力构建期的影响因素

本专题的中心是职业生涯周期中房地产市场调研员的成长和发展的能力构建期。我们将界定并讨论个人环境和组织环境对这一阶段的房地产市场调研员所产生的深远影响，罗列满足处于这一阶段的房地产市场调研员的成长需求的各种特定计划，并提出相应的、合适的房地产市场调研员激励措施。我们也将提出一个有价值的能力构建期的房地产市场调研员支持体系。

1. 个人环境影响

个人环境因素对职业生涯中能力构建期的房地产市场调研员有独特的影响，这使他们有别于其他发展阶段的房地产市场调研员。对那些正在构建专业能力的房地产市场调研员而言，家庭、个人成长阶段和积极的临界事件，具有身心塑造作用。从更小的范围看，他们积累的经验类型、经受的危机和养成的业余爱好，对能力构建都有一定的影响。

(1)家庭。房地产市场调研员正在构建专业技能，家庭对他们的生活起着关键作用。他们正对自身角色进行仔细的自我分析和自我评价，家庭成员必须为他们建立一个内部支持系统；为了满足在专业上成长的需要，他们的家属所需要面对的一个课题是从时间、精力和财务分配上找到一个新的平衡点，家庭成员的特殊需求必须和他们的专业成长需求保持平衡，家庭最重要的支持就是不要对组织或其专业持批评或者否定的态度。

（2）成人与发展。房地产市场调研员已经投身于专业领域，希望发展必要的能力以实现生活目标，他们对个人需求和目标的理解在能力构建期起着决定性的作用。在这个阶段帮助他们发展专业最有效的措施之一就是，为他们找到一个专业带教老师。同事、以前的带教人员、行政管理人员或者其他资深专业人员，都可以充当带教人员。带教的作用就是为他们的成长和发展提供积极的范例。

能力构建期的房地产市场调研员首先要认识个人的价值，然后将这些价值与他们的专业成长计划结合。

如果房地产市场调研员不能确定其生活中的优先考虑因素，或没有认识到个人价值与专业成长的结合，那么他们可能会在个人环境与职业生涯周期的发展之间形成不良的关系。成人的心理成长必须与专业发展一致。人际关系、个人价值观、生活目标和个人志向能促进他们向终身房地产市场调研员发展。

（3）积极的临界事件。房地产市场调研员的地位和人们对他们与其专业工作的尊重，能够产生积极的环境作用，使他们保持不断成长的状态。

人人都有与人分享成功的需求，积极事件发生时其都盼望得到别人的庆贺。结婚、生子、获得高级学位等，能够给房地产市场调研员个体带来个人环境的积极情感，产生与别人分享和得到别人支持的需求。人们对这些事件的积极支持，可以导致房地产市场调研员产生新的态度，从而期望满足成长的需求和得到成长的体验。

（4）危机。危机出现时人们需要支持，对于这一时期的房地产市场调研员尤其关键。他们必须花时间和精力去处理危机，同时，专业知识的发展目标也一刻不能忘记。由于危机，有前途的房地产市场调研员往往会失去发展目标，不能回到解决这个问题的轨道上来。

（5）经验积累和业余爱好。经验积累和业余爱好对这一时期的房地产市场调研员的影响不大。业余爱好经常为这一阶段的专业努力提供支撑，使他们致力于让自己成为更称职的房地产市场调研员。

总之，个人环境影响中的家庭、生活阶段和积极的临界事件，对能力构建期的房地产市场调研员的发展起着关键作用。

2. 组织环境影响

公众信任和社会期望，当然还有公司的规章制度和管理风格，对能力构建期的房地产市场调研员的发展起着关键作用。相比之下，专业组织和工会对这个阶段的房地产市场调研员的影响是次要的。

（1）公众信任。公众对于房地产市场调研员的信任形式有很多，正如家庭是能力构建期的房地产市场调研员的个人环境的重要支持机制一样，公众也是这个阶段房地产市场调研员必需的支持要素。

（2）社会期望。各种利益团体的影响一直渗透到房地产市场调研员的专业工作及其方向，能力构建期的房地产市场调研员必须分析和综合来自这些组织的信息，识别它们对日常调研工作的价值，来自于任何一个特殊利益团体的信息都可能对发展中的房地产市场调研员产生影响。

(3)公司的规章制度和管理风格。对能力构建期的房地产市场调研员来说，行政管理风格也是一个复杂的影响因素。其基本标准就是信任的氛围。如果组织的行政管理者在不信任的基础上进行管理，这个阶段的房地产市场调研员的发展就会受阻。

这个阶段的房地产市场调研员需要行政管理的支持。他们之间应该有公开的交流和理性的协商。在组织内部，领导应该合理安排和分配各种房地产市场调研员的发展资源，这些资源的明智分配可以对房地产市场调研员的专业发展起积极作用。

(4)专业组织和工会。专业组织和工会对能力构建期的房地产市场调研员的影响一般较小。专业组织确实可通过期刊、出版物、研讨会、工作坊或会议影响他们的发展工作，但在多数情况下，这个阶段的房地产市场调研员没有时间或资源去利用专业组织所提供的各种机会。他们与这些组织的交流往往是为职业生涯周期的其他发展阶段预备的。

3. 专业成长需求

在职业生涯周期中，能力构建期的房地产市场调研员的需求随着其角色的变化而变化。调研能力构建期或任何时期的房地产市场调研员的专业成长的需求的一种方法就是，参照房地产市场调研员可能得到的角色选择。这些角色功能或角色选择包括对房地产市场调研员的各种职责的综合，这些职责来源于职级制、职等划分制和主管级房地产市场调研员计划。

同行视导可以帮助这个阶段的房地产市场调研员发现或确定成长需求，可以由两名房地产市场调研员结对并相互指导。任何阶段的房地产市场调研员都可以结对，两位能力构建期的房地产市场调研员也可以结对。这种运用同行房地产市场调研员结对的方法，其重要性在于消除行政管理人员那些不得人心的评价方式的影响。

三、能力构建期房地产市场调研员的激励措施

能力构建期的房地产市场调研员的激励措施包括安全需要和组织激励。

1. 安全需要

安全需要对能力构建期的房地产市场调研员有重要意义，它包括养老保险、工作保障和安全等。这些激励组织在一起，形成了专业房地产市场调研员在构建期个人生活舒适的基础。

2. 组织激励

组织激励与基本的金钱或财政激励不同，其可以被归类为涉及表扬、工作环境、未来机会等之类的激励。也许除了入职初期之外，表扬激励对于这一阶段的房地产市场调研员而言，比职业生涯周期中其他任何一个阶段都更重要。

组织环境的激励项目中重要的一项激励是获得舒适的物质环境。在入职初期，当房地产市场调研员为专业生存而奋斗的时候，他们认为任何一种环境都是可以接受的。现在度

过了入职初期进入能力构建期后，他们有了新的需求，即要求拥有舒适安全的周围环境。他们应该专注于个人的专业发展，因此为其提供物质便利的支持被视为一种激励。

这一阶段的房地产市场调研员将安全需要和表扬、为获得额外报酬而做的额外工作、灵活的时间安排、决策职责等组织因素视为激励。

四、能力构建期房地产市场调研员的支持体系

能力构建期的房地产市场调研员有三个主要支持源。这些支持体系包括各种大学或学院的课程，由地区性的高等教育机构举办的研讨会和工作坊，还有房地产市场调研专业内部的同行支持。

（1）高等教育。处于能力构建期的房地产市场调研员，对于继续学习的内容的选择要求不高，其目的是完成高一级的学位，因为他们注意的是该阶段的特定需求，即他们主要关注的是已察觉到的技能缺陷。

（2）研讨会和工作坊。这些短期学习经历是根据房地产市场调研员任务的具体内容而选择的。房地产市场调研员信赖工作坊领导们的专业知识，对他们而言，最有价值的研讨会是那些由有声望的实践者举办的。研讨会和工作坊另外有吸引力的地方是，其可以用简明和有效的方式满足他们的需求。

（3）同行支持。一旦掌握新的知识和技能，房地产市场调研员就会将这些技能用于实践，并用适当的方式添加到原来的工作中去。在为能力构建期的房地产市场调研员提供指导实践方面，同行支持是一个重要的因素。

专题小结

能力构建期的房地产市场调研员已经从与入职初期相联系的现实冲击中存活了下来，并且已经将注意力转向对专业工作要领的掌握上。他们正设法使自己在专业工作技能和能力上感到自信和舒适。行政管理和工作指导支持的性质和范围在决定能力构建期的房地产市场调研员的前进方向上起着重要的作用。

专题五　热情与成长期

一、热情与成长期的重要性

在这个阶段，房地产市场调研员的工作能力已经达到较高的水平，但其专业能力还在继续进步。他们热爱工作，盼望上班，希望和客户交流，并不断寻求新方法来丰富调研。在这个阶段，他们的主要特征是充满热情，有高度的工作责任感和满足感。在为公司确定合适的调研员发展的活动中，他们常常起支持和协助作用。

房地产市场调研员职业生涯周期模型的热情与成长阶段，呈现了所有个人的与专业的特征。如果入职初期是经历"现实冲击"，能力构建期是"掌握工作要领"，那么热情与成长期是工作能力"继续进步"的时期。这个时期的房地产市场调研员被描述为自信且有能力的专业人员。

热情与成长期是所有房地产市场调研员追求的目标。

二、热情与成长期的影响因素

职业生涯的最后或最高阶段是成为成熟、熟练、全面发展专业的房地产市场调研员。这些同热情与成长阶段是一致的。然而，并不是所有的房地产市场调研员都能达到这一阶段；而达到这个阶段的房地产市场调研员可能因为个人环境或组织环境的影响，在任何时刻走向其他阶段。

1. 个人环境影响

处于职业生涯周期的热情与成长期的房地产市场调研员的个人环境包括许多相互作用而又可以相互确定的特征，这些特征影响着他们的工作。家庭的支持结构、积极的临界事件、积累的生活经验或生活阶段、独特的个性特征和业余兴趣爱好等，所有这些都是影响热情与成长期的房地产市场调研员的职业生涯的因素。这些因素可能单独起作用，也可能几个联合同时起作用。

（1）家庭。家庭成员理解他们父母、配偶或子女的工作性质，支持并鼓励房地产市场调研员继续把实际专业中已经取得的非常成功的技术做得更加完美。这样，经济条件的相对稳定与舒适就不会引起安全需求对他们的干扰。

（2）成人与发展。热情与成长期的房地产市场调研员擅长处理人际关系，他们与同行、行政管理人员等的关系都很好。他们鼓励同事不断进步，使行政人员相信并批准他们的创新之举。他们对于自己设立的生活中的优先考虑感到舒适。他们处于成人发展的无忧无虑的时期，有很好的实践机会，可以在所选专业中有效发挥才能。

（3）积极的临界影响。热情与成长期的房地产市场调研员以工作为中心的生活有许多积极的临界事件。他们邀请同事或同行去分享他们的成功，或分享家庭成员的某些特殊事件。对他们工作的回报和认可，是支持他们工作的积极事件。对职业生涯中热情与成长期的房地产市场调研员来说，获得高一级学位也是一种积极的环境影响因素。

（4）经验积累和业余兴趣。经验积累对热情与成长期的房地产市场调研员起着特别重要的作用。在业余活动中，他们可以利用他们专业上的训练、经验和技能。

（5）个性特征。个性特征对热情与成长期的房地产市场调研员的影响是恒定的、积极的而且可持续的。他们有自己的生活目标和志向。他们个人的价值体系反映了房地产市场调研的重要性，他们对于其工作价值的深刻认识使他们成为这些价值观的楷模。

这个阶段的房地产市场调研员的关注中心是专业发展。他们的经验使他们有能力选择，能充分有效地利用那些用于专业发展的时间和资源。此外，这些热情与成长期的房地产市场调研员通常会成为领导，或为其他房地产市场调研员提供发展机会。

2. 组织环境影响

热情与成长期的房地产市场调研员会有效地利用组织环境提供的支持和帮助，学会适应，更重要的是，学会改变那些与他们的职业生涯目标相抵触的影响。对热情与成长期的房地产市场调研员来说，这些支持中最重要的是组织的行政结构或管理风格。

（1）专业组织。专业组织对房地产市场调研员的职业生涯周期中的热情与成长期有一定影响，这些组织为他们提供了许多机会，这些机会包括出任领导，与同行合作，获得服务和支持，被给予认可、发展和研究的机会。

热情与成长期的房地产市场调研员喜欢这些组织中的社交活动以及与同行合作，他们可以抛开家庭所在的区域限制，与其他相关的专业人员进行有意义的对话。在很多情况下，他们在这些组织中能找到机会并被选为领导。会议和出版物是与专业组织有关的一部分。他们是专业组织成员一起商讨新方法、交流新理念的对象，也是那些希望用这些新理念进行试验的房地产市场调研员的支持网络。热情与成长期的房地产市场调研员通常愿意去尝试这些新方法。

（2）管理风格。在此阶段，个人环境中的人际关系是重要的特征。与领导的关系就是这种影响的一个组成要素。房地产市场调研员理解并配合组织行政人员的管理风格是非常重要的。组织中必须有相互信任、相互尊重的氛围。交流是使组织影响成为积极支持的一个重要环节。

（3）规章制度。热情与成长期的房地产市场调研员已经学会了把组织的规章制度看成是组织环境的一部分。在多数情况下，他们已经获得了长期聘用，人事政策不会对他们有消极影响。他们也有足够多的经验去合理安排工作。其实在这种情况下，他们会从事或自愿去尝试一些比较难的工作。他们的经验和奉献能够引发改进现存规章制度的要求，这样他们就会成为影响规章制度的因素，而不仅仅是受规章制度影响的人。

（4）公众信任和社会期望。公众信任和社会期望对热情与成长期的房地产市场调研员的影响相对较小。由于他们对自己有信心，对自己的目标感到舒适，全国性新闻机构的耸人听闻的报道以及地方一些特殊利益团体的口头攻击，对他们并没有多大的影响。相反，他们在做有助于转变公众观念或者建立公众对房地产市场调研员的信任的工作。在很多领域和媒体中，他们也是最好的专业发言人。

三、专业成长需求

对于热情与成长期的房地产市场调研员来说，用成长"要求"也许比常用的"需求"更能描述专业成长的需求，其在很大程度上是一种自我加压。他们在继续成长，这是事实。然而他们的专业成长更多的是基于兴趣，而不是出于弥补专业能力的不足。

(1)领导职责。领导机会来自组织环境的组成要素(如领导的管理风格)，并在一定程度上取决于房地产市场调研员的参与愿望。他们的参与受个人环境影响的驱使，如个性特征等组成要素有助于确定他们的领导职责的活动范围和方向。

(2)企业文化。企业文化指的是工作环境的高效运行。热情与成长期的房地产市场调研员关注秩序，具有与同事、领导沟通的能力，因而他们是企业文化的领导者。他们帮助企业制定规则并自觉遵守，帮助同事在解释和实施中保持一致。热情与成长期的房地产市场调研员的领导职责包括敏感地关注企业文化的能力，在问题失控之前采取向组织推荐及时和有效的方法的行动，从而消除麻烦，阻止问题的进一步发展。

(3)房地产市场调研员的培训及指导。带教和指导是培养房地产市场调研员的两个组成要素，同时也有助于制定热情与成长期的房地产市场调研员的专业成长规划。两个或更多小组团队可以一起工作，研究和规划新技术的实施，并相互观摩这个方法的运用，然后团队之间相互反馈信息，改进工作。为了便于热情与成长期的房地产市场调研员给需要支持的同行提供成长机会，他们可以与处于不同职业生涯阶段的同事结对，如与能力构建期的房地产市场调研员结对。

四、热情与成长期房地产市场调研员的激励措施

热情与成长期的房地产市场调研员被确定的激励措施可以概括为四大类：支持、地位、职责和灵活性。下面所给出的例子就是这一阶段典型的激励措施。

(1)深造机会。热情与成长期的房地产市场调研员也把获得深造机会看做是对他们工作的一种激励。这些房地产市场调研员会追求在自己的领域获得高一级学位。

(2)地位。各种地位也被热情与成长期的房地产市场调研员视为重要的激励措施。这些地位包括领导或者部门协调人的身份，主任级房地产市场调研员证书，专业组织的奖励、表扬。

(3)主任级房地产市场调研员。热情与成长期的房地产市场调研员还把获得主任级房地产市场调研员职位看做一种激励。职位要求、选拔程序以及一旦晋升后的报酬已经引起了关注。他们大都同意被选为单位领导、部门负责人或者其他一些类似角色。这是对他们工作的积极激励。

(4)专业组织。他们希望专业组织或协会认可他们的专业工作，也愿意为组织工作。专

业组织可以通过对房地产市场调研员的各种具体工作的特殊认可性奖励来实行这种激励，如"最佳期刊评论"等。

（5）灵活的时间安排职责。房地产市场调研员的工作时间一直被认为是一个严重的工作超负荷现象，热情与成长期的房地产市场调研员把灵活性作为一种激励。灵活性包括拥有灵活的工作日、带薪休假和宽松的专业活动时间。满足这一需要的一种途径是让房地产市场调研员组成合作团队，或者在他们要求外出时为其提供专业的全方位的协助支持。

五、热情与成长期房地产市场调研员的支持体系

热情与成长期的房地产市场调研员经常认为，他们自身专业成长的支持体系的组成要素有合作机会和专业会议。

（1）合作机会。与组织以外的机构合作有助于使这一阶段的房地产市场调研员掌握房地产领域的专业动向，学习新的技术和调研方法，同时也有利于提高外界对他们的了解和认同程度。

（2）专业会议。专业协会的会员大会和学术研讨会为热情与成长期的房地产市场调研员提供了一种支持机制。各种会议则为他们出任领导、提高地位和承担职责提供了机会，因而也是一项重要的激励措施。

专题小结

热情与成长期的房地产市场调研人员已经具备了较好的专业技能，能较好地适应工作环境，完成工作任务，这是调研人员感到最为得心应手的阶段。在这一阶段，调研人员要戒骄戒躁，需要谦虚地学习新知识，掌握更多的技能，扩展职业成长空间。

专题六　职业稳定期

一、职业稳定期的重要性

经过了热情与成长期，房地产市场调研员的经验已相当丰富，技能也相当娴熟，在从事实际的调研活动时有游刃有余的感觉。但也正是在这个时候，工作的挑战性开始降低，由挑战性所带来的积极态度开始改变，激情开始降温。在职业调研员心中，职业实践从高涨的事业型工作开始向平稳的事务型工作过渡。这就进入了调研员的职业稳定期。

换个角度来说，职业稳定期也是房地产市场调研员职业生涯的高原期和转折期。之所以说是"高原期"，是指房地产市场调研员专业素质提高的速度趋缓、心态从高涨走向平静。之所以说是"转折期"，是指在这个时期的末尾，许多职业调研员开始停滞不前，使自己围于"拿多少钱干多少事"。这些房地产市场调研员在完成应该完成的工作之后，不会多做一点。他们的工作也许是可以接受的，但他们不再愿意追求完美与成长。他们的工作动机通常是履行聘用合同的条款。这个阶段的另一些房地产市场调研员仍能保持原样，对调研拥有热情。他们正在从事一项他们所能胜任的工作，但是缺少热情和持续成长、追求卓越的劲头。稳定期的房地产市场调研员正处于逐步退出所承担的调研义务的过程中。

房地产市场调研员职业生涯周期的稳定期，通常出现在中年时期和职业生涯中期。它可以是房地产市场调研员的缓慢发展时期，也可以是停滞不前的时期。在这一阶段，可能有些房地产市场调研员在重新评价他们从事调研的最初动机，并再次肯定自己以调研作为职业的满意度。

二、职业稳定期的影响因素

对处于职业生涯这个阶段的房地产市场调研员而言，关键是要为他们提供更新的机会，这些机会本质上应有由他们自己控制的试验和创新。在职业生涯的这个时期，他们可能逐渐进入到了维持现状、停滞不前或成长更新的状态。他们将会往哪个方向发展，至关重要的决定因素是环境。

1. 个人环境影响

职业稳定期的房地产市场调研员对个人环境影响的应对方式与较早阶段有些相似，但又不尽相同。家庭是他们生活的重要部分，也影响着他们的专业生活。他们常常会经历各种影响专业生活以及看待自己工作方式的时间，甚至是危机。在这个阶段，各类兴趣和业余爱好也可能对他们的生活产生很大的影响。

（1）家庭。职业生涯处于这个阶段的房地产市场调研员，通常已经组建了家庭，有些还已有了孩子。这种角色职责使他们要有更多时间安排与孩子有关的事情。家庭通常是支持和关心他们的主要来源，很多人把家庭看做是生活中最优先考虑的因素。

(2)成人和发展。他们通常已经在经验水平上建立了自己的价值观、信念和目标，很多人希望自己的工作非常有效并得到认可。这并不意味着他们希望进入行政管理部门，或担任其他领导角色。他们希望有一个支持性的环境，其关注组织环境问题甚于个人影响。

处于这个时期的个体经常要面临个人的道德情感危机。在这个时期，他们会反思和评价以前做出的有关职业、家庭和价值观的决定。这种出现在中年时期的内省和疑问，有时会导致他们进入一个稳定、维持现状的时期。他们中的有些人在经历中更新自己，并在此投身于专业工作；有些人将重新评价自己，以获得新的职业机会；还有些人则出现长时间的停滞。

(3)危机。在这个阶段，很多人的身体健康问题增多，他们逐渐意识到了自己的死亡问题。这个时期的房地产市场调研员正在开始应付日益减少的工作流动性，并增加了对工作安全的需求。与此同时，他们可能正在形成一系列新的价值观，这些价值观将更加符合组织和专业环境中产生的各种变化。尽管从表面看，他们的工作是稳定的，但是这一时期或许是房地产市场调研员个人和其专业生活中一段自身感到不安和令人不安的时期。

(4)积累的经验和业余爱好。业余爱好对这个时期的房地产市场调研员有较大影响。有些房地产市场调研员追求业余爱好是为了得到工作中无法体验到的个人需求的满足。他们在组织外的活动中获得尊重和个人满足感，对补偿工作的停滞感有很大的帮助。

这些活动对一些人来讲或许会成为额外收入的来源，这笔收入除了可以支付那些只有一个人的收入的家庭所无法承担的各种额外开支外，也是证明他们的能力的一种方式。

2. 组织环境影响

组织环境的各种影响决定着职业稳定期的房地产市场调研员对调研和工作的态度，还可能决定他们对专业发展需求的态度。很多稳定期的房地产市场调研员拥有坚定的价值观，而且已经确立了长期的义务，并正在履行和努力完成这一义务。环境在决定他们如何完全履行义务和达到目标上，起着重要的作用。

(1)公众信任。稳定期的房地产市场调研员似乎很少受到全国性的舆论的影响，他们更多关注的是当地的舆论。

(2)管理风格。领导者的管理风格、管理哲学以及较低程度的支持，对这个阶段的房地产市场调研员是至关重要的。如果领导的管理风格是协商型的，在组织管理过程中能尊重和征询他们的意见，那么领导也会受到他们的赞扬。能考虑到评价中偶尔观察的不足，仍然以某种方式认可房地产市场调研员的价值，这样的领导就能建立和维持与员工的信任关系，因而也会受到欢迎。

(3)专业组织。专业的学术研讨活动会使这个阶段的房地产市场调研员同样受到激励，让他们认识到，自己不仅没有落伍，而且仍然有能力去学习和运用新的信息。与那些拥有选择热情的房地产市场调研员不同，停滞不前的人几乎或根本看不到这些组织的重要性或影响。

(4)规章制度。除了部门的人际关系起着重要的作用之外，房地产市场调研员不赞成的规章制度或政策，是那些没有对他们做过任何解释的，或者看起来不合理的规章制度或政策。

三、专业成长需求

(1)房地产市场调研员即学习者。相当一部分房地产市场调研员喜欢选择的一种激励是可以有更多的时间去走访、观摩甚至参与其他房地产市场调研员的专业工作。这样可以获得新的理念，了解其他同行是如何处理类似的信息和问题的，其目的是相互学习。

(2)同行视导、指导或带教。一些稳定期的房地产市场调研员是较为资深的，他们可以担当起新同事的同行视导、指导或带教的角色。这种高度参与性可能会使组织得到较大的改进。

(3)房地产市场调研员的职业或专业成长需求。很多稳定期的房地产市场调研员认为，专业成长需求的满足要依靠个人而不是组织。对于组织而言，房地产市场调研员专业发展的需求可能是一个开支的问题。而对个人而言，这个阶段的房地产市场调研员对他们在特定领域的弱点了解得不够详细，因此需要帮助。

四、职业稳定期的房地产市场调研员的激励措施

对处于职业生涯稳定期的房地产市场调研员而言，激励措施是个人的也是组织的。在个人激励因素方面，这些房地产市场调研员常常提到的激励措施是退休选择权和退休保障，加上像表扬或任命为新的调研角色之类的认可。

很多人渴望参与各种独立的新颖的活动，以及要求根据自己的设想和兴趣行事并从中获得回报，他们有一种强烈的有效感。所以，任何旨在促进房地产市场调研员专业成长的培训计划，在设计上都必须对这种有效感加以优先考虑。

五、职业稳定期的房地产市场调研员的支持体系

职业生涯稳定期的房地产市场调研员有大量的支持源可利用。这些支持包括同行、家庭和朋友、机构和不经常有的协会主办的学习、工作交流活动。稳定期的房地产市场调研员偏爱同行的支持，可能就是因为它是一种交流形式的支持。

📖 专题小结

职业稳定期或许反映了房地产市场调研员的一种维持的心态，即维持原有的调研能力和稳定的调研义务。有些房地产市场调研员已经接纳了变化中的环境，并做出了调整，以使自己在工作环境中感觉舒适和有工作效率。有些房地产市场调研员则没有这样的适应能力。对于后一类型的房地产市场调研员，其在工作中会出现高原现象或停滞不前，这也许体现了他们对工作和工作环境的排斥。

专题七　职业挫折期

一、对职业挫折期的研究

这个阶段的特征是房地产市场调研员面临的挫折和幻灭。随着工作的满足感变弱，房地产市场调研员开始对自己为什么从事这份工作提出疑问，"职业倦怠"出现在这个阶段。

尽管职业挫折期通常出现在房地产市场调研员职业生涯的中期和中年时期，但当房地产市场调研员在各种互相矛盾、相互冲突的要求中作痛苦抉择时，挫折的种子可能早已种下。在这一时期，个人会感到自己被定格于某一职位，而且看不到有什么可以变动的可能性。对某些房地产市场调研员而言，这是一个充满压力并引发倦怠的阶段；而对另外一些房地产市场调研员来说，这是到了撤离房地产市场调研岗位的时候了。

二、职业挫折期的影响因素

这里简要地考虑了三个研究领域，提出了职业挫折的起因、特点和相关社会学观点。

1. 工作的影响

在对各行业的从业人员所进行的几次大调研中，Lowther 及其同事们已经讨论过"工作流动障碍"和"工作满意"两个概念。工作流动障碍是指在一定区域内，由于市场饱和等因素导致了工作缺乏流动性，从而使人感到自己被困于某一特定工作。有关工作流动障碍的概念一般用于横向流动，但用于房地产市场调研专业中，工作流动也常常指房地产市场调研员离开调研岗位，从事行政管理和咨询工作，所以在房地产市场调研专业中我们也应该考虑纵向流动。

与其他专业人员相比，资深房地产市场调研员的职位流动障碍感更强烈，他们有可能抱怨自己现在所处的职位与最初受雇到这里的时候没有什么不同。同时，与高水平工作相关的各种难题中，不仅有工作的固定化和任务的不变性问题，而且有房地产市场调研员声称他们并不太快乐、对生活也不完全满意等问题。

（1）倦怠。这个术语可以描述房地产市场调研员从年初的工作期到年末的疲惫不堪这一过程的各个方面。如果讨论倦怠旨在讨论职业挫折阶段，那么我们就必须把这个概念与紧张、焦虑、同一性危机或疲劳等术语加以区别。

作为一种消极的体验，倦怠包括苦恼、机能失调和消极的后果。临床上的倦怠还包括易怒、自尊丧失、退缩和情绪低落，还有个人成就感的缺乏和工作角色的分离。

社会学也从角色理论上对倦怠作了定义，认为直到疏离出现之前，个体通常在其承担的角色中寻找意义和满足，倦怠就是这种疏离感的后果。

（2）压力。压力与倦怠基本是直接相连的，压力是倦怠的起因，房地产市场调研工作中充满了压力。工作场所的压力与要求、冲突以及工作角色的模糊有关。

（3）个人和效力。这些房地产市场调研员指出，由于看中个人需求和目标，他们会受到安全需求和家庭成员的特殊需要的影响。满足个人需求、达成个人目标和实现个人抱负的内驱力，对这些房地产市场调研员来说不再重要。同时，在接纳和支持的需求方面，职业挫折期的房地产市场调研员和成长期的房地产市场调研员也不相同。

这一研究表明，职业挫折期的房地产市场调研员认为，个人生活对他们的工作有着显著的影响。他们的个人特征对职业生涯挫折期相当重要，因而我们必须对个人的有效感和工作的有效感加以考虑，并认真对待有关个体是一个有效的人的理论。个人的有效感不仅可用于对房地产市场调研员的工作的分析，而且可用于对他们生活的讨论。根据社会学习理论，个人的有效感是个体在与其他人相互作用时产生的。在相互作用的过程中，他人提供了个人绩效和成功的反馈。当他们做得很好时，成功和表扬会使个体产生效力，这就能激励他们以后做得更好。

2. 组织环境影响

对职业挫折期的房地产市场调研员来说，组织环境对他们的调研态度起着极其重要的作用。组织环境也决定了房地产市场调研员对专业发展需求的含义的看法。对在调研和工作中什么事情对他们是重要的这一问题，职业挫折期的房地产市场调研员似乎已经形成了牢固的准则和稳定的看法。

在公司的规章制度和管理风格的因素中，领导人是相当关键的。当房地产市场调研员参与组织决策和组织政策实施时，领导的这些措施可能会减轻他们的隔离感和物权感，从而防止倦怠。

三、专业成长需求

房地产市场调研员优先选择的激励措施大多与专业成长活动有关。凡是接受过专业培训的市场调研员会更加喜欢专业工作，感到自己的工作更有效，并相信他们能够面对各类专业问题的挑战。

四、职业挫折期房地产市场调研员的支持体系

在讨论影响和激励时，职业挫折期的房地产市场调研员指出，他们需要支持。这里所说的支持，是指有人倾听他们的问题和挫折，分享他们的观点和经验。领导是提供这类支持的关键人物。公司还必须为房地产市场调研员所缺乏的专业技能和能力提供支持，因为工作绩效低下是导致挫折感的重要因素。

对这些房地产市场调研员而言，公司组织角色的改变不但是获得回报和有效性认可的一种适当的方式，而且也是一项合适的激励措施。

📖 专题小结

　　尽管讨论中所选的房地产市场调研员的个人特征提示了挫折的起因，但公司环境的性质也是我们考虑的因素。

　　职业挫折期的房地产市场调研员正遭受着倦怠初期的痛苦，但他们对从与客户相处中获得的回报相当在意。职业挫折期的房地产市场调研员尚未从调研工作中撤离，但已处于撤离的危险边缘。

专题八　职业消退期

一、职业消退期存在的客观性

在职业消退期这个阶段，房地产市场调研员正准备离开专业岗位。对一些房地产市场调研员来说，这可能是一个愉快的时期，他们回忆他们曾经体验过的许多美好经历，并期待更换职业或退休。对另外一些房地产市场调研员来说，这可能是一个痛苦的阶段，他们不喜欢被终止工作，或迫不及待地要离开这份不值得的工作。这个阶段可能长达几年，也可能只有几周或几个月。

房地产市场调研员职业生涯周期的职业消退期，主要集中在房地产市场调研员调研经历的最后几年。这是一个充满复杂情感的阶段，既有因生活结构改变而产生的兴奋，又有对未来的不确定性的担忧。这个阶段是房地产市场调研员在准备退休的同时，全面回顾自己一生的工作的时期。

二、职业消退期的影响因素

房地产市场调研员可以从职业生涯周期的其他任何一个阶段进入消退期。

与其他阶段相比，消退期更具有不可预知性。消退期的房地产市场调研员的体验可能是积极的，也可能是消极的，或者是处于中间状态的。在这个阶段，房地产市场调研员的影响因素、需求和经历措施的变化多端，对那些规划职工发展活动的人来说，是一种特别的挑战。

1. 个人环境影响

处于职业生涯周期消退期的房地产市场调研员，会受到家庭、业余爱好、个人特征、生活阶段和危机等个人环境因素的影响。当他们准备退休时，个人环境因素对他们的影响要远远大于组织环境因素。个人环境中的以下几个影响因素对他们工作中的行为和退休后的规划起着关键作用。

(1)家庭。家庭关系对职业消退期的房地产市场调研员具有新的意义。他们认为有必要确定自己的生活与周围人的生活的关系。一方面，他们重新确定家庭关系，可以为退休后的生活做积极的准备；另一方面，他们也将适应为家庭成员持续繁忙的时间安排产生担忧。家庭成员的影响多种多样，既有积极的，也有消极的，都会呈现在他们的面前。

(2)业余爱好。兴趣和业余爱好也能对消退期的房地产市场调研员产生关键的影响。房地产市场调研员可能会决定把精力全天候地用在他的兴趣上。渴望到各地旅游常常是影响消退期的一个因素。

有灵感的消退期的房地产市场调研员还会将自己的业余活动或未来计划用作专业工作。他们在业余活动中的一些成分能以定向研究的方式成为一些项目的组成部分。

(3)个性特征。房地产市场调研员的个性特征是消退期的一个主要的影响因素。这个时期也许是个人目标与志向的重要转折期。他们必须重构生活中的优先考虑因素，不过这种重构有可能使他们产生忘记短期专业工作目标的危险。

影响这个阶段房地产市场调研员的个性特征是个人价值体系的改变。他们可能发现自己被置于向行政管理人员妥协的境地，但他们不愿在价值观上作妥协，于是他们决定进入消退期。改变价值观或者改变环境，可以说明职业消退期房地产市场调研员的行为。

(4)成人与发展。生活危机的产生可能会造成消退环境的出现。房地产市场调研员的生活重心可能会从专业工作上转移，此时他们关注生活的回报多于关注工作的回报，这必然会造成职业生涯的消退。

基于这种影响之上的变动未必会导致职业消退期的房地产市场调研员脱离专业，他们可能盼望着改任专业中的其他职位，如咨询、行政管理。

(5)危机。对于处于职业生涯周期的职业消退期的房地产市场调研员来说，生活中的危机很可能起着关键的作用。这种危机可能是他们在专业岗位上被解雇，被迫进入消退期，也可能是由于家庭危机而造成了消退环境，还有可能是个人问题或生病等原因迫使他们进入职业消退期。

2. 组织环境影响

对处于职业生涯周期的职业消退期的房地产市场调研员而言，组织环境的影响大致可以归纳为：公司的规章制度与行政管理人员的管理风格、公众信任与社会期望和专业组织等。

(1)公司的规章制度和行政管理风格。这两类因素可以联合起作用，对消退期的房地产市场调研员产生影响。从消极方面看，这两类影响可能是促使他们进入消退期的直接原因。行政管理人员与职业消退期的房地产市场调研员之间应该建立开诚布公的双向交流渠道。了解他们的需要，使他们在职业生涯的最后时期过得舒适而有意义，这是很重要的，然而这必须在信任和具有支持性的开放氛围中才能做到。

(2)公众信任与社会期望。公众可以在几个方面对职业消退期的房地产市场调研员产生积极的影响。一种方式是认可或奖励工作出色的房地产市场调研员；另一种方式是分享即将离职的房地产市场调研员的成就和志向。公众以及组织环境的其他影响因素，可以通过让他们晋升到专业领域的其他岗位，如担任咨询工作或行政管理人员等，为他们营造一个积极的职业消退期。这种晋升包括给他们提供资源或者更新的培训，以使之具有担任新角色的资格。

消退期的房地产市场调研员往往可以成为各种特殊利益群体的代言人，因为他们不必担心来自组织的压力和报复。处于职业消退期能给房地产市场调研员增添自信，让他们敢于通过特殊利益群体来表达他们对组织只考虑短期目标的种种措施的不满。

(3)专业组织。专业组织可以为职业消退期的房地产市场调研员的讨论提供一个平台。

此外，这个阶段的房地产市场调研员会得到这些组织所提供的领导机会。他们还会把参与专业组织活动看做是退出房地产市场调研岗位之后继续接近专业的一种手段。这些专业组织还能提供额外的认可方式，从而对职业消退期房地产市场调研员产生影响。

专业组织经常需要志愿者利用自己的时间去履行职责。这些组织通常由其他阶段的房地产市场调研员(如热情与成长期的房地产市场调研员)担任领导人，专业组织可以选择消退期的房地产市场调研员担任执行秘书经理。担任专业组织领导人的热情与成长期房地产市场调研员正在寻找一些人选，以协助他们完成专业组织的各项专业工作计划。稳定和长期地为专业组织承担义务，可以成为影响职业消退期的房地产市场调研员的积极因素。

三、专业成长需求

职业生涯消退期的房地产市场调研员的成长需求，是围绕一些活动而出现的，这些活动允许他们从已经做出的专业投入中得到回报。这个概念的唯一例外是那些由于外部压力而非个人决定被迫进入消退期(即那些被解雇或非自然退休)的房地产市场调研员。

(1)知识生产。知识生产类专业成长需要包括，房地产市场调研员经验的综合以及用几种方法来分享这些经验。分享方法包括编写培训教材、解说成功的调研技能、确定组织或部门未来的发展目标、分析新的数据或者材料。

这些房地产市场调研员进行这种知识生产，需要实践性的支持服务，如秘书的事务支持。如果基本需要得到满足，他们可以生产出满足部门或组织需要的个性化材料。在这些人离开房地产市场调研员岗位之前，充分利用他们的丰富知识，是很重要的。

(2)房地产市场调研员的培训和指导。房地产市场调研员培训也是消退期的房地产市场调研员的成长需求领域，如果给予机会，他们能再次成为房地产市场调研员的培训提供者。他们同样可以充当导师或者同行指导教师，辅导那些资深房地产市场调研员离开后接替其工作的人员。

他们还可以和培训机构合作，为职前大学生开设合作教学课程，资深房地产市场调研员的专业知识技能是给当前学院教育理论教学充实坚实的实践技能的最佳途径。消退期的房地产市场调研员是培训机构的宝贵资源，他们对培训的参与在一定程度上满足了他们希望与培训机构分享在职业生涯过程中所形成的专门知识的需要。

(3)领导机会。领导机会是职业消退期的房地产市场调研员的最后一类成长需求，这类需求反映了房地产市场调研员希望分享在专业工作中形成的专门知识。这些领导机会可以是组织内部的，也可以是其他专业团体的，当然也可以是让他们出任专业组织的执行秘书等职务。

四、职业消退期房地产市场调研员的激励措施

(1)有形的激励。事实上，这些房地产市场调研员即将离开专业工作，因而有形的激励是关键的激励。在他们告别专业工作之后，对他们的安全感有影响的措施都具有重要的作用。他们也把愉快的工作环境看做是重要的激励，他们希望在专业工作中度过的最后时光

尽可能是舒适、乐观和有效率的。在结束专业生活的过程中，有一个积极的工作环境，能让消退期的房地产市场调研员感觉愉快。

有形的激励措施还包括额外优惠的养老保险等的选择权利，因为他们未来的生活需要依赖他们所从事的专业工作。

（2）认可。认可类激励包括授予主任级房地产市场调研员称号、承担带教工作、赞扬、出任专业组织的领导和影响组织的决策的权力。主任级房地产市场调研员的称号被视为调研工作对组织或专业有贡献的一种回报，这是一种荣誉职称的认定，类似于大学中的客座教授职位，它能给职业消退期的房地产市场调研员带来心理上的安慰。

（3）提升。作为对消退期的房地产市场调研员的一种激励，提升也许对那些正在更换专业角度的房地产市场调研员更为合适。那些打算改换到另一个专业岗位的职业消退期的房地产市场调研员，会把组织或其他机构的提升视为一种积极的激励，他们认为这种提升是对他们价值的认可。

（4）支持。对消退期的房地产市场调研员来说，支持是与他们专业工作的最后时光直接相关的。配备助理、灵活的工作时间安排、宽松的专业活动参与时间，都可以归于这一类激励。

配备助理或灵活的工作时间安排都有助于这些房地产市场调研员在职业消退期有一段最好的经历。宽松的专业活动时间，与前面提到的参与知识生产、出任领导等成长需求有关。职业消退期的房地产市场调研员把宽松的时间安排视为对他们从事更多更好的专业活动的激励。

五、职业消退期房地产市场调研员的支持体系

专门的工作坊是职业消退期的房地产市场调研员的支持体系，因为这些工作坊大部分涉及他们的工作转换规划。退休规划或其他此类研讨会对他们是重要的。另外，如果这些房地产市场调研员出任领导职位，与同行或其他人分享信息，那么工作坊就更有必要了。各种专业委员会或专业组织在潜在领导岗位提供了另一种支持体系，另外还有参与专业写作实践的机会是消退期的另一种关键的支持体系，将被视为对他们的价值的认可。

🖹 专题小结

职业消退期出现在房地产市场调研员准备离开专业岗位的时候。对有些人来说，这是一个对自己的成就、人际关系，以及当他们准备退休或改换职业时，对自己给别人生活带来的影响进行积极反思的时期。对另外一些人来讲，这也可能是一个痛苦的时期，使其怀着痛苦的感情反思自己不成功的经历、挫折和工作被迫中止的悲剧。

专题九 职业离岗期

一、职业离岗期简介

房地产市场调研员职业生涯的离岗期是指房地产市场调研员离开调研工作后的一段时间。这个阶段不仅指房地产市场调研员多年服务后的退休，还包括其他一些情况，如自愿或不自愿地终止工作后的失业，为了抚养孩子而暂时离岗或离岗选择其他职业。

房地产市场调研员一旦退出调研专业，就进入职业生涯周期的离岗期，他们的注意点就聚焦于生活。对于各种不同的情况，这个阶段可能随时来临。

一旦进入职业离岗期，能使这些房地产市场调研员发生改变的组织或个人环境的影响因素就极少了。他们已经离开，然而他们的房地产市场调研员职业生涯仍然给他们留下了深刻的影响，经常会对他们的新职业产生作用。

二、职业离岗期的影响因素

1. 个人环境影响

(1)生活阶段。房地产市场调研员可能在知识更新上面临较大的挑战，当发现难以理解这些新的调研项目或者无法形成融洽的感觉时，他们就会放弃专业工作。导致离岗的另一种中年危机是突然的情感打击。离婚或爱人去世会使房地产市场调研员采取谨慎的内省方式审视自己，然后确立新的生活目标，而这些目标可能就包括离开房地产市场调研专业岗位。

(2)家庭。家庭经济需求也是离岗期个人环境的重要影响因素，如果可以通过业余时间兼职来满足家庭经济需求，并且具有更好的工作条件以及更宽松的工作时间，更重要的是有更高的收入，这时他们就会离开专业岗位。

(3)个性特征。房地产调研员的生活目标可能已经改变，优先考虑的内容也已经重新建构，这会导致专业工作被列为优先考虑的可能性下降。要是与那些共事的人和共事的部门和机构之间没有建立起真诚的情感关系，那么他们继续留在专业岗位上是很难的。个人的价值体系可能比同行的更强或更弱，这也会造成隔阂，成为其离岗的影响因素。

(4)业余爱好。受到吸引从而花更多时间从事业余活动，这是个人环境的一个额外影响因素，其对离岗期的房地产市场调研员可能是重要的。提前退休去旅游，从事户外运动，专业写作或花时间参与公民、社会或宗教组织活动等，可能是离岗的动力。业余爱好成为全职工作，如家居设计等，这是离岗的另一种诱因。

2. 组织环境影响

组织环境影响会对离岗期的房地产市场调研员产生作用，可以使房地产市场调研员继续处于离岗状态，也可以吸引他们回到专业岗位，仍旧从事原专业的工作或改做别的专业的工作。造成房地产市场调研员离岗的影响因素也可能就是使房地产市场调研员继续处于离岗状态的因素。

(1)舆论。离岗期的房地产市场调研员的意见已经成为影响专业工作的舆论的一部分。他们的这种作用可能是非常积极的，也可能带有一种极端贬义的含义。对那些自己的专业经历感到满意和快乐的人们，会积极地谈及专业工作，通过信息交流，促进专业发展。对自己专业工作经历不满的离岗期的房地产市场调研员，会加入公众或社会对组织的负面舆论之中，这种情绪使他们的经历成为组织采取积极行动的障碍。在这种情况下，他们的影响就成了阻碍专业进步的力量，或更不幸地成为导致专业退步的力量。

(2)管理风格。更加民主的管理风格能使一些因无权感而离岗的优秀人才重返专业工作。组织管理规划的改变同样能够吸引他们重回岗位，因而管理风格是组织环境的一个重要影响因素。

三、职业离岗期房地产市场调研员的成长需求

成长需求这一概念，对那些离开调研岗位到其他岗位任职的房地产市场调研员是重要的。虽然不再调研了，但他们承担了新的角色。除了更新知识之外，这些调研工作者在新工作上也有成长需求。可能把这两种需求结合起来的专业发展机会，是满足离岗期的房地产市场调研员的成长需求的最好办法。

四、职业离岗期房地产市场调研员的激励措施

激励措施的一种方式，就是考虑那些有可能吸引优秀的离职房地产市场调研员重回调研工作的激励措施。

(1)领导机会。领导机会也许始终是房地产市场调研员对成长需求的反应和他们离开专业岗位的第一原因。一旦离开专业，他们就能看到更多参与领导活动的机会。这些领导机会可能与调研工作联系在一起，这种新的认识会产生一种促使他们重返专业岗位的激励作用，担任如团队领导或部门负责人这样的职位，可以为那些无法出任领导职位的人员提供一个使其满意的解决方法。

(2)带薪休假。离岗期的房地产市场调研员可能已经意识到，离开专业一段时间是更新或者调整专业生活所必需的。离开专业岗位对这种更新是宝贵的，会导致其在返回时更坚定地投身于专业工作。体验这种更新的另一类离岗房地产市场调研员，是那些为了抚养孩子或承担家庭责任而选择离开专业岗位的人员。那些看到了短期离岗需求并认识到在特定时间内短暂离开对达到更新的目的有价值的房地产市场调研员，带薪休假对他们是重要的激励措施。定期休假的时间安排能使离岗期的房地产市场调研员更乐意重返专业工作。

(3)研究和写作。为研究和写作提供支持是对离岗期的房地产市场调研员的重要激励，

那些已经离开专业岗位的人员可能会把这种支持看做重返岗位的激励。职业离岗期的房地产市场调研员，尤其是在那些专门研发机构的专门人员，可能会因参与研究项目而重返岗位。对这类研究的支持，是以合作或分享的方式为这些打算重返课堂的房地产市场调研员提供的一种激励措施。这种重返岗位的结果也许是对他们的有效提升。

（4）专业晋升。与领导机会需求相类似，专业晋升激励在职业离岗期的房地产市场调研员的心中占很大分量。要尝试为他们的专业晋升提供广泛的机会，但是到目前为止，情况还不是非常理想。为了吸引离岗人员重新返回专业工作，需要一个稳定且有吸引力的专业晋升方案。

（5）养老金和工作保障。房地产市场调研员因为找到了替代职业，可能已经离开了专业岗位，但他们的新职业的前景也许不如想象中的那么美好，养老金与工作保障可能会对这些离岗人员产生很大的吸引力。经济保障及为其退休规划提供适当的咨询都是离岗期的关键激励措施。

五、职业离岗期房地产市场调研员的支持体系

那些已经离开调研专业的职业离岗期的房地产市场调研员，他们利用的支持体系是公司外部的。除非他们希望有计划地重返岗位，否则公司不会采用许多策略去促使职业离岗期的房地产市场调研员重新考虑返回调研的问题。

专题小结

离岗期的房地产市场调研员既包括工作许多年后退休的房地产市场调研员，又包括那些工作时间相对较短，由于环境方面的原因(如养育孩子、在调研系统内部和外部寻找新的职业选择机会)而离开调研岗位的房地产市场调研员，还包括那些非自愿终止工作的房地产市场调研员。个人环境与组织环境因素对这些房地产市场调研员做出离开专业岗位的决定有极大的影响。

重庆市北碚区
静观镇农谷温泉旅游项目

调

研

评

估

报

告

2011 年 10 月

前　言

　　重庆市投资有限责任公司拟在重庆市生态农业科技产业示范区内规划建设以温泉为特色的旅游度假酒店及低密度住宅项目；项目地址位于北碚区静观镇生态农业科技产业示范区核心区域，规划面积约 4 500 亩，目前正实施一期项目约 1 000 余亩土地的一级开发。

　　为深入了解该项目的运营情况、合作模式，同时有针对性地对重庆特定区域内商住、温泉旅游用地的项目开发利润作出估算，从而对本项目作出评估，组建调研小组，对重庆市房地产市场及相关温泉项目进行调研。

　　本次调研时间为 2011 年 10 月 9 日至 10 月 13 日，主要了解了重庆市北碚区成熟区域内房地产市场情况、土地供给情况，与本项目相关联并可能产生辐射影响的水土镇相关情况；北碚区域及重庆市温泉旅游项目的开发情况等。

　　北碚成熟区域内及项目周边房地产市场情况，主要通过实地调研相关楼盘数据进行分析，温泉旅游项目的调研主要通过与北碚十里温泉城管理委员会及各银行重庆分行领导进行座谈了解；本项目的实际进展情况、土地一级整理方式、合作模式等通过与重庆市投资有限责任公司直接负责人进行座谈了解。

目 录

第一部分　重庆市总体情况概述

重庆是中国四个直辖市之一,地处中国西南,是中国重要的中心城市之一,长江上游地区经济中心和金融中心,内地出口商品加工基地和扩大对外开放的先行区,中国重要的现代制造业基地,长江上游科研成果产业化基地,长江上游生态文明示范区,中西部地区发展循环经济示范区,国家高技术产业基地,长江上游航运中心,中国政府实行西部大开发的开发地区以及国家统筹城乡综合配套改革试验区。重庆历史悠久,是国务院公布的第二批国家历史文化名城之一。

一、总体概况

1997年3月,原四川省重庆、万县、涪陵、黔江4地市合并设立重庆直辖市。重庆现辖40个区、县(自治县),面积8.24平方千米,人口约3 300万人。重庆全市面积为北京、天津、上海三市总面积的2.39倍,是我国管辖面积最大的直辖市。2008年末重庆市常住人口为2 839万人,总人口3 253万人,常取其概数说"三千万重庆人",但事实上重庆主城区户籍人口只有800万人,占重庆全市人口不到1/4。

重庆确定了"宜居重庆""畅通重庆""森林重庆""平安重庆"和"健康重庆"5个发展目标。重庆是中国西部地区最大的综合城市,是一个由一座特大城市(重庆主城区)、两座大城市(万州、涪陵)、四座中等城市(黔江、永川、江津、合川)组成的一个组团式城市。

2011年国务院批复的《成渝经济区区域规划》把重庆定位为国际大都市。位于重庆主城区北部的两江新区是截至目前中国内地唯一的国家级新区,亦是国家统筹城乡综合配套改革试验区的先行区、内地重要的先进制造业和现代服务业基地、长江上游地区金融中心和创新中心、内地地区对外开放的重要门户、科学发展的示范窗口。

2010年重庆市地方财政收入为1 991亿元,较前一年同期增幅达70.8%。全年民生支出887亿元。重庆是中国西部地区重要经济增长极之一,重庆市行政辖区内零售商品交易总额仅次于上海,与广州并驾齐驱,是国内零售业总额最高的城市之一。在企业方面,重庆的本土企业相当发达,2010年中国企业500强,重庆有10家企业入围,数量大大领先于西部其他城市,居西部第一。

重庆位于长江和嘉陵江交汇处,舟楫便利,是西南地区重要的物品集散地。重庆成为直辖市之后,全市商贸流通产业实现了规模化的发展,并产生了许多亮点:一是商贸流通总额快速增长。2010年全市社会消费品零售总额达到2 878.04亿元,同比增长19%。二是大企业主导商贸流通产业发展的新格局基本形成,组建了商社集团、新华书店集团、商务集团、医药股份等10多家流通大公司、大集团,其中商社集团2010年实现销售总额382亿元,同比增长43.7%,名列中国企业500强244位、中国商业零售企业第3位、中国百货零售上市公司第2位。三是城镇商圈已经成为发展亮点和核心增长极。同时,流通现代化水平稳步提高,美食之都打造有声有色,初步形成市内外流通企业共同繁荣重庆市场的局面。

重庆是中国重要的离岸金融中心和国际金融结算中心,金融业占GDP比重达到6.1%,

居全国各城市第四位，不良资产率仅1%左右，位居全国前三。拥有银行、证券、保险和各类金融中介服务等功能互补的金融组织体系，金融机构数量为西部各地之首。2010年末全市存款余额为13 454.98亿元，同比增长23.1%，贷款余额为10 888.15亿元，同比增长24.2%，贷款与GDP的比率为1.4:1。保险业尤为突出，2009年，重庆保险业实现保费收入244.7亿元，同比增长22%，增幅较全国平均水平高8.2个百分点，居全国第5位，直辖市第1位，连续四年居全国前列。目前已经有美国利宝、中美大都会人寿和中新大东方人寿三家大型外资保险机构在重庆设置地区总部，其中美国利宝更是将中国总部设于此。重庆的保险机构有27家，在中国内地仅次于北京、上海、深圳。2010年1月至7月，重庆市保费收入达到207.9亿元，位居西部第一。全市拥有证券经营机构66家，证券营业部65家。境内上市公司30家，总股本116.11亿股，比上年增长33.1%；股票总市值1 593.14亿元，增长2.1倍。境内上市公司通过发行配售股票共筹集资金26.37亿元，增长80.3%。

由于重庆特有的地形，现在形成了以解放碑为龙头，以江北观音桥、沙坪坝三峡广场、南坪步行街、九龙坡杨家坪步行街为辅的五大商圈。

重庆拥有得天独厚的黄金水道——长江。三峡工程竣工后，万吨级轮船可以直达重庆港。重庆寸滩国际集装箱港是目前我国内地航运最大港口。同时万州港和涪陵港在重庆水运体系中也占有重要位置。

重庆的水运，顺长江东行，万吨级的轮船可顺江至武汉、南京、上海等地，以及沿海城市。逆长江西行，1 000吨左右的轮船可到四川省的宜宾。较小轮船沿嘉陵江北上，轮船可至合川、潼南、南充等城市。经长江到涪陵入乌江，向南能通航到贵州境内。

重庆主城区内曾经先后有五座机场投入使用。重庆全市现有两座民用机场，分别是重庆江北国际机场、重庆万州五桥机场，第三座机场即重庆黔江舟白机场正在建设中。

二、两江新区概述

2010年6月18日，两江新区正式挂牌成立。两江新区的面积为1 200平方千米，包含重庆市渝北区、江北区、北部新区、北碚区(含蔡家、水土组团)的部分区域，可开发面积约为650平方千米。但去除已建成区域150多平方千米，实际两江新区的可用面积为450多平方千米。

"5+3"战略性布局：轨道交通、电力装备(含核电、风电等)、新能源汽车、国防军工和电子信息五大战略性产业布局，以及国家级研发总部、重大科研成果转化基地、灾备及数据中心等三大战略性创新功能布局，加快培育一批高成长性新兴产业集群。

两江新区是继上海浦东新区、天津滨海新区之后，中国第三个国家级新区，也是中国内地唯一的国家级新区。两江新区大致位于重庆北部新区和重庆两路寸滩保税港区。其中北部新区将继续发挥区内各类国家级园区的特色和辐射带动作用，形成一区多园、良性互动、错位发展的格局，以将其建设成内地开放型经济示范区，形成高新技术产业研发、制造及现代服务业聚集区，支持北部新区在土地、财税、金融、投资、外经外贸、科技创新、管理体制等领域先行先试。而两路寸滩保税港区功能和有关税收政策则比照洋山保税港区的相关规定执行。

此外，两江新区将采取"1＋3"的管理体制，即在两江新区开发建设领导小组领导下，由两江新区党工委、管委会具体负责两江新区的统一协调、统一政策、统一规划。在开发任务上，两江新区党工委、管委会会同江北、渝北、北碚三个行政区，实施"1＋3"的开发模式，平行推进。在开发平台上，将采取"三拖一"模式：北部新区、两路寸滩保税港区管委会是重庆市政府直属派出机构，市委、市政府将委托两江新区管委会在业务上进行统一管理，再加上两江新区管委会下即将成立的一个工业开发区，三个平台共同拉动两江新区发展。根据规划，作为统筹城乡综合配套改革试验的先行区，两江新区将着眼于建设内地开放经济和现代产业体系，建设成为内地重要的先进制造业基地和现代服务业基地，建设成为长江上游金融中心和创新中心，建设成为内地开放的重要门户、科学发展的示范窗口。其将享受国家给予上海浦东新区和天津滨海新区的政策，包括对于土地、金融、财税、投资等领域赋予先行先试权，允许和支持试验一些重大的、更具突破性的改革措施。有关人士称，两江新区的成立，从国家战略上可以看做是新一轮西部大开发的标志性事件，它将深刻改变西部的经济面貌，对缩小东西区域经济差距起到举足轻重的作用。

位于静观镇南面的水土镇也已纳入两江新区规划范围，将被打造成高新技术产业区。水土镇位于重庆市中心城镇群都市圈范围内，距市政府25千米，是江东片区与外界交往的必经之路。碚两公路连接北碚城区和两路城区（空港新城）。隔江便是未来主城北部新的城市副中心蔡家组团，紧邻正在建设中的悦来会展城。随着重庆主城向北部扩张特别是绕城高速公路的修建，水土镇将是新一轮发展的理想空间。水土镇全境已划入两江新区范围内。水土片区是两江新区高新技术产业带的核心之一，是北碚区和两江新区未来城乡空间发展的重点地区，将被建设成生物制药、装备制造、资源加工、国际商务、仓储物流的现代化新城区，形成连接空港新城的环线经济带，与北部新区共同形成重庆内陆开放经济的高地。

水土组团是北碚区重点打造的构筑统筹城乡的城镇支撑体系的四大组团之一，是重庆市规划的特大中心城市内外环之间的24个大型聚居区之一，是新修订的重庆城乡总体规划中20个城市组团之一。

三、北碚区简介

北碚区位于重庆市区西北郊的缙云山下，嘉陵江畔，面积753平方千米，人口63万，是重庆的风景旅游区和智力型清洁工业基地。20世纪20年代末，由爱国实业家卢作孚先生开拓，抗战时期为陪都重庆迁建区，被誉为"陪都的陪都"，是重庆的历史文化名城，重庆都市圈的重要组成部分，1997年被命名为国家级社会发展综合实验区和重庆市第一个山水园林城区。

目前北碚区辖天生街道、朝阳街道、龙凤桥街道、北温泉街道、东阳街道、歇马镇、金刀峡镇、三圣镇、施家梁镇、童家溪镇、蔡家岗镇、柳荫镇、澄江镇、静观镇、复兴镇、水土镇、天府镇共五个街道，十二个镇。区政府驻北温泉街道。北碚四个镇规划进两江新区（复兴镇、水土镇、施家梁镇、蔡家岗镇）。

北碚城郊商品农业极有特色。依托西南大学等本专科院校、科研机构，以及西南大学附属中学、江北中学、朝阳中学、兼善中学等重庆市重点中学。坚持"优质、规模、高效"的原则，以建设西南生态农业产业示范区为龙头，大力发展花卉、优质水果、无公害蔬菜、种苗、珍禽养殖五大支柱产业。北碚已成为全国的柑橘科研基地、蚕种研制基地和重庆市重要的副食品供应基地。尤其是花木产业发展迅速，静观镇被国家林业局评为重庆市唯一的"中国花木之乡"。2004 年 5 月，北碚区在静观镇成功举办了重庆市第二届花卉园艺博览会。现在，每年静观镇都将举办一次重庆市花卉园艺博览会，静观镇也因此被称作北碚的"后花园"。名优土特产品有缙云毛峰、北泉银丝面、静观醋、三峡西瓜、447 锦橙、北碚蜜柚等。

北碚是国家级风景名胜区，旅游资源十分丰富，有缙云山、北温泉、嘉陵江小三峡、金刀峡、胜天湖等著名景点 60 多处，有文物景点 104 处，其中列入省级、市级文物保护单位 24 处，有国家级重点保护的抗日名将张自忠墓，还有晏阳初、梁实秋、老舍等文化名人故居，北碚还是恐龙之乡，已发掘恐龙化石遗址 13 处。缙云山风景区：缙云山总占地面积 76 平方千米，海拔 350～951 米，山间早霞晚云，姹紫嫣红，五彩缤纷。古人观云雾之奇称"赤多白少为缙"，故名缙云山。

第二部分　项目区位及合作模式介绍

一、项目概述及位置

重庆市地质矿产勘察开发局为重庆市国土局的二级分局，并且重庆市国土资源局局长直接分管地质矿产勘察开发局。

重庆市地质矿产勘察开发局下辖的重庆市地科投资有限责任公司主要是持有已完成勘探的温泉等相关资源。2010 年，重庆市地科投资有限公司在北碚区静观镇素心村实施温泉资源的勘探与钻井，发现区域内温泉资源十分丰富，并且医用保健价值较高，因此拟在重庆市生态农业科技产业示范区内规划建设以温泉为特色的旅游度假酒店及低密度住宅项目。目前，重庆市地科投资有限公司已就该项目成立温泉旅游开发公司，按计划实施项目的开发建设。

1. 项目位置

本项目地处北碚区静观镇素心村，位于新规划的两江新区外的北部边缘，位于重庆市生态农业科技产业示范区(以下简称示范区)区域内。示范区于 2002 年经重庆市人民政府批准设立，是重庆市唯一的市级农业园区，选址重庆市北碚区，由北碚区人民政府承办。示范区设核心区 1 个、规划在北碚区静观镇，设示范基地若干个，规划在素心村，依托"中国花木之乡"、花卉研发中心、城市花卉森林公园落户静观镇的生态农业优势，西南农业大学(含四川畜牧兽医学院和中国农业科学院柑橘研究所)、西南师范大学的科技人才优势，金刀峡、偏岩古镇、王朴烈士陵园等旅游资源优势，示范区具备了深度开发的条件。

示范区建设概算总投资 16.244 亿元，核心区规划占地 11 000 亩，建设农副产品生产加工基地及配送中心，建设生态农业旅游观光设施，拓宽改造水土至静观镇道路。

示范区于 2005 年 3 月成功引进重庆商社(集团)有限公司(以下简称商社集团)。商社集团将投资 3.244 亿元经营生态农业旅游观光和物流配送项目，并利用旗下重百、新世纪百货等强大的销售网络为入驻示范区的农副产品加工企业提供进入重庆百货、新世纪百货的销售平台。

示范区建成后，将提供优质绿色农副产品，提供生态旅游观光服务，形成以静观镇为核心，集研发、育种、展示、加工、交易、观光于一体的国家级农业园区。

2. 项目规划

本项目位于示范区核心规划区域，项目总规划面积约 4 500 亩，其中一期约 1 071 亩。

一期区域内湖面面积约 200 亩，山林等约为 240 亩，建设用地约 630 亩，其中净地约 487 亩。

一期区域内可建设面积约 40 万平方米。其中北面主要规划建设花园洋房及联排别墅等约 20 万平方米，中部区域主要包括温泉博物馆及相关商业设施等面积约 5 万平方米，建设温泉度假酒店约 7 万平方米；南面主要建设以独栋形式的别墅群，可以开发为酒店或企业俱乐部等，面积约为 8 万平方米。

3. 项目进展情况

目前项目公司已注册成立，注册资本 3 000 万元，一期地块正实施土地一级整理，并已完成约 700 亩土地的拆迁安置，并正在实施剩余约 370 亩地块的土地一级整理。

区域内一期地块计划于 2012 年 3 月完成平整并实施挂牌，温泉旅游开发公司将依据相关优势，一次性获得上述约 1 071 亩土地的地块开发权。

一期区域内土地一级整理总投入约 4.5 亿元，目前已投入约 1 亿元。

二、项目地块区位价值分析

项目所在的静观镇素心村由于与中心城区相距较远，目前镇上及周边并无相关房地产开发项目，区域内主要规划为农业种植产业。农业科技产业示范区核心区域在素心村，每年一届的腊梅节都在此举行，能吸引数万民众前来赏梅。

在水土镇纳入两江新区统一规划开发之前，素心村与外界主要依靠一条双向通行的乡村水泥公路相连，水土镇目前规划的高科技产业园区，位于水土镇的园区主干道。

位于静观镇北面的金刀峡镇因金刀峡景区而闻名，金刀峡是一处保持着原始古老神奇的峡谷自然风景区，上段由于喀斯特地质作用，下段由于流水侵蚀力的作用，洞穴群生，形成大量的地质上称作壶穴的碧玉串珠的深潭绝景，四十多个自然景点可供游人探险、攀登和水上游乐，是人们度假、避暑、踏青回归自然的旅游景点，目前景点开发较为成熟，每年能吸引较多境内游客前往游玩。前往金刀峡一般都途经静观镇素心村。

综上，我们认为，项目地块随着水土工业园区的建设及相关规划道路的建成将受到辐射，对项目酒店及住宅项目的开发价值形成利好影响，但由于工业园区内已规划较为完善的住宅及商业配套设施，因此其辐射效果还有待观察，如能将静观镇划入两江新区（据公司领导介绍，随着两江新区在水土镇土地的紧缺，可能将静观镇划入两江新区规划，以完成相关配套设施建设）统一规划，享受两江新区相关政策优惠，项目地块价值可能将获得更快增长。

同时，本项目规划建设的温泉度假酒店与十里温泉城（详见第三部分相关介绍）集聚效应相比，难以形成品牌效应及竞争优势，其经营价值有待挖掘；根据相关市场调研显示，因其地处偏远，相关低密度住宅如不显示价格差距的优势，也难以快速凸显市场优势。

三、项目合作模式

项目的合作开发可以共同实施土地一级整理，或在各地块完成挂牌转让后与持有的公司通过股权合作形式共同开发。

根据公司相关负责人介绍，目前温泉旅游开发公司正实施规划范围内土地的一级整理工作，希望具有实力的品牌大企业投资共同开发，可以注资温泉旅游开发公司，共同完成项目土地整理，亦可到2012年所有土地整理工作完成后，就区域内单独获取酒店项目或住宅项目，或就某单宗土地进行合作开发。

第三部分　区域房地产市场调研分析

一、北碚区房地产市场调研

根据北碚区房地产开发情况，可以将其主要分为老城区、缙云山区、城南新区以及三溪口四大功能板块。

北碚老城区作为北碚区最早的城市中心，其城市配套设施配备比较完善。而北碚城北片区发展相对较晚，随着两个片区的房地产开发热潮，其片区内的城市配套设施逐渐完善。

城南片区以老城为主被誉为重庆"第七大商圈"的北碚新城中央商务区核心工程——嘉陵风情步行街已开工，规划了百货超市、大型交易中心、特色商业街等工程。该步行街长800米、宽50米，建筑面积为15万平方米，建成后将与北碚区行政中心、缙云广场连接，成为北碚新城的主轴。

此外在北碚城北的十里温泉城吸引了新世纪、易初莲花、海宇温泉酒店等企业入驻。风情步行街与十里温泉城的打造进一步完善了北碚新城区的城市配套，为新城的发展带来了更多的人流与商机。

1. 老城区板块

北碚老城区作为北碚区最早的城市中心，其城市配套设施配备比较完善。老城区楼盘开发时间都较早，房地产开发商品房项目不多，与北碚老城的居民楼结合，形成了浓厚的居住氛围。天奇广场、重百商场、电影院、步行街等商业配套，加快了主城的经济发展，聚集了大量的人气，成为北碚的主要商业聚集地。

老城区板块内住宅多以高层为主，销售价格按建筑面积为5 000～6 000元/平方米。

2. 政府新区板块

北碚政府机构大多数已搬至城北新区，如北碚市政府、北碚市规划局、北碚市土地管理所等。

该区域商务配套虽不完善但正加紧建设，目前拥有海宇五星级温泉酒店，公共配套主要包括如缙云广场、缙云步梯、朝阳小学、中医院、移动公司综合楼、渝运集团北碚汽车客运站、规划中的轻轨六号线等，商业配套主要包括三川农贸超市、嘉陵风情步行街等，嘉陵风情步行街将打造成为重庆第八商圈。

北碚新城区普通住宅价格与老城区基本持平，新建较好楼盘价格为6 000～7 000元/平方米，并且多数楼盘目前有一定优惠；北碚新城区别墅项目销售价格也较为优惠，如位于区政府旁的鲁商云山原筑项目共 220 余套联排别墅，目前开盘的价格为 8 000 元/平方米左右。

3. 十里温泉板块

十里温泉总占地面积 12 平方千米，总投资 12 亿元，拥有多家假日酒店，10 余个自然"温泉井"点缀其间。项目建成后预计每年可接待游客 180 万～200 万人次，年收入可望达4 000 万～60 000 万元。

早在 2005 年，重庆市就提出打造"温泉之都"的目标，北碚区随即成立了"十里温泉城管理委员会"。十里温泉城先期规划 10 平方千米，远期规划 30 平方千米。这也是国内罕见的"温泉开发园区"。

北碚素有"温泉之都"的美誉。北温泉是国家 4A 级景区，也是我国历史上最悠久的温泉公园之一。2009 年，北碚十里温泉城获得"国际最佳休闲养生基地"、"中国最具发展潜力景区"等称号；重庆市政府和国家旅游局有关领导考察了北温泉柏联 SPA 后，称其品质已跻身"世界一流"，并在 2010 年全市"五方十泉"评比中名列第一。2010 年 10 月，柏联 SPA 温泉依缙云山麓而造，定位为亚洲最好的 SPA 园林温泉及超五星级的全球小型经典豪华度假酒店，以温泉、SPA、瑜伽、茶道、美食，带给人们全新的休闲方式，成为重庆"五方十泉"的亮点；12 月 28 日，由重庆东南投资有限公司在十里温泉城运河核心片区开工建设的文化旅游项目，为北碚"两高一特"产业开发建设又添上了浓墨重彩的一笔。2011 年 4 月 18 日，重庆缙云山悦榕庄温泉度假酒店开工，标志着十里温泉城运河核心片区首个世界顶级度假酒店以及高档社区项目进入全面建设阶段。项目建成后，将大大提升北碚区高端旅游度假酒店的发展水平。

近年来，北碚区抢抓"外环时代"机遇，紧紧围绕重庆市"温泉之都"建设战略，依托深厚的文化底蕴、优良的生态环境和丰富的温泉资源，融合国际温泉产业的先进经验，投入巨资完成了规划范围内基础设施配套建设，并成功实现了旅游开发思路从观光型向休闲度假型的转变，全力打造"宜居、宜游、宜养生、宜度假"的休闲养生天堂。目前，十里温泉城已形成"一区一线一点"（澄江运河核心区、温塘峡沿线、施家梁颐尚山地温泉小镇）建设区域。

随着两江新区的快速发展，北碚区已经形成非常明显的集聚效应，商务经济越来越发达。"估计未来 5 年内，将会催生一个庞大的商务休闲度假旅游市场。"有关经济专家分析认为，这也是十里温泉城发展的主要目标。

北碚温泉资源丰富，具备打造国际温泉度假旅游区，发展商务休闲度假旅游市场的潜力。"我们的目标是要在 5 至 8 年内把十里温泉城打造成国际温泉度假旅游区，形成一个国际养生度假的新地标。"有关领导透露，届时该温泉城将聚温泉旅游、文化寻根、康体养生、休闲度假、生态购物和养生居住等多形态于一体，形成一个具有城市功能的大景区。

北碚区远离中心城区，区域内房地产价格与市区差距较大，近年来随着相关交通设施的投入使用，房地产价格迅速提升，尤其进入 2011 年，大型房地产开发企业开始关注北碚区的发展，2011 年 7 月龙湖地产以 14.45 亿元获取北碚区 54 万平方米地块。北碚区拥有良好的自然资源和人文氛围，居住条件良好，随着十里温泉城、蔡家组团、水土组团的不断建设、交通的不断改善，北碚将更进一步融入主城，对主城的辐射力也会大大加强，且减少本地客户分流量。北碚凭借其优越的人居环境，众多的旅游景点，成为未来主城居民购房的重要选择之地。

二、土地市场分析

根据相关数据显示，2011年上半年，重庆市政府仍有大量的土地出让任务没完成，据此推测四季度将迎来土地供应的高峰期，不乏大量优质土地供应激发开发商的拿地热情。

1. 土地供应市场总体解析

2010 年 7 月至 2011 年 7 月重庆土地新增供应走势图

2011 年 7 月新增出让土地共计 23 宗，新增土地面积为 171.16 万平方米，环比上月增加 65.97 万平方米，增幅为 62.7%，同比 2010 年 7 月增加 57.3 万平方米，增幅为 50.3%。

2. 重庆 2011 年 7 月主城各区土地供应解析

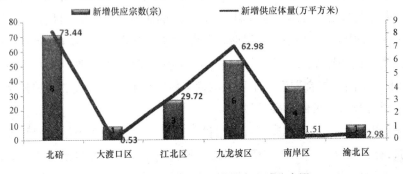

2011 年 7 月重庆土地新增供应区域分布图

2011 年 7 月新增土地主要分布在北碚区及九龙坡区，其中北碚区本月新增土地 8 宗，新增土地面积为 73.44 万平方米，为本月新增供应量最大区域，主要供应板块为北碚组团Ⅰ标准分区。

3. 重庆 2011 年 7 月主城土地新增供应属性解析

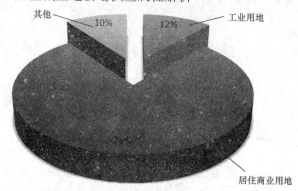

2011 年 7 月重庆新增供应土地性质占比情况图

2011 年 7 月新增用地性质主要为居住商业用地，约占本月土地供应面积的 78%，且集中在北碚区。这一比例环比又有所提高，鉴于住宅市场调控，开发商拿地谨慎，上半年居住商业用地成交少，任务既定，下半年这一比例自然增加。

4. 土地成交价格走势分析

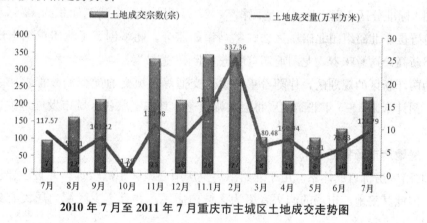

2010 年 7 月至 2011 年 7 月重庆市主城区土地成交走势图

2011 年 7 月土地成交 17 宗，成交面积 124.79 万平方米，环比上月增长 49.16 万平方米，增幅 65%，其中用于房地产开发土地 8 宗，土地面积约 95.76 万平方米，约占 7 月土地成交面积的 76.7%。

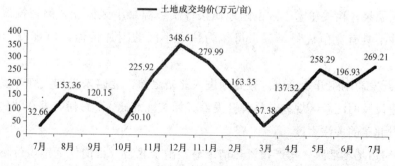

2010 年 7 月至 2011 年 7 月重庆市主城区土地成交均价走势图

2011年7月土地成交均价创近6个月新高，其中，用于房地产开发地块土地成交单价约328.48万元/亩。

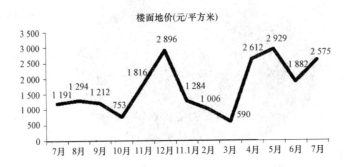

2010年7月至2011年7月重庆市主城区楼面均价走势图

2011年7月重庆出让土地平均楼面地价为2 575元/平方米，环比增加693元/平方米，增幅36.8%，其中用于房地产开发地块楼面地价约2 910元/平方米。

7月26日，龙湖地产与保利集团经过激烈竞争之后，以14.45亿元的总价竞得北碚区北碚组团I标准分区3宗土地，占地面积54.27万平方米，总建筑面积约62万平方米。地块具体位置位于北碚组团北碚城区去往歇马镇的路旁。此举创下了北碚单笔土地楼面单价交易价格新高。这意味着，龙湖地产首度进入北碚"造城"。

作为两江新区的规划区，伴随着重庆轨道交通等各项交通配套的改善，加之龙湖地产的进驻，预计未来3~5年北碚发展将会大幅提速，其在主城各区城市发展地位也会有很大提高。

三、房地产市场特征

(1)北碚区房价自成体系。由于北碚区离重庆中心城区距离较远，并且主要通过高速道路连接，因此其房地产市场的购买者多为区域内居民，并且不少区域内居民有到城中心购房的愿望。

(2)房地产市场稳步增长。随着北碚区道路的建成以及两江新区规划建设带来的影响，北碚区房地产市场呈现稳步增长的势头，并且近期保持较为强势的增长。

(3)温泉小区并没有太大竞争优势。重庆素有温泉城之称，并规划五方十泉，已开发使用超过100眼温泉，相关住宅小区也因地质条件实施温泉小区概念，但根据调研显示，重庆温泉小区并不具有竞争优势，温泉可作为住宅小区的附加价值，但难以形成小区核心价值。

(4)品牌开发商刚刚开始进入。在龙湖进入北碚之前，北碚未受到大牌开发商青睐，随着道路规划建设及两江新区规划，品牌开发商开始关注北碚，7月份龙湖在北碚拿地将再次加大开发商对北碚的关注力度。

(5)二手房市场不活跃，房产投资热情未显。由于北碚区目前住宅销售价格一直呈现稳步增长，并且其销售价格与主城区落差并不大，因此，并未出现较活跃的房地产二级市场。

（6）别墅价格与普通商品房差距不大。北碚普通公寓价格为 6 000～7 000 元/平方米，上万元的别墅并不多，区位及开发理念较好的联排别墅价格为 7 000～8 000 元/平方米。

同时，通过与相关人员座谈，了解到以下情况：如实现土地一级整理，其商住用地指标较紧张，近几年由于城市建设的加快，重庆商住用地土地指标主要通过购买来解决，前两年指标价格约为 20 万元/亩，目前约为 30 万元/亩。

第四部分　项目投资运营分析

一、相关假设

（1）以项目从土地开发到完成建设作为一个周期实施测算。

（2）土地一级整理成本按公司提供的相关数据实施测算。

（3）项目建成后，销售类建筑可能受水土镇高新科技园开发建设利好影响，销售价格可达到目前北碚区成熟区域内物业销售价格，别墅及花园洋房项目按 5 500 元/平方米售价估算，单体别墅及企业会所按 5 000 元/平方米售价估算，同时，酒店及博物馆、商业设施等按 5 000 元/平方米由地科公司回购。

二、项目土地开发分析

项目土地开发总投入约 4.5 亿元，可开发约 630 亩建筑用地，可建设约 40 万平方米建筑，即项目地块价为 71 万元/亩，楼面价约为 1 125 元/平方米（与其他区域的温泉酒店项目相比没有地价优势）。

北碚区十里温泉城最近成交的土地价格约为 75 万元/亩，本项目所在地的土地将在明年实现挂牌，按一年后水土组团发展辐射影响分析，同时参考十里温泉城目前及后续的地价，本项目挂牌地块成交价估算为 85 万元/亩，则土地开发利润为 14 万元/亩，即共可获得利润 8 820 万元，按 4.5 亿元 1.5 年完成投资计算，年平均投资回报率约为 13%。

三、项目建设投入分析

项目土地一级整理总投入约 4.5 亿元，区域内建筑面积约 40 万平方米，按 3 000 元/平方米综合成本，建设项目总投入约 12 亿元。

第五部分　项目经济测算

按上述运营方案假设条件，参与完成土地一级整理，即投入 4.5 亿元，共获得约 630 亩建设用地，共可实施约 40 万平方米的建筑，按完成土地开发后并实施项目开发建设计算项目投入产出效益。

一、项目投资估算

项目总投入约 16.5 亿元，其中土地约 4.5 亿元，建设投入约 12 亿元。

二、经济测算

酒店及博物馆、商业设施等由地科投资公司收购，可保证快速回收资金。

项目总收入约 21 亿元。

三、资金安排

单位：万元

序号	项目	2010年	2011年	2012年	2013年	2014年	2015年	2016年	合计
1	现金流入	0	0	83 000	72 500	42 000	42 000	10 500	250 000
1.2	银行贷款			20 000	20 000				
1.3	销售收入			63 000	52 500	42 000	42 000	10 500	210 000
2	现金流出	5 000	5 000	47 000	18 000	24 000	56 000	80 600	235 600
2.1	土地整理投入	5 000	5 000	35 000					45 000
2.2	项目开发投入			12 000	18 000	24 000	36 000	30 000	120 000
2.3	还银行借款						20 000	20 000	
2.4	利息							9 600	
	相关税费							21 000	
2.5	净现金流量	−5 000	−5 000	36 000	54 500	18 000	−14 000	−70 100	45 000
3	累计净现金流量	−5 000	−10 000	26 000	80 500	98 500	84 500	14 400	
	内部收益率：		−2%		总利润	14 400			
自有资金年平均投资回报		7.20%							

根据测算，项目共可实现约 1.44 亿元利润，需动用资金约 4 亿元，如按 5 年投资期计算，项目年平均投资回报率约为 7.2%。

相关说明：上述物业的销售价格根据目前北碚成熟区域作出的估算。如水土工业园区实现顺利开发，可能会使价格上升，但根据重庆市场整体销售情况及销售价格上涨惯性来看，与上述估算价格不会有太大偏离。

第六部分　风险分析

项目特征及可能风险如下：

1. 土地一级开发整理风险

土地一级整理的相关土地完成整理后，土地指标的获取、土地挂牌时间等存在一定不确定性。

2. 时间跨度长，投资较集中

区域内土地一级开发整理投入约 4.5 亿元，大部分款项应于土地出让前完成支付，同时，项目的建设投入有大部分是投资回收期较长的酒店类项目，因此，项目投资量的沉淀资金也相当大。

3. 住宅项目去化率

本项目销售进度与水土工业园区建设及对静观辐射效果，以及农业示范园的投资建设直接相关。根据重庆各区房地产市场情况来看，本项目住宅的销售率主要依靠北碚区的消费，尤其依靠水土园区人口移入，即水土新入驻企业的员工或管理者对住宅的需求。但水土工业园区内已规划大量住宅及商业用地，将消化大部分新进员工的刚性需求，本项目的吸引力还有待观察。

第七部分　项目总体评价

如果不考虑项目非市场性风险，项目按上述方案推进，上述项目总投入约16.5亿元，可以完成约40万平方米度假温泉酒店及低密度住宅建筑。

如果按住宅项目全部对市场销售，酒店及商业等设施由地科公司回购，项目共可实现收入约21亿元。

项目总体评价归纳如下：

(1)项目依靠资源及人脉，从土地一级开发即介入，可参与获得土地开发利润，同时有利于项目整体运营。

(2)本项目土地一级整理成本过高，难以控制。根据地科公司负责人介绍，本项目土地的开发实际投入约为70万元/亩，而十里温泉城地块出让价约为75万元/亩，本项目地价与其他区域相比没有优势。

(3)温泉概念房地产项目在重庆没有明显优势。重庆素有温泉城之称，并规划五方十泉，已开发使用超过100眼温泉，相关住宅小区也因地质条件实施温泉小区概念，但根据调研显示，重庆温泉小区并不具有竞争优势，温泉可作为住宅小区的附加价值，但难以形成小区核心价值，本项目所在区域规划成温泉旅游度假中心，如与十里温泉城相竞争，也无优势。

(4)周边区域为农业开发区，并且主要是种植、培育示范区，并非农业观光区，区域没有旅游功能，并且周边配套较为落后，目前仍为农村，项目的价值体现要依靠周边其他区域获得成熟开发后才有可能，但时间可能要等到5年以后。

(5)项目按目前运营，投资回报较低，同时项目规划5万平方米以上的酒店类项目，如区域内未能实现成熟开发，其变现能力较差。

本项目如实现开发建设，应争取银行贷款，同时，密切关注水土工业园区入驻单位的需要，力争项目建设过程中了解相关单位或潜在购买者的需求偏好，对项目后期规划作细化。

参 考 文 献

[1] 张永岳.房地产市场调研基础教程[M].上海：学林出版社，2006.

[2] 余源鹏.房地产市场调研与优秀案例[M].北京：中国建筑工业出版社，2006.

[3] 杨成贤.房地产市场调研推广与定价策略[M].北京：经济科学出版社，2008.

[4] 〔美〕迈克丹尼克，〔美〕盖兹.市场调研精要[M].范秀成，杜建刚，译.6版.北京：电子工业出版社，2010.

[5] 〔美〕小卡尔·麦克丹尼尔，〔美〕罗杰·盖茨.当代市场调研(原书第8版)[M].李桂华，译.北京：机械工业出版社，2011.